知识产权法案例教程

魏雨蒙 李西娟 赵婧/著

吉林大学出版社

·长春·

图书在版编目（CIP）数据

知识产权法案例教程 / 魏雨蒙，李西娟，赵婧著 .——长春：吉林大学出版社，2022.9
ISBN 978-7-5768-0622-9

Ⅰ.①知… Ⅱ.①魏…②李…③赵… Ⅲ.①知识产权法－案例－中国－高等学校－教材 Ⅳ.① D923.405

中国版本图书馆 CIP 数据核字（2022）第 178270 号

书　　名	知识产权法案例教程 ZHISHI CHANQUANFA ANLI JIAOCHENG
作　者	魏雨蒙 李西娟 赵婧 著
策划编辑	矫正
责任编辑	殷丽爽
责任校对	田茂生
装帧设计	久利图文
出版发行	吉林大学出版社
社　　址	长春市人民大街 4059 号
邮政编码	130021
发行电话	0431-89580028/29/21
网　　址	http://www.jlup.com.cn
电子邮箱	jldxcbs@sina.com
印　　刷	天津和萱印刷有限公司
开　　本	787mm×1092mm　　1/16
印　　张	14.5
字　　数	200 千字
版　　次	2023 年 5 月　　第 1 版
印　　次	2023 年 5 月　　第 1 次
书　　号	ISBN 978-7-5768-0622-9
定　　价	78.00 元

版权所有　翻印必究

前　言

《中华人民共和国民法典》（以下简称《民法典》）第一百二十三条直接规定"民事主体依法享有知识产权"，并列举了其具体类型，这是《民法典》对知识产权民法地位的宣示和确认。第一千一百八十五条将已得到广泛认同与实践的惩罚性赔偿规则写入《民法典》则旨在彰显一种加强知识产权保护的态度。此外，知识产权作为一种私权，其保护及侵权判定等深层法理仍然根植于相关民法理论，例如在民法领域具有普适性的民法基本原则对处理知识产权相关案件具有特殊价值，近年修改的《中华人民共和国商标法》（以下简称《商标法》）与《中华人民共和国专利法》（以下简称《专利法》）都将诚实信用原则引入法律规定。如此，我国知识产权保护的法律体系以《民法典》为统领与支撑，以《著作权法》《专利法》《商标法》等特别法为枝干，辅之以相应的司法解释、行政法规为补充。

然而，在我国目前司法实践中知识产权保护仍然面临着巨大的挑战。知识产权的保护与其他私权不同：一方面，普通民事权利主要依赖各类证据形成侵权事实认定，而知识产权则是主要通过对权利载体——文艺作品、专利技术、商标图案等——进行对比、分析确定侵权存在，尤其是作为著作权权利载体的各类作品主观性较强，其对比分析存在一定难度；另一方面，知识产权与其他私权相比，更多地涉及公有领域，具有极强的公共政策性，其具体案件的判决也需要更多地考虑到社会效果。基于这些特性，不难看出在知识产权相关案件中存在一定的弹性空间，法官的自由裁量权发挥着重要的作用。但自由裁量并非意味着完全主观的感受，仍需要统一的、更为具体的规范、方法帮助达成合法合理的判决，否则就会导致"同案不同判"等损害司法统一现象的发生。

法律虽具有滞后性，但出于法律安定性和人们对法律可预期性的考虑，正如美国 Holmes 法官所说：除非从调整现状中能获得明显的利益，否则立法这种笨重又昂贵的机器就不应当开动。这就要求通过对现有法律进行解释来为将来可能出现的新型事物和行为提供类型化解决方案，以指引市场参与者的竞争行为。

因此，本书结合国内外的司法判例，探究知识产权法理论及重要法律法规在司法实践中的应用问题。本书选取的多为具有典型意义的典型案例，是在知识产权法领域具有较强典型意义及较大社会影响的法律纠纷案例，如"琼瑶诉于正案""HONDA 案""美卓商标侵权案""金庸诉江南案""水滴直播事件""阿里云案""天下第一庄"商标正当使用抗辩案等。典型案例存在多个争议焦点，能较多、较为突出地体现知识产权法理论、重要法律规范的适用问题、知识产权法律保护的新问题或者社会关注的热点问题。全面分析案件争议焦点问题，深入解读案件涉及的知识产权理论和实践问题，并结合案件进行总结、反思。

全书共设置七章。第一章以知识产权体系的立法解析为开端，分析知识产权的类型，明确知识产权案例指导制度的定位与意义；第二章选取间接混淆构成商标侵权案例、商标正当使用抗辩案例、商标与"在先著作权"纠纷案例和侵犯注册商标专用权案例作为商标权保护的典型案例进行分析；第三章选取"琼瑶诉于正案"、Field V.Google 案和 Google 图书馆案、"洪某等诉贵州五福坊食品有限公司等著作权纠纷案"作为著作权法中实质相似侵权、著作权中默示许可和文学艺术演绎衍生作品著作权保护的典型案例进行评析；第四章分析发明专利创造性认定、外观设计专利侵权和电子产品山寨设计侵权这三个方面的侵权典型案例；第五章通过数据产权与隐私保护、云服务器侵权、短视频侵权和人工智能生成物的权属纠纷等具体案例分析，揭示网络知识产权保护问题；第六章在以销售假冒注册商标的商品罪案例作为刑民交叉的典型案例加以分析的基础上，以知识产权反垄断问题的案例、反不正当竞争法中知识产权纠纷案例和知识产权期待利益公平分割案例作为知识产权法与反垄断法、反不正当竞争法、民法等法律交叉的案例加以研究；第七章在涉外知识产权保护的案例选择上，选取"HONDA 案""美卓商标侵权案"中国浩洋电子公司应对美国 337 的专利侵权案为典型案例加以分析。

本书选取的典型案例在体例上一般包括以下内容：基本案情简介，争议焦点，案件当事人的主张、理由、证据；案件处理机关对争议焦点相关事实、法律问题的认定和理由；不同案件处理机关在案件处理中的分歧及法理分析、案件最终处理结果及法律分析；案件涉及的主要理论知识点及其解读；案例的启示、相关知识产权理论和法律问题探讨。

希望本书的编写能够为以案例为中心进行案例分析法律实务的理论与实践提供一些帮助，为高校加强培养学生的实务分析能力和司法领域的司法实践提供理论参考和实践指南。但由于笔者的研究水平有限，本书尚存在许多不足之处，如案例的选取不够全面、案例评析不够深入等，在以后的工作中，笔者将持续知识产权领域的案例研究。

目 录

第一章 知识产权体系及其案例指导制度概述 ……………………… 1
一、知识产权体系的立法解析与类型划分 ………………………… 2
二、知识产权案例指导制度的定位与实证分析 ………………… 17
三、指导性案例在知识产权案件审理中的意义 ………………… 29

第二章 商标权保护的案例分析 …………………………………… 33
一、间接混淆构成商标侵权的案例分析 ………………………… 33
二、商标正当使用抗辩案例评析 ………………………………… 38
三、商标与"在先著作权"纠纷案例评析 ……………………… 55
四、侵犯注册商标专用权案例分析 ……………………………… 60

第三章 著作权保护的案例分析 …………………………………… 65
一、著作权法中实质相似侵权案例实证分析 …………………… 66
二、著作权中默示许可案例实证分析 …………………………… 82
三、文学艺术演绎衍生作品著作权保护案例评析 ……………… 86

第四章 专利权保护的案例分析 …………………………………… 97
一、发明专利创造性认定的案例分析 …………………………… 97
二、外观设计专利侵权的案例分析 ……………………………… 108
三、电子产品山寨设计侵权的案例分析 ………………………… 125

第五章 网络知识产权保护案例分析 …………………………… 129
一、数据产权与隐私保护的案例分析 …………………………… 129
二、云服务器侵权案例分析 ……………………………………… 136

三、短视频侵权案例分析 ……………………………………… 142
　　四、人工智能生成物的权属纠纷案例分析 …………………… 151

第六章　知识产权刑民交叉案例分析 …………………………… 161
　　一、知识产权三审合一背景下刑民交叉案件类型 …………… 161
　　二、销售假冒卷烟的刑民交叉案例分析 ……………………… 166
　　三、知识产权法与其他法律法规交叉案例分析 ……………… 170

第七章　涉外知识产权保护案例分析 …………………………… 193
　　一、涉外定牌加工中商标侵权案例分析 ……………………… 193
　　二、诉讼外自认商标侵权判定的案例分析 …………………… 202
　　三、中国企业应对美国 337 调查的案例分析 ………………… 210

参考文献 ……………………………………………………………… 215

第一章 知识产权体系及其案例指导制度概述

《与贸易有关的知识产权协议》（TRIPS 协议）开宗明义地宣称"知识产权是私权"。我国早在 1986 年《中华人民共和国民法通则》第九四至九十六条分别规定了公民和法人依法取得的著作权、专利权和商标权受法律保护。自 2021 年 1 月 1 日起施行的《中华人民共和国民法典》第一百二十三条规定："民事主体依法享有知识产权。知识产权是权利人依法就下列客体享有的专有的权利：（一）作品；（二）发明、实用新型、外观设计；（三）商标；（四）地理标志；（五）商业秘密；（六）集成电路布图设计；（七）植物新品种；（八）法律规定的其他客体。"由此可见，国际条约和我国民事立法明确坚持知识产权的私权属性或民事权利属性，并确立了以商标权、著作权和专利权为核心的知识产权体系。尽管如此，我国目前对知识产权体系的理论研究仍然不够充分。针对知识产权的民事权利属性及其体系的逻辑关联性，现有理论研究缺乏深刻的论证和阐释。基于此，本章拟以个体分析方法对知识产权体系进行立法解析，并对知识产权的类型划分进行个体分析。

知识产权案例指导制度是最高人民法院在新一轮司法改革进程中推行的一项重要制度创新，也是我国案例指导制度在知识产权审判领域的深入实践探索。相比于西方的判例法或判例制度，案例指导制度的中国特色在很大程度上体现为其是由最高人民法院"自上而下"地主导推动实施。这种高度权威化、集约化的规划设计有效保证了制度建设初期所需的正确性与妥适性，保证了可以将改革创新引发的问题和风险控制在合理范围内。知识产权案例指导制度以坚持中国特色社会主义法律体系为大前提，立足"案例应用"，对提升我国知识产权审判质效，更好地服务保障创新驱动发展战略和国家知识产权战略实施具有重要意义。

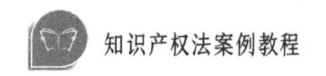

因此，本章以知识产权体系的立法解析为开端，分析知识产权的类型，明确知识产权案例指导制度的定位，并对案例的应用进行实证分析，指出指导性案例在知识产权案件审理中的意义，为全书的案例研究提供理论指导。

一、知识产权体系的立法解析与类型划分

（一）知识产权的类型划分

本书对商标权、著作权和专利权不是采用并列式的分类方法，而是采用层层推进的方式，从商标权到著作权，最后到专利权进行关联式的递进分析。商标是没有客观含义的符号，作品是具有含义意向的符号，专利是具有含义充实的符号，其客观性和现实化程度不断加深。因此，专利权的构成要件应当最为严苛。与商标权之显著性、著作权之独创性相比，专利权的构成要件是新颖性、创造性和实用性。这不仅表明专利的构成要件数量更多，而且构成要件的划分更加精致。例如，商标的相似性和混淆可能性、作品的"独"和"创"的关系，远远没有新颖性、创造性和实用性的关系清晰明了。更重要的是，在专利权的身上能够看到商标权和著作权的影子。例如，作品思想与表达二分法的修辞性，能够适用于专利之抽象思想与技术方案的关系，即实用性要件的判定属于价值问题，而不是事实问题。最后，通过分析商标权、著作权和专利权的体系关联性，引出个体分析方法下知识产权视域分析的必要性。

1. 商标权

与著作权和专利权不同，商标权的形态不是固定不变的，这源于商标基于个体联想的主观特征。现代商标权存在从反混淆到反淡化的进化，其财产性特征随之不断增强。

（1）从人身权到财产权的商标权

首先，"在从遥远的古代直到工业革命完成这个很长的历史时期里，商标虽已出现，但大部分商标未完全从商号独立出来，而是和商号一起发挥作用或者辅助商标而发挥作用。"[1]在这种观念下，商标发挥着严格的物理来源功能，通过心理联想与商品、商品所有者紧紧联系在一起。所有权

---

[1] 王太平. 商标法[M]. 北京：北京大学出版社，2015.

标记被货主自愿地却常常用于商品上，以供不识字的办事员使用，或者在发生海难或海盗行为时，由货主识别和收回货物。这个标记本质上是商人而非工匠的标记，与所述货物的生产来源无关。由于商标的联想对象是商品及其所有者，商标的转让和许可使用理所应当是不被允许的，否则会分离商品与其所有者的事实关系。可见，这种商标权具有由商标、商品和商品所有者组成的三角结构，商标的联想对象是商品与其所有者的事实关系。这时的商标尚没有跳出商号或姓名的范畴，本质上属于人身权利，而非财产权。

其次，作为财产权的商标权的产生，意味着商品与其所有者之间关系的隐匿。商标和商品具有直接的联想关系，摆脱了商标、商品对商品所有者的依赖关系。"商标的来源是不清楚的，商标自身并不由其生产来源决定的，而是由商标之间的相互关系决定的，而其中的关系媒介并不是生产者或消费者，而是商标，因而商标具有了独立的价值。"[①] 商标权作为一种财产权，由商标和商品两种要素共同决定其权利范围，例如《中华人民共和国商标法》第五十六条以核准的商标和核定的商品限制商标权注册。此时，商标不仅发挥来源识别的功能，而且具有质量保障的功能。指号对象由商品与其所有者的事实关系演变为商品自身，因此来源识别由具体的所有者变为匿名不确定的单一来源。在这种来源不明理论下，商标的来源识别功能和质量保障功能获得统一，商标的转让和许可使用取得了可能空间，而且质量保证成为商标许可使用的重要部分。[②]

（2）具有完全财产形态的商标权

商标反淡化理论是现代商标权的一个重要特点。"商标反淡化保护商标的广告宣传功能，这与反混淆不同，后者保护商标的标志来源功能。如果将发生商品来源混淆作为商标反淡化保护的前提条件，会使商标反淡化

[①] 张林.标示来源功能与商标显著性——兼与彭学龙老师商榷[J].甘肃政法学院学报，2013（05）：101.

[②] 商标法第四十二条第一款："转让注册商标的，转让人和受让人应当签订转让协议，并共同向商标局提出申请。受让人应当保证使用该注册商标的商品质量。"第四十三条第一款："商标注册人可以通过签订商标使用许可合同，许可他人使用其注册商标。许可人应当监督被许可人使用其注册商标的商品质量。被许可人应当保证使用该注册商标的商品质量。"

保护失去独立存在的空间。"① 即便我国商标法对于在同一种商品上使用与其注册商标相同的商标，不要求消费者混淆要件，反混淆始终是传统商标权的基础。因此，商标反淡化理论表现了与传统商标权理论的严重不适，以至于托马斯·麦卡锡（Thomas McCarthy）教授不得不承认：在他从事知识产权法教学和实践的40年中，没有哪一部分像作为一种侵犯商标权形式的"淡化"概念，造成了如此多的教义上的困惑和司法上的费解。从指号的对象角度分析，商标反淡化理论意味着联想对象从商品转向商誉。继商品所有者后，商品在商标的心理联想中隐匿不见了，由此商标完全独立化和财产化。

　　商标反淡化是现代商标权成熟状态的表现，是商标权逐渐财产化的结果。商标的财产化与货币的发展有些类似。从打破物物交换开始，金属货币是使用价值与交换价值的统一；纸币的出现意味着交换价值与使用价值的分离，前者获得相对独立性；虚拟货币完全摆脱物质载体，实现了货币的完全价值化。商标权的演变同样经历了逐步财产化和形态完全化的过程。从商号独立出来的商标摆脱了特定商品所有者的束缚，然后商标反淡化使商标权进一步脱离商品种类的束缚，指向虚拟的商誉，本质上是指号的自我联想。"'淡化'原则下的商标权，摆脱了特定商品上声誉概念的束缚，将'混淆'原则下商人所销售的具体商品的声誉概念，改造成为抽象归属于该商人任何商品的声誉，商标所有者获得了在不同类别商品上展开多元经营的能力。"② 因此，在商标反淡化下指号的自我联想有些类似于表述的含义意向，但是商标反淡化没有否定商标的指号本质，没有打破指号与表述的区分。与具有客观含义的表述不同，指号的基础始终是个体的心理联想。联想对象具有可变性，围绕商标的经营创新是一种持续活动状态，即便商标达到自我联想的程度，同样面临冲淡和污损的危险。商标权不仅需要商标反淡化制度③，更重要的是，商标的声誉需要商标权人通过持续的经营创

---

① 杜颖. 商标淡化理论及其应用 [J]. 法学研究，2007（06）：48.
② 徐珉川. 商标权利构造的理论困境与规范出路 [J]. 法学评论，2018（03）：62.
③ 《商标法》第十三条第三款："就不相同或者不相类似商品申请注册的商标是复制、摹仿或者翻译他人已经在中国注册的驰名商标，误导公众，致使该驰名商标注册人的利益可能受到损害，不予注册并禁止使用。"

新活动来维持。"商业标识的投入是终身的,仅仅选定或者注册并不能保证标识的有效,只有不断地通过广告宣传、市场营销等手段不断地投入,努力确保产品质量,维护商业标识的信誉,商业标识才能存在。"[1]因此,这种指号的完全形式是抽象规范和具体实践共同努力的产物。如果商标未能在市场中实际使用,消费者不可能通过商标联想到商品或商誉。

从商标反混淆的基本形态,到商标反淡化的完全形态,意味着商标权摆脱具体的商品所有者和商品,通过指号的自我联想获得完全财产化形态。因此,商标反淡化的前提是商标已经获得了一定程度的商誉,比如我国商标法对在中国注册的驰名商标进行反淡化保护。不论是反混淆理论中商标与商品的关联,还是反淡化理论中商标与商誉的关联,都是消费者的主观心理活动。反过来,恰恰由于主观联想,商标的联想对象是动态和多元的,既可以是特定商品的来源,又可以是脱离具体商品的商誉。因此,商标反淡化理论不仅没有改变商标权的本质,而且深化了对商标权功能的理解。反混淆维持商标与特定商品之间的主观联想,而反淡化则维持商标与商誉之间的主观联想。

2. 著作权

思想与表达的二分法是著作权的重要原则。基于作品的本质分析,思想与表达的二分法不是完全有效的。著作权既有可能存在不保护表达的情形,如戏仿作品,又可能存在实质上保护思想的倾向,如实质相似。因此,著作权对思想与表达进行了双重保护。

指号与表述的区分体现了商标和作品的差别,而含义意向和含义充实体现了作品和专利的差别。值得注意的是,作品的本质是表述,而非表述的含义,这和思想与表达的二分法是对应的。"多个表述可以具有同一个含义,但却具有不同的对象,并且,多个表述可以具有不同的含义,但却具有同一个对象。"[2]含义需要表达,而且指称对象,对象既可以是现实化的对象,又可以是虚拟的对象。故而,作品的本质是表达,思想的本质是含义。商标通过主观联想指向商品,专利通过实用性指向专利产品,而作品通过意向行为指向意向对象。不同于联想的指号和意向充实,作品比商

---

[1] 王太平. 商标法[M]. 北京:北京大学出版社,2015.

[2] 胡塞尔. 逻辑研究[M]. 倪梁康译. 上海:上海译文出版社,2006.

标和专利更具开放性，既不需要联想相关项，又无须通过现实对象完成意向充实。作者既可以直接描述事实对象，如摄影照片、纪实作品；又可以间接描述实现对象，如建筑设计图；甚至可以描述完全不能实现的对象，如介绍屠龙术、永动机、方的圆的文字作品、独角兽的绘画。独创性是作品的核心要件，并不包含对作品的现实化要求，这是著作权与商标权、专利权的重要区别。德斯塔案说明了商标指示的来源对象是具体的商品，而专利的实用性要件本质上体现为含义充实。发明和实用新型必须是一种技术方案，能够解决现实世界的具体技术问题，不能仅仅停留在自然规律层面。可见，与专利和商标相比，作品是自我指涉的。换而言之，作品与思想直接相关，不依赖现实对象。与此同时，含义意向意味着作品比商标和专利的类型更加复杂，范围认定的难度更大。《中华人民共和国著作权法》第三条列举了八种具体的作品类型，而且规定了兜底条款。此外，邻接权也无形中扩大了作品的类型，突破了作品的独创性要件。反观专利和商标，《商标法》第8条和以《中华人民共和国专利法》第2条仅仅对商标和发明、实用新型、外观设计进行了抽象定义，并未列举具体类型。

（1）戏仿作品中著作权保护范围的反思

2005年，胡戈创作了网络搞笑剧《一个馒头引发的血案》（以下简称《馒头》）。《馒头》由陈凯歌导演的电影《无极》、中央电视台的法治节目《中国法治报道》等部分组成，并且配以一些受著作权保护的音乐作品。显然，在《馒头》中受著作权保护的作品不仅仅是电影《无极》，但是这场风暴的中心人物却是胡戈和陈凯歌。有趣的是，陈凯歌只是电影《无极》的导演，而不是作为电影《无极》著作权人的制片者。《馒头》引发了一场具有广泛法律意义的讨论，并不仅仅局限于著作权，例如季卫东教授认为，陈凯歌对胡戈的聚讼纠纷，涉及的范围显然更广泛些，既把著作权法与税法同样具有全民性的本质揭示出来了，同时也使戏仿成为举国上下关心的热门话题。[①]

从著作权的实证角度分析，胡戈的行为可能落入电影《无极》的复制权、修改权和保护作品完整权的控制范围。然而，人们对胡戈和《馒头》展现

---

① 季卫东.网络化社会的戏仿与公平竞争——关于著作权制度设计的比较分析[J].中国法学，2006（03）：17-29.

了十分宽容的态度，甚至刻意忽视了关注胡戈获取电影《无极》视频的合法性。从根本上讲，《馒头》是针对电影《无极》的戏仿作品，所以学者试图通过著作权的合理使用制度为胡戈的戏仿行为辩护。[1]我国著作权的合理使用制度没有明确规定戏仿行为。换而言之，胡戈的戏仿行为已经超出了著作权法的文义范畴，但是合理使用制度不失为戏仿行为合理化的有效途径。而本文关注的是胡戈的戏仿行为对著作权保护范围的启示。合理使用是著作权保护的例外，本质上是对行为人的免责，即"原告通常要证明被告接触并使用了受保护的作品内容、被控侵权作品与版权作品相应部分'实质相似'，然后被告才需要引用这一抗辩对抗原告的著作权指控。"[2]作为具体制度，合理使用固然可以调整戏仿作品，平衡戏仿行为人和著作权人之间的利益关系，但是本文需要更加清楚地论证，戏仿对作品利用行为的特征，而不能仅仅从价值判断上肯定戏仿行为的合理性。

如果说独创性是作品的积极要件，那么思想和表达二分法是作品的消极要件。作品的本质是思想的表达，所以思想与表达的二分法要求著作权不能保护思想，而只能限于思想的表达。然而，思想与表达的关系十分微妙，其界限也并不十分分明，所以作者、作品和思想在著作权中既相互联系又相互分离。作为导演的陈凯歌在相当程度上决定了电影《无极》的作品质量，却不是作品的著作权人。换而言之，陈凯歌实际上算是电影《无极》的重要作者。可见，胡戈与陈凯歌之间不存在直接的著作权冲突，而只是戏仿作品与原作品的思想冲突——《馒头》狠狠讽刺了电影《无极》。如果说作品抄袭中的"实质相似"是不同表达与相同思想的关系，那么，戏仿行为则是相同表达和不同思想的关系。既然思想与表达的二分法说明著作权只保护对思想的表达，那么"实质相似"到底是对思想的相似性判断，还是对表达的相似性判断？戏仿行为对作品的复制使用为什么被排除在著作权保护之外？思想与表达二分法真的是关于作品的事实判断方法吗？这

---

[1] 参见苏力.戏仿的法律保护和限制——从《一个馒头引发的血案》切入[J].中国法学，2006（03）：3-16.；季卫东.网络化社会的戏仿与公平竞争——关于著作权制度设计的比较分析[J].中国法学，2006（03）：17-29.；邓社民.数字环境下著作权合理使用与侵权的法律边界——由《一个馒头引发的血案》引起的思考[J].法学论坛，2006（06）99-104.

[2] 崔国斌.著作权法[M].北京：北京大学出版社，2014.

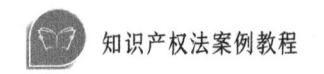

些问题都迫使人们反思著作权的保护范围。

（2）可版权的思想与不可版权的表达

指号与表述的差异主要是客观含义是否存在。用胡塞尔现象学的语言表述，对于作为表述的作品而言，作者表达作品的含义时，同时体验着作品的含义；读者在领会作品的含义时，同时体验着作品的含义。尽管作者表达的含义和读者领会的含义可能有所差别，但是作品含义的客观性体现了主体间的可沟通性。商标基于消费者的主观联想，具有可变性和持续塑造性特征，因此商标权人需要持续地积累商标的商誉。商标符号的设计、商标的注册只是商标指号形态的基础和起点，指号形态的进化是商标不断被实际使用的持续过程。因此，商标在本质上从属于商标权人，反淡化中商品的隐匿和反向假冒中商标的隐匿，变相说明了商标权人在商标构造中的主导地位。尽管作品源于作者的创作活动，但是一旦作品创作完成，作品便基于客观含义取得了相对独立性。读者对作品含义的理解超出了作者的控制范围，这尤其体现在后现代主义上。后现代主义强调："人类文化创作活动的真正价值，不是已经造出的文化产品的解构或其中的意义，而是文化创作活动的不断更新的生命力本身。"[1] 尽管作者享有作品的修改权，但是思想的不可版权性必定影响对表达的保护。与商标的商誉积累相比，作者对于作品的掌控是非常有限的：既不能垄断作品所表述的思想，即阻止他人借助不同的表达来表述相同的含义；又不能完全垄断作品的表述，即阻止他人借助相同的表达来表述不同的含义。思想与表达二分法通常被认为著作权不保护思想，只保护对思想的表达，然而事实远非如此简单。

一方面，著作权在一定程度上保护思想，甚至有学者认为："当作品中的思想是独创的，那么作者对该思想享有著作权。当其内容或形式具有独创性时，则作者对其内容与形式享有著作权。既然如此，所谓思想、内容和形式的划分也就无关紧要了。"[2] 这种评论固然有些过头和过激，但是它说明思想与著作权不是完全绝缘的。在庄羽诉郭敬明侵犯著作权纠纷案中，法院在认定被告郭敬明是否抄袭的过程中，明确地指出："一部具有独创性的作品，以其相应的故事情节及语句，赋予了这些'人物'以独特

---

[1] 高宣扬. 后现代论 [M]. 北京：中国人民大学出版社，2005.
[2] 韦之. 著作权法原理 [M]. 北京：北京大学出版社，1998.

的内涵，则这些人物与故事情节和语句一起成为著作权法保护的对象。"[1]如果单纯的人物特征和关系属于公有领域和思想范畴，那么在作品上抽象出的人物与故事情节，为什么能和语句一起受到著作权保护？法院在判决书中毫不避讳地指出："从以上本院认定的构成相似的主要情节和一般情节、语句的数量来看，已经远远超出了可以用'巧合'来解释的程度。"[2]作者在创作作品的同时，表达了特定的含义，但是法院对作品含义的判断与作者所意图表述的含义不是完全相同的。法院对作品的思想的判断是不受作者控制的，所以作者所意图表述的含义没有想象中的重要。通过思想与表达二分法，法院通过认定属于公有领域的含义范围，确定作为表述的作品的范围。然而，一旦著作权不仅保护作品的文义表述，而且进行实质相似的判断，那么著作权实际上正在保护作品的思想。

另一方面，在不同作品以相同表达来表述不同思想时，著作权可能不会禁止具有相同表达的作品，如戏仿作品。不仅在作品的实质相似性判断时，著作权人无法控制作品的思想范围，而且即便表达完全相同，著作权人依然可能无法控制他人利用作品进行不同思想的表述，《馒头》便是典型代表。在本案中，从著作权法的条文分析，真正技术性的法律问题是胡戈获得创作《馒头》的素材是否合法，胡戈是否非法复制了电影《无极》，但这恰恰不是这场争论的焦点。风暴心中的双方是《无极》的导演陈凯歌和《馒头》的作者胡戈，可谓是两个作者之间的较量，而不是两个著作权人之间的冲突。胡戈通过复制《无极》的镜头，表达了不同于作为创作者的陈凯歌所意图表达的思想，这才是胡戈所动的"奶酪"。由此可见，在戏仿作品中原作者与作品的联系已经降到了冰点，甚至修改权和保护作品完整权都已经不复存在。苏力教授一针见血地指出："通过戏仿传达的《馒头》作者的看法是否准确，是否正确，评价标准是否合理，其艺术趣味高低，都可以商量。但作为一种实然，这些看法已在戏仿作者心中发生，没有应不应该的问题；剩下的问题是，《馒头》作者是否可以将这些看法表达出来，以及应或可

---

[1] "庄羽诉郭敬明等（侵犯著作权纠纷案）"第66段，[北京市高级人民法院（2005）高民终字第539号]。
[2] 同上。

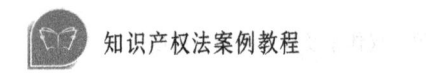

以选择何种方式。"①

（3）思想与表达二分法的修辞性

表达与思想直接相关，并不容易相互区分。实际上，著作权不仅保护对思想的表达，而且可能保护思想本身。这意味着思想与表达的区分十分困难，或者说从表达到思想是一个渐变的模糊过程。不仅作为表达的作品很难被定义，必须通过具体类型的列举来描述作品；而且思想本身也不明确，同样需要采用具体类型的列举方式。"虽然思想的范围不易界定，但经过实践的探索和经验的总结，其大概范围还是可以勾勒出来的，即程序、工序、系统、操作方法、概念、原则、发现、游戏规则、会计方法等。"②含义的客观性体现为主体间的可交流性，所以表达是主体交流的手段，思想的交流离不开表达。从认识角度分析，如果思想不能离开表达，那么思想本身便无法被认识和交流。思想与表达的二分法具有柏拉图的理念论色彩，所以我们不可能抛弃表达来单独认识和交流思想，然后回溯界定思想的表达。其实，程序、工序、操作方法等本质上都是表达，是含义意向的结果。思想与表达的区分注定是模糊的，区分方法一直不断变化，比如内容形式区分法、减除测试法、抽象测试法、模式测试法、功能测试法及抽象测试法。高度模糊的思想与表达二分法不可能成为作品判定的可靠方法，只能沦为论证作品的修辞手段，以便增加论证结果的客观表象，例如 Ginsburg 教授认为它是法官在形成判决之后，论证判决合理性的一个理由。因此，思想与表达二分法不是对作品的纯粹事实问题判断，而是隐藏着价值衡量的内核。"故此，有学者总结出这样的规律：一种表达越是为社会所需要，对社会越重要，它就越难成为财产权的对象。"③

3. 专利权

与商标权和著作权相比，实用性要件最能体现专利权及其体系的特征。专利权的新颖性、创造性与著作权的独创性、商标权的显著性具有内在关联，而实用性体现了专利区别于商标权和著作权的本质，在很大程度上决定了

---

① 苏力.戏仿的法律保护和限制——从《一个馒头引发的血案》切入[J].中国法学,2006(03):9.
② 卢海君.版权客体论[M].北京：知识产权出版社,2011.
③ 熊文聪.被误读的"思想/表达二分法"——以法律修辞学为视角的考察[J].现代法学,2012(06):175.

专利权的体系特征。

（1）作为专利权本质特征的实用性

胡塞尔根据客观含义的有无把符号区分为指号与表述，又将表述分为含义意向和含义。本书以此构建知识产权客体的基本类型，即指号型智力成果、表述型智力成果和实用型智力成果，专利显然属于实用型智力成果。《专利法》第二十二条第一款中规定了专利的实用性要件，即"实用性，是指该发明或者实用新型能够制造或者使用，并且能够产生积极效果。"专利之"能够制造和使用"和"能够解决技术问题"，本质上属于对含义意向现实化的含义充实。因此，在表述的层面上，作品和专利的区别在于表述是否需要实现和充实；在符号与现实对象的关系上，商标与专利的区别在于联系是否具有客观性。商标始终是商品的外在标志，直接表述商品的功能性特征，而作为技术方案的专利恰恰表述了产品的功能性特征，即"实用性要求至少包含三方面的内容：①发明方案能够实现；②发明能够达到实用程度；③发明具有积极效果。"[1]

在表述与含义的关系上，作品与专利没有本质的区别，都是对抽象思想的表达，而二者的差别仅仅是对含义对象现实化的要求不同。甚至可以说，技术方案是对抽象思想的实用性表达，本质差异在于实用性要件。专利之新颖性和创造性只是对作品之独创性的强化，因此在专利权中能够看到著作权的影子，"专利法从一开始就排斥计算机程序：程序代码被视为抽象的文字作品，程序背后的算法被视为抽象思想，二者皆不能成为专利法意义上的客体。"[2] 由此不难理解，通过思想与表达的二分法反思，专利权中抽象思想与技术方案二分法同样具有修辞性，是价值判断的结果，而非单纯的事实观察。将思想与表达、抽象思想与技术方案作为事实标准蕴含着实体思维，正如布拉德·谢尔曼（Brad Sherman）所言："本分析的起点是相信存在一个先验性的领域，一个可以从中抽取出发明的水库……正如思想被认为是被排除在文学财产保护范围之外的，这些从其本质上看具

---

[1] 崔国斌. 专利法 [M]. 北京：北京大学出版社，2012.
[2] 崔国斌. 专利法上的抽象思想与具体技术——计算机程序算法的客体属性分析 [J]. 清华大学学报（哲学社会科学版），2005（03）：37.

有普适性的原则，也落在可专利的范围之外。"[1]因此，专利与作品一样具有不确定性，"到目前为止，通过抽象的技术定义来一劳永逸地消除专利保护客体方面的不确定性或者模糊性的努力，均告失败。在可预计的将来，估计也不会成功。在判断一项发明是否具有解决技术问题或是否具有技术效果时，我们难免要依赖自己在无数个案中逐步积累起来的经验或直觉。"[2]

（2）实用性对专利权体系特征的影响

尽管技术方案具有模糊性，但是实用性要件依然体现了专利与专利产品之间的客观联系，极大地影响了专利权的体系特征。首先，实用性要件使得专利权具有较强的法定主义色彩，典型表现是权利的产生方式。从著作权、商标权到专利权，权利取得趋于严格：著作权奉行自动取得的一元主义；商标权实行注册取得和使用取得的二元主义，商标使用和商标注册之间相互制衡，甚至商标使用优先于商标注册；专利权则奉行申请取得的一元主义。显然，智力成果的客观性和现实化程度扮演着重要的角色，即智力成果的客观性和现实化程度越高，知识产权的取得越严格。其次，实用性要件使得专利权分析最接近，甚至强化了一物一权原则。专利权否定了独立创造的可能性，使得专利申请具有强公示作用。这种公示作用甚至否定了效力判断的知悉标准，人为地强化了专利权效力的时间标准。

基于专利申请的强公示作用，实用性要件使得专利权体系更加明确化和条理化。一方面，与著作权相比，由于专利审查的存在，专利权的取得同时包含事实判断和价值选择。著作权的自动取得意味着价值判断的缺失，所以淫秽作品同样能够产生著作权。"具体的作品在创作完成之时，即可依据该原则产生著作权，无须行政机关一一审核、个案授权。"[3]显然，著作权的取得仅仅属于作品的事实判断，不能代表国家对于作品的价值取向，而价值选择属于著作权行使的范畴，例如《著作权法》第四条规定："著作权人和与著作权有关的权利人行使权利，不得违反宪法和法律，不得损害公共利益。国家对作品的出版、传播依法进行监督管理。"反观专利权，

---

[1] 谢尔曼，本特利. 现代知识产权法的演进[M]. 金海军，译. 北京：北京大学出版社，2006.

[2] 崔国斌. 专利法[M]. 北京：北京大学出版社，2012.

[3] 衣庆云. 权利限制与作品传播的限制——《著作权法》第4条适用问题分析[J]. 知识产权，2011（10）：32.

专利审查的结果蕴含国家对专利的价值取向，所以奉行申请取得的专利权不可能奉行价值中立。另一方面，与商标相比，专利与产品的关联具有客观性，体现了自然规律而非主观联想，由此产生了权利取得的一元主义和二元主义的差异，进一步影响了商标权和专利权的体系结构。商标注册属于客观的公示方式，而商标使用属于事实的公示方式。《商标法》第十一条、第五十九条表明商标使用对商标注册具有一定程度的优先性，因此商标奉行注册与使用的交叉判断，注册商标体系和未注册商标体系并存于商标法之中。反观专利权，专利审查成为商业秘密权和专利权的分水岭，权利人只能进行非此即彼的选择，因此专利权的体系结构更加简单明了。

（二）基于类型分析的知识产权动态体系

商标权、著作权和专利权构成狭义的知识产权体系，不是历史演变的路径依赖结果，商业秘密权、植物新品种权等新型知识产权也不是毫无逻辑的任意发展。商标权、著作权和专利权在知识产权体系中具有逻辑关联性，它们不仅自身呈连续形态，而且在物质载体上体现了过渡特征。因此，在立法解析上，知识产权体系是以商标权、著作权和专利权为核心和基础，结合众多非典型知识产权的动态体系。此外，知识产权动态体系的关联性不仅体现为知识产权在立法解析中的连续状态，而且最重要的是，个体分析方法强调知识产权动态体系在个体实践中的关联性和连贯性。这才是知识产权体系在立法解析中具有逻辑关联性的根源，将对知识产权体系的立法解析从单纯的认识层面，转向个体的实践层面。因此，在个体分析方法的动态体系下，知识产权体系的逻辑关联性不仅体现为权利概念的演绎分类，而且在个体实践层面具有连贯性和关联性。

1. 知识产权体系之立法解析的流动谱系

民事权利理论对权利动态体系并不陌生。人格权、身份权和财产权是民事权利的基础分类，虽然是逻辑演绎的结果，但是存在逻辑必然性，成为民事权利的体系基础。人类的现实需求是民事权利产生的根本原因，而需求的类型具有内在的逻辑性，体现了其与人之间关系的有序排列。相应地，民事权利体系分为财产权、人格权和身份权三种具有典型特征的权利类型，以及存在不同程度的非典型特征的权利类型，因此民事权利体系形成一种流动谱系，为分析过渡性、混合性、交叉性权利提供了开放性空间。[①] 显然，民事权利的流动谱系对知识产权类型分析具有重要的参考意义，即以商标权、著作权和专利权为典型权利，形成知识产权体系的流动谱系分析。

一方面，知识产权动态体系体现了商标权、著作权和专利权之间的连续性。例如：通用名称和姓名权体现了商标权和著作权的权利形态过渡；著作权内部存在从狭义著作权到邻接权、从思想到表达的权利形态过渡；实用艺术作品体现了著作权和专利权的权利形态过渡；技术方案和自然规律体现了专利权与发现权的权利形态过渡；外观设计体现了商标权、著作权和专利权的三者权利形态过渡。

另一方面，与人格权、身份权和财产权类型类似，商标权、著作权和专利权对知识产权进行了最基本的分类，可以据此分析商业秘密、外观设计、实用艺术作品、计算机软件等非典型智力成果。以实用艺术作品为例，"逻辑上比较恰当的界定方式是实用艺术作品的实用性与艺术性在物理上无法分离，但是在观念上可以分离。"[②] 实用性与艺术性在物理上不能分离，是为了区分智力成果与其物质载体。如果实用性和艺术性在物理上可以分离，那么它们之间不存在智力成果与其物质载体的关系，因此知识产权保护只涉及智力成果，如美术作品与画布的关系。实用性与艺术性在观念上必须分离，是为了区分著作权和专利权。如果艺术性完全被实用性覆盖，那么实用艺术作品不能得到著作权保护，可能得到专利权保护。再比如外观设计，虽然外观设计在我国属于专利权客体，但是外观设计融合了商标、作品和专利的特征。外观设计不仅在专利权层面上具有新颖性，又在著作权层面上属于形状、图案或者其结合及色彩与形状、图案的结合，富有美感，而且在商标权层面上必须是对产品的外观所进行的设计。可见，外观设计是商标权、著作权和专利权的重叠，在各个国家具有不同的立法例，计算机软件和植物新品种亦是如此。因此，虽然非典型的知识产权可能采取单独的立法形式，但是其始终以商标权、著作权和专利权为构建基础。

2.知识产权体系在个体实践中的关联性

知识产权动态体系在立法解析中的流动谱系尚不足以充分论证其关联

---

① 王琳琳.论私权及其体系化[D].长春：吉林大学，2012.
② 冯晓青，付继存.实用艺术作品在著作权法上之独立性[J].法学研究，2018（02）：144.

性，因此需要回到交易市场语境，在个体实践中的创新价值层面分析其体系关联性。知识产权塑造了关于智力成果的交易市场，是国家激励个体创新的手段，所以知识产权之激励理论具有社会契约特征。"国家或法律赋予作者、发明人或商家以相应的知识产权，其目的是鼓励作者、发明人或商家创造更多的信息产品，既有利于他们自己，也有利于社会公众。"[①] 因此，从个体实践的创新角度分析，知识产权可以被视为一种社会契约，更加私法化地表达，知识产权可以被视为一种"格式合同"。它激励个体从事创新活动，在知识产权市场中自由竞争，最终实现创新的价值目标。因此，知识产权动态体系应当以个体实践中创新价值为背景，这也是个体分析方法的要求和体现。如果仅仅在规范层面分析知识产权体系，那么知识产权体系始终是间断的分类体系，其逻辑关联性通过演绎分类来表现。由此，不仅显著性、独创性和创造性的抽象规定不能反映商标权、著作权和专利权的内部多样性和连续状态，而且间断的分类体系也不能体现商标权、著作权和专利权之间的体系关联性，进而揭示三者对非典型智力成果分析的基础作用。知识产权创新的主体始终是法律实践中的个体，包括立法机关、司法机关和行政机关在内的国家机关只是为个体的知识产权创新提供必要条件，但是真正的知识产权创新需要在自由竞争的市场中脱颖而出。因此，知识产权动态体系的关联性必须从抽象规范层面深入到个体实践的创新层面。

复合介入结构说明知识产权具有契约特征，它与单一介入结构的民事权利具有相似性，即效力的有待确定。这意味着它们需要进入权利现象的具体语境之中。契约性不仅表现在知识产权结构之上，而且蕴含在知识产权的价值取向之中。通过分析知识产权的市场语境，创新价值通过自由竞争实现，自由竞争的市场语境暗示了知识产权的创新价值与私法自治的关联。商标之显著性、作品之独创性和专利之创造性，都体现了知识产权的创新价值，这已经说明创新价值不是铁板一块，存在经营创新、表述创新和实用创新的多样化表现。在抽象规范上，知识产权客体和内容都被严格地规定，带有了浓厚的法定主义色彩，条文规定甚至达繁杂的程度。著作权表现得尤为明显，不仅《著作权法》第三条详细地规定了8种具体的作

---

① 李明德. 美国知识产权法[M]. 北京：法律出版社，2003.

品类型，而且第十条更详细地定义了16种具体的权能。专利法和商标法尽管不存在如此详细的条文规定，但是对商标注册和专利申请进行了详细的规定，例如《专利法》第二十六条规定了发明和实用新型申请时提交的请求书、说明书及其摘要和权利要求书等文件。毫无疑问，它们属于强制性规范，不允许当事人排除适用。尽管如此，这种似乎破碎化的列举式规定，在个体实践中具有一定的关联性，为个体的知识产权实践构筑了一套连贯的私法自治框架。

其实，知识产权始终致力于智力成果的创新程度区分。这种区分不仅仅在认识层面编织一张尽量严密的分类之网，更重要的是，其成为分析具体知识产权现象的、创造性从低到高的、权利范围从小到大的连贯坐标系。在商标权中，根据商标与产品的关系，商标分为通用标志、描述性标志、暗示性标志、任意性标志和臆造性标志。根据《商标法》第十一条的规定，立法对通用标志和描述性标志进行区分规定。它实际上确立了通用标志和描述性标志通过使用取得商标权的一元主义，商标注册只不过是国家对通过使用所取得的商标权的肯定和承认。此外，《商标法》第五十九条规定商标权人无权禁止他人对通用标志和描述性标志的非商标性使用，这实际上变相缩小了商标权的权利范围。在著作权上，根据独创性的有无，著作权法分为狭义著作权体系和邻接权体系。尽管版权法体系承认作品的独创性，以及"额头出汗原则"受到批评，但是表演、录音录像制品、广播等邻接权客体仍被视为作品。《著作权法》第三十九条、第四十二条和第四十五条分别规定了表演者、录音录像制作者和广播组织的权利内容，与第九条关于狭义著作权的规定相比，邻接权的范围明显比较小。在专利法上，根据创造性程度的不同，专利分为发明和实用新型两种类型。"立法者充分考虑我国改进型产品较多的国情，同时为了发明与实用新型，通过法条将实用新型设置为一种'二级发明'，不但定义不同、审查标准不同，而且连保护客体也进行了定义，只能是对'产品的形状、构造或者其结合所提出的适于实用的新的技术方案'。"[①]

---

① 闫文锋，王福涛. 新科技革命对我国三种专利保护客体模式的挑战[J]. 知识产权，2017（12）：83.

二、知识产权案例指导制度的定位与实证分析

(一)知识产权案例指导制度的定位

我国案例指导制度产生于新一轮司法改革大潮中,最高人民法院副院长陶凯元也指出知识产权案例指导制度是知识产权司法改革的制度创新,强调制度探索要以坚持中国特色社会主义法律体系为大前提,应当立足于"案例应用",引导法律适用规则进一步细化,并为司法解释的起草奠定基础。这实际上也回应了备受关注的知识产权案例指导制度的定位问题,具体而言主要涉及与四个方面的关系。

1. 与立法的关系

这是我国案例指导制度,也是知识产权案例指导制度面临的首要和核心问题。众所周知,我国是制定法国家,成文法规定是正式的法律渊源,无论何种形式的司法案例,即便是指导性案例,都不是正式的法律渊源,这既是原则也是底线。因此,案例指导工作始终应在法律框架内进行,以遵循现行法律为前提,旨在"指导",作用在于正确解释和适用法律,本质上仍是一种法律适用活动和制度。[1]

虽然对知识产权案例指导制度的探索允许合理范围内的改革创新,但在我国现有政体结构下,上述与立法的关系问题是明确且不存在探讨空间的,尤其是在知识产权领域,制定法规定经常跟不上时代发展,法律空白之处较多且往往牵涉利益巨大,司法能动主义[2]因此而具有较大的生存空间,对知识产权法定主义形成巨大冲击,因此学界也出现了批评知识产权法官利用民法或其他法律的原则条款扩充知识产权保护范围的声音,并将其明确称之为"法官造法"。[3] 显然,在探索实施知识产权案例指导制度的过程中,应当始终对上述问题给予高度重视,这直接关系到制度探索的合法性与正当性问题。但从另一角度理解,知识产权案例指导制度通过大量的案例应用及典型案例的不断生成,也可为立法提供案例素材,这其实在案例

---

[1] 胡云腾,于同志.案例指导制度若干重大疑难争议问题研究[J].法学研究,2008(06):8.
[2] 有关对司法能动主义的探讨和质疑可参见李仕春.案例指导制度的另一条思路——司法能动主义在中国的有限适用[J].法学,2009(06):59-77.
[3] 崔国斌.知识产权法官造法批判[J].中国法学,2006(01):144.

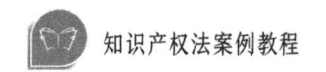

指导制度确立之前已多有出现。知识产权案例指导制度实施后，由于对案例的更加重视，以及可以预见的裁判说理水平的进一步提升，将更有助于与立法形成良性互动关系。

2. 与案例指导制度的关系

知识产权案例指导制度与我国整体性的案例指导制度之间是一个总与分的关系，前者是后者的组成部分之一，故对前者的探索和构建原则应当建立在后者的基础之上。但既然案例指导制度存在进一步细化、优化、深化的现实需求，既然选择特定领域进行实践探索，就不能囿于现有制度框架，一定程度上的突破尝试是必须的，尤其是针对案例指导制度在具体实施方面的痛点、难点，如指导性案例的范围、效力、生成机制、应用规则、约束机制等，始终注重"发现特殊性之上的普遍性和多元性之上的一致性"[1]，已为我国案例指导制度的完善提供知识产权实践经验和样本。

3. 与司法解释的关系

司法解释和指导性案例都是解释和适用法律的产物，党的十八届四中全会提出要"加强和规范司法解释和案例指导，统一法律适用标准"，也是将二者做了并列规定。尽管学界对司法解释多有批评，并有观点指出抽象形式的司法解释应当而且必将逐渐减少，代之以在具体案件中就如何适用法律进行判例解释。[2]但由于司法解释经过了全国人大常委会的明确授权，具有普遍效力，在长期的司法实践中为全国各级法院准确适用法律提供了规范和依据，故可以预见在现阶段及未来较长的一段时间内，司法解释仍将继续存在并发挥重要作用。

具体到知识产权领域，最高人民法院副院长陶凯元也明确提出要稳步推进知识产权司法解释制度，并要求知识产权案例指导制度要为司法解释的起草奠定基础，这就基本澄清了二者之间的关系问题。而且，由于知识产权案例指导制度与司法解释都是司法权行使的结果，二者之间的互动相比于与立法的互动无疑更为频繁和便捷。例如，以"等同理论"的发展为例，其在我国同样也是首先出现于个案中，最高人民法院在"宁波市东方机芯总厂诉江阴金铃五金制品有限公司侵犯专利权纠纷案"中明确指出，"以

---

[1] 施展. 枢纽：3000年的中国 [M]. 桂林：广西师范大学出版社，2018.
[2] 董皞. 中国判例解释构建之路 [M]. 北京：中国政法大学出版社，2009.

基本相同的手段，实现基本相同的功能，达到基本相同的效果的等同物，落入专利权的保护范围"。[①]随后，该裁判规则很快就被吸纳入2001年的《最高人民法院关于审理专利纠纷案件适用法律问题的若干规定》中，从而转化成为具有普遍效力的司法解释，这也成为我国"等同理论"发展路径与英、美、德、日四国的重大区别。类似的情形还有很多，如对企业名称简称的保护、专利审查档案对权利要求的解释作用、专利临时保护期问题、使用环境特征对权利要求的限定作用等，都是先在个案中确立了裁判规则，之后又被吸纳转化为相关司法解释。

4. 与司法改革的关系

司法改革的目标是要建设公正、高效、权威的司法制度，"让人民群众在每一个司法案件中感受到公平正义"。前文已多次提及，案例指导制度是新一轮司法改革的产物，知识产权案例指导制度是知识产权司法改革的制度创新，因此其建设目标也应当与我国整体司法改革的目标相一致，其实施效果应该以是否有助于实现司法改革目标作为检验标准。这就决定了探索和构建知识产权案例指导制度要始终紧紧围绕如何体现"公正""高效""权威"来展开，坚决破除沉疴旧疾，既要在微观层面对过往不符合司法规律的做法，尤其是对不适应新时代司法需求的审判权力运行机制进行改革，又要在宏观层面深入思考我国整个知识产权审判体系的调整和优化策略。从这个意义上理解，知识产权案例指导制度绝不仅仅局限于对司法案例的应用，更是一个影响深远的庞大体系工程。

（二）实施知识产权案例指导制度的实证分析

知识产权案例指导制度是基于对司法规律的理解和对已有司法实践的认识进行的人为制度设计，但其是否能够真正实现制度目标，还需回到司法实践中去检验。对此，仍然可以通过考察案例的运行情况，观察先例与后案之间的互动作用，来考察知识产权案例指导制度的实际效果。

1. 先例应用数据分析

（1）援引先例案件情况

2015—2017年，北京知识产权法院共审结各类知识产权案件26 338起，

[①] 参见最高人民法院（2001）民三提字第1号民事判决书。

共有1 034起案件在裁判文书中对先例进行了援引，占总结案数的3.9%。北京知识产权法院每年援引先例的案件数量情况如图1-1所示。

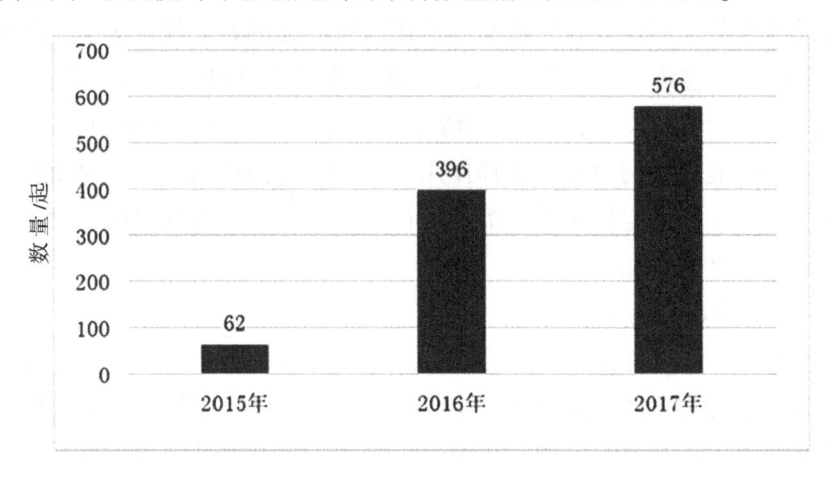

图1-1 北京知识产权法院裁判文书援引先例情况

可以看出，随着知识产权案例指导制度的实施，北京知识产权法院裁判文书中援引先例的情况也在逐年增加。从案件类型来看，上述1 034起援引先例的案件具体分布如下。

表1-1 北京知识产权法院援引先例的案件类型分布

案件类型		案件数量起	总计/起
行政	商标	744	838
	专利	94	
民事	著作权	47	196
	商标	89	
	专利	28	
	不正当竞争纠纷	17	
	技术合同纠纷	9	
	特许经营合同纠纷	6	

（2）被援引先例情况

上述1 034起案件共援引先例1 879个，平均每案援引约1.8个。一案援引多个先例主要有三种情形：①一方当事人援引先例后，其他方当事人也援引先例进行回应，如在"南社布兰兹有限公司诉商标评审委员会、第三人李琛商标行政纠纷案"中，原告和第三人均围绕案件争议焦点提交了先例，甚至还出现了双方提交同一份先例的情形；①②案件涉及多个争议焦点，需要援引不同先例分别予以支持，如"北京优朋普乐科技有限公司诉北京网易有道计算机系统有限公司侵害著作权纠纷案"；③针对某些疑难复杂问题，当事人或法官援引多个类似或相关先例增强说理，如在"湖南快乐阳光互动娱乐传媒有限公司诉同方股份有限公司侵害著作权纠纷案"中，二审判决共援引7个先例，先例作出法院包括最高人民法院、北京高院、北京一中院、海淀法院四级法院，充分呈现了"服务器标准"通过个案裁判形成的发展脉络，为该案裁判结论进行了充分的说理支撑。②

从先例来源法院看，北京高院、其他中级人民法院和北京知识产权法院在数量上位居前三，基层法院也供应了一定数量的先例，最高人民法院的先例则相对较少（如图1-2所示）。出现上述情况的原因在于以下几点。首先，北京高院是北京知识产权法院的上级法院，所处理的案件在类型和数量方面都与北京知识产权法院高度匹配，其裁判也往往是生效的终审裁判，具有较强的指引意义，故在实践中被大量援引。与之形成较大反差的是最高人民法院先例被援引的数量。但这主要是源于最高人民法院审理的案件数量较少，所输出的裁判规则在数量和覆盖范围上都相对有限，故被援引的绝对数量并不多。其次，"其他中级人民法院"以北京市第一、第二、第三中级人民法院为主。这是因为在北京知识产权法院成立前，上述三个中级人民法院也分别管辖了相关知识产权案件，尤其是北京市第一中级人民法院曾经集中管辖全国的专利、商标授权确权行政纠纷案件，很多在先裁判对于北京知识产权法院审理案件极具指引意义，因此也被大量援引。而援引本院先例以保持裁判尺度的统一和连贯，这本就是知识产权案例指导制度追求的结果，当事人、法官在制度实施过程中对此也有更加深入的认识，从而出现了为数不少的北京知识产权法院先例。再次，近年来，通过对知识产权案件管辖权的优化调整和适度集中，北京各基层法院的知识产权审理水平稳步提升，作出了不少优秀裁判并在经过一审后即已生效。但这些案件中确立的很多司法规则同样受到当事人、上级法院法官的重视和认可，并在后案审理中被援引适用。最后，根据先例效力体系的设计，

---

① 参见北京知识产权法院（2015）京知行初字第2575号行政判决书。
② 参见北京知识产权法院（2015）京知民终字第559号民事判决书。

外地法院即便是各高级法院的先例对于北京知识产权法院也仅具有参考意义，不是当事人、法官在检索、主张、援引时的主要对象，故在数量上明显较低，且其中部分也仅是援引了先例中认定的相关事实。但不可否认的是，外地法院的先例也同样具有指引意义，仍然是审理时值得关注的内容。

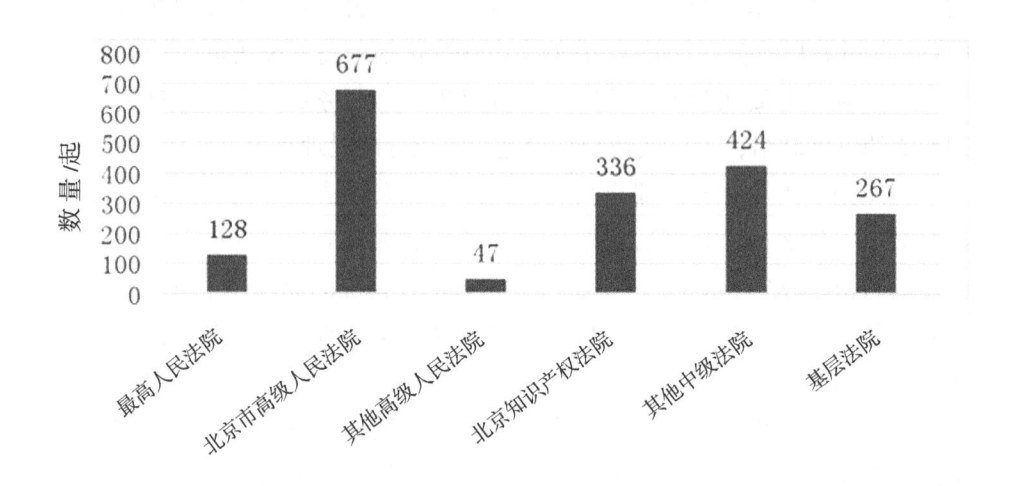

图1-2 北京知识产权法院援引先例来源

（3）援引先例的结果

在上述援引先例的1 034起案件中，当事人提交先例的案件853起（占82.5%），法官主动检索并援引先例的案件181起（占17.5%）。进一步分析可知，在当事人提交先例的853起案件中，法官在裁判理由部分明确予以引述并回应的有461起（占54%），未予回应的有392起（占46%）。在引述并回应先例的461起案件中，法官遵循先例作出裁判的共336件（占72.9%），其余125起则因关键事实不同或其他原因而未予遵循。而在法官主动检索并援引先例的181起案件中，均为遵循先例作出裁判。

2. 先例在知识产权诉讼中的具体应用

知识产权案例指导制度的实施使得大量先例实质性地进入知识产权诉讼，形成很多应用先例的个案样本，也以最直接和客观的方式呈现当事人、法官对知识产权案例指导制度的理解和运用情况，"自下而上"地丰富了知识产权案例指导制度的内涵。

(1)"遵循先例"确保裁判统一

知识产权案例指导制度的核心是"遵循先例",其目的是更加准确、统一地适用制定法,这一点在制度实施过程中得到了较好的落实。

①先例阐释立法目的,后案予以遵循

在"腾讯科技(深圳)有限公司诉商标评审委员会商标行政纠纷案"中,涉及《商标法》第十一条第一款第(二)项和第十一条第一款第(三)项的适用问题。商标评审委员会同时适用上述两项规定驳回了诉争商标的注册申请,原告在一审行政诉讼中提交了最高人民法院的(2014)知行字第125号行政裁定。对于上述两项规定的关系问题,北京知识产权法院进行了如下认定。

关于《商标法》第十一条第一款第(二)项和第(三)项的适用问题,在(2014)知行字第125号再审申请人石刚与被申请人商标评审委员会、一审第三人中国人民财产保险股份有限公司商标行政纠纷案件中,最高人民法院对此已作出了如下认定:"商标法第十一条第一款第(二)项、第(三)项虽然可能在判断某些标志时存在一定的模糊区域,但不宜同时适用,否则相关条项的立法设计将失去意义。"本案中商标评审委员会认为诉争商标的注册申请同时违反《商标法》第十一条第一款第(二)项和第(三)项的规定,与在先案例的认定不相符,本院予以纠正。[①]

②先例阐释司法政策,后案予以遵循

司法政策对我国司法实践的影响一直存在。在中共中央1949年发布的《关于废除国民党的六法全书与确定解放区的司法原则的指示》中,就明确规定"无纲领、法律、法令、条例、决议规定者,从新民主主义的政策"。1987年开始施行的《中华人民共和国民法通则》第六条也规定"法律没有规定的,应当遵守国家政策"。虽然有关"国家政策"的规定不再出现于2017年施行的《中华人民共和国民法总则》中,但不可否认的是,国家政策尤其是司法政策,对于我国法院处理案件仍然具有重要的指导作用。

在"广州轻出集团股份有限公司诉商标评审委员会、第三人深圳市新宝盈机电设备有限公司商标行政纠纷案"中,涉及对标注有注册商标的商

---

① 参见北京知识产权法院(2015)京知行初字第3097号行政判决书。

品仅用于出口而未实际进入中国大陆市场流通领域的情形，是否能够视为对注册商标使用的认定问题。该法律问题与我国长期以来奉行的对外贸易政策直接相关，司法裁判时亦应立足国情进行全面考虑。对此，北京知识产权法院主动进行了先例检索并遵循先例作出如下认定。

关于注册商标商品并未实际进入中国大陆市场流通领域的情况，能否发生2001年《商标法》第四十四条第（四）项意义上的使用注册商标之效力，曾有上级法院的在先生效判决中作出过认定。北京市高级人民法院于2010年12月14日作出（2010）高行终字第265号宏比福比有限公司（简称"宏比福比公司"）诉商标评审委员会、温克勒国际有限公司商标撤销复审行政纠纷上诉案（简称"第265号案件"）行政判决。该判决认定："来料加工是中国企业利用外国企业提供的原材料、零部件等，按照外国企业的要求进行加工，成品交由外国企业销售的一种贸易形式。虽然来料加工的成品并未实际进入中国大陆市场流通领域，但是如果不认定来料加工为商标使用行为，相关商标专用权因未使用而构成被撤销的理由，恐不尽公平，且有悖于拓展对外贸易的政策。"……虽然本案中诉争商标指定使用的复审商品由商标权人自行生产并出口，与第265号案件中涉案商标商品系"来料加工"形式存在不同，但是上级法院有关虽然成品并未实际进入中国大陆市场流通领域，但是如果不认定该行为为商标使用行为，恐不尽公平，且有悖于拓展对外贸易政策的认定，不会因为上述区别而有所不同……因此，本院对于本案相关问题的认定，应当与上级法院在先作出的第265号案件生效判决中的相关认定保持一致。[①]

③先例确立裁判规则，后案予以遵循

由于制定法的抽象性、原则性与滞后性，以及社会生活的多样性与复杂性，新情况新问题层出不穷，往往难以找到完全对应的法律规定，而"法官不得拒绝裁判"，此时根据法律精神、原则和规定创设裁判规则就成为一种必然。但这其中又会牵涉主观认识和价值判断，存在较强个性，如果不加控制容易引发混乱，甚至可能出现司法僭越立法的严重情形。因此，对于此类情形，后案对权威性先例的遵循既是必需，也要注意创设司法规

[①] 参见北京知识产权法院（2015）京知行初字第342号行政判决书。

则的界限。在"株式会社尼康诉商标评审委员会商标行政纠纷案"中，涉及引证商标权利人出具同意诉争商标与引证商标共存的函件是否能够消除混淆误认的问题。该问题是近年来商标授权确权过程中出现的新问题，法律、司法解释中均未有规定，司法实践中针对不同情形也出现了不同做法。该案中，原告在一审行政诉讼中提交了北京高院（2012）高行终字第1043号行政判决，对此北京知识产权法院作出了如下认定。

在依据《商标法》第三十条判断两商标是否构成同一种商品上的近似商标、类似商品上的相同商标及类似商品上的近似商标时，是否可以将《同意函》作为判断混淆可能性的考量因素在北京市高级人民法院的在先判决中已认定过。在（2012）高行终字第1043号上诉人德克斯户外用品有限公司与被上诉人商标评审委员会商标申请驳回复审行政纠纷的行政判决书中，北京市高级人民法院对《同意函》的认定如下："依据《商标法》第二十八条判断两商标是否构成同一种商品上的近似商标、类似商品上的相同商标及类似商品上的近似商标，均必须满足易导致相关公众混淆的要件。在申请商标标识与引证商标标识近似程度较高，但引证商标所有人出具《同意书》同意申请商标注册的情况下，该《同意书》应当作为适用《商标法》第二十八条审查判断申请商标可否获准注册时应予考量之因素。"……本案中……引证商标所有人出具了《同意函》，表示知悉且不反对株式会社尼康注册和使用第10881034号、第10881025号、第10881037号等一系列"尼克尔"和"尼克爾"商标……引证商标所有人出具《同意函》的情况下，对《同意函》的认定应参照（2012）高行终字第1043号行政判决书中的认定意见，即《同意函》应当作为适用《商标法》第三十条审查判断诉争商标可否获准注册时应予考量之因素。①

④后案与先例关键事实相同或类似，直接遵循得出结论

此类情形在实践中较为常见，其中基本不涉及法律适用或裁判规则的问题，而是在关键事实相同或类似的基础上，直接遵循先例得出相同的结论。

在"柏万清诉专利复审委、第三人济宁为开妇幼用品有限公司等专利行政纠纷案"中，涉及对本专利权利要求1中"磁导率高"的含义或范围

---

① 参见北京知识产权法院（2015）京知行初字第2600号行政判决书。

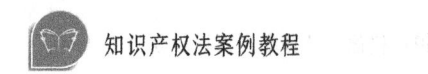

的界定问题。第三人提交了最高人民法院（2012）民申字第1544号民事裁定，其中也同样涉及对本专利权利要求1中"导磁率高"的含义或范围的界定问题，故北京知识产权法院遵循先例作出了如下认定。

最高人民法院于2012年12月28日作出的已经发生法律效力的（2012）民申字第1544号民事裁定书明确认定：根据本专利说明书及柏万清提供的有关证据，本领域技术人员难以确定权利要求1中技术特征"磁导率高"的具体范围或者具体含义，不能准确确定本专利权利要求1的保护范围。本案中，柏万清亦未能提交相关证据证明在本专利所属技术领域中，本领域技术人员对于"磁导率高"的含义或者范围有着相对统一的认识。因此，本专利权利要求1保护范围不清楚，不符合《专利法实施细则》第二十条第一款的规定。①

（2）援引先例增强裁判说理

援引先例还常用于加强裁判说理，主要目的在于通过先例尤其是上级法院先例来验证本案说理论证的正确性，提升裁判的说服力。同时，由于长期受到大陆法系"三段论"式的演绎推理思维模式影响，此种类型对先例的援引和论述多置于"三段论"裁判说理之后，比较明显的特征在于即使去掉对先例的论述，也不会妨碍得出同样的结论。随着知识产权案例指导制度的深入实施，除上述主要情形外，司法实践中还出现了一些颇为值得关注的新变化，下面举例以示之。

①裁判说理之后援引先例增强说服力

在"微软公司诉商标评审委员会商标行政纠纷案"中，涉及对诉争商标指定使用的"游戏软件"商品与引证商标核定使用的"汽车维修管理软件"等商品是否构成类似商品的判断问题。就此问题，北京知识产权法院首先援引《商标法》和《最高人民法院关于审理商标民事纠纷案件适用法律若干问题的解释》的相关规定，明确指出"《商标注册用商品和服务国际分类表》《类似商品和服务区分表》可以作为判断类似商品或者服务的参考"，然后指出《类似商品和服务区分表》中的"商品或服务的类似关系也不会固定不变"，并主动援引最高人民法院先例进一步阐释如下。

---

① 参见北京知识产权法院（2014）京知行初字第23号行政判决书。

正如最高人民法院在有关啄木鸟商标驳回再审申请通知书[(2011)知行字第37号]中所指出的那样,商品和服务的项目更新和市场交易情况不断变化,类似商品和服务的类似关系不是一成不变,而商标异议、争议是有别于商标注册申请审查的制度设置,承载不同的制度功能和价值取向,更多涉及特定民事权益的保护,强调个案性和实际情况,尤其是进入诉讼程序的案件,更强调司法对个案的救济性。在这些环节中,如果还立足于维护一致性和稳定性,而不考虑实际情况和个案因素,则背离了制度设置的目的和功能。因此,在商标异议、争议和后续诉讼及侵权诉讼中进行商品类似关系判断时,不能机械、简单地以《区分表》为依据或标准,而应当考虑更多实际要素,结合个案的情况进行认定。《区分表》的修订有其自身的规则和程序,无法解决滞后性,也无法考虑个案情况。把个案中准确认定商品类似关系寄托在《区分表》的修订是不现实和不符合逻辑的,相反个案的认定和突破才能及时反映商品关系变化,在必要时也促进《区分表》的修正。因此,对《区分表》的修正应当通过一定的程序统一进行并予以公布,否则不能突破的观点不能成立。事实上,商标评审委员会在一些评审案件中已经在考虑相关案情的基础上,在《区分表》类似商品判断划分外作出符合实际的裁决。[①]

基于以上论述,北京知识产权法院最终根据《最高人民法院关于审理商标民事纠纷案件适用法律若干问题的解释》所规定的判断类似商品的考虑因素,从"研发主体、消费群体、销售渠道、功能、用途"几个方面进行了分析,认定同属《类似商品和服务区分表》第九类的"游戏软件"商品与"汽车维修管理软件"等商品不构成类似商品。在"浙江维康药业有限公司诉专利复审委员会、第三人怀化正好制药有限公司专利行政纠纷案"中,北京知识产权法院认可内部证据对于权利要求具有解释作用,判决中载明:"说明书、专利审查档案等内部证据记载了与发明相关的更为全面的技术信息,为权利要求相关语词的解释提供了语境,故可以在界定封闭式或开放式权利要求时予以运用。"随后紧接着援引先例论述如下。

北京市高级人民法院(简称"北京高院")在(2011)高行终字第607

---

① 参见北京知识产权法院(2015)京知行初字第2893号行政判决书。

号发明专利权无效行政纠纷案中认定:"本专利权利要求2、3并非严格意义上的封闭式权利要求。同时,根据本专利说明书的记载,本专利权利要求2、3的产品是粉煤灰与黏土通过相关工序制成的物,其不可能排除其他杂质的存在。"由此可以看出,北京高院在界定涉案权利要求为开放式或封闭式时,就借助了说明书的解释作用。①

②援引多个先例展现裁判标准或规则变迁

此种类型也是增强裁判说理的另一种表现形式,尤其是在面对某些争议较大、历史上曾有多种观点交锋的法律问题时,可以全面总结司法经验、凝聚司法智慧,增强裁判的说服力。在前述"湖南快乐阳光互动娱乐传媒有限公司诉同方股份有限公司侵害著作权纠纷案"中,涉及信息网络传播行为的认定标准问题。对于该问题,法律、司法解释中并未作出明确规定,以致司法实践中长期存在着"服务器标准"与"用户感知标准"之争,近几年又新出现了"实质性替代标准"。为此,北京知识产权法院首先从我国《著作权法》第十条第(十二)项规定的立法渊源出发,结合《世界知识产权组织版权公约》相关规定的出台背景,分析并指出"我国著作权法中信息网络传播行为的确定标准应是服务器标准,而非用户感知标准"。紧接着,北京知识产权法院从2003年首次出现"服务器标准"与"用户感知标准"之争开始,按照时间顺序先后援引了7个具有代表性的先例,详细说明了信息网络传播行为认定标准的发展变迁,最终得出结论"无论是基于对于《著作权法》第十条第(十二)项立法渊源的理解,还是基于司法实践中的做法,对于信息网络传播行为的理解均应采用服务器标准,而非用户感知标准"。相关论述如下。

在司法实践中,亦曾经长期存在服务器标准与用户感知标准的分歧。2003年的华纳诉世纪悦博案是最早体现出上述分歧的案件……北京市第一中级人民法院采用了用户感知标准……但北京市高级人民法院在该案的二审中则采用了服务器标准……此后的相当长期间内,两种做法在案件中均有所体现。例如,在2007年的梦通诉衡准案中,北京市海淀区人民法院采用用户感知标准……但北京市高级人民法院自始至终采用的均为服务器标

---

① 参见北京知识产权法院(2014)京知行初字第1号行政判决书。

准。如在2007年的泛亚诉百度案中……但因百度网站的服务器上并未上载或储存被链接的涉案歌曲。因此，其所提供的是定位和链接服务，并非信息网络传播行为。目前，这一分歧局面逐渐开始统一，越来越多的案件中采用了服务器标准……在2009年审结的慈文诉海南网通案件中……法院虽无服务器标准的明确表述，但该标准实为其暗含之义……在2011年的肇庆数字文化网数字影院案件中，最高人民法院则明确指出应适用服务器标准……在2012年审结的前文提及的泛亚诉百度案的二审中，最高人民法院亦对一审法院所采用的服务器标准予以认同。[①]

三、指导性案例在知识产权案件审理中的意义

随着社会经济的快速发展和经济全球化，知识产权案件持续上升，法院和法官审判压力不断增加，审理案件过程和结果更倾向于求稳定，尤其是基层法官更倾向于把大量的时间花在调解案件上，满足调解率和考核标准，对如何适用知识产权指导性案例并没有具体的目标和要求。因此，从不断提高法官法律思维，加强指导性案例的分析适用，发挥知识产权指导性案例在知识产权案件审理适用中的激励机制作用，有利于整个司法效率的提高和法治社会的进步。

（一）通过指导性案例弥补法律漏洞

我国是成文法国家，知识产权的审判以制定法为依据，立法本身具有滞后性和不全面性，特别是在知识产权领域的立法规范。当前我国正在实施知识产权强国战略，创新驱动的发展正需要知识产权指导性案例支撑。在新技术和新知识不断出现的情况下，要克服立法上的缺陷和短板，就需要知识产权指导性案例以弥补法律渊源的不足[②]，通过法院和法官及时查询和掌握有效的知识产权指导性案例，填补司法审判中司法解释和法律条文的空白。

分析和研究指导性案例，为最高人民法院制定知识产权相关司法解释提供了依据。当前社会发展迅速，最高人民法院制定司法解释和其他司法

[①] 参见北京知识产权法院（2015）京知民终字第559号民事判决书。
[②] 曹新明.我国知识产权判例的规范性探讨[J].知识产权，2016（01）：37-43.

政策不仅耗时耗力也难以阐述清楚，依靠各级法院和法官实践经验积累的系统化指导性案例，一定程度上提高法院系统的工作和效率，克服目前收集资料和案例的不足，代之以系统的案例、规范的资料和实践中法院和法官的经验积累、社会大众的期待，这样才能最大限度地增强最高人民法院司法解释的科学性和权威性。

在种类繁多的新型知识产权案件中，由于其知识产权案件的专业性及复杂性，各级法院和法官时间成本有限，接受新类型的知识产权知识也有局限性，知识产权指导性案例可以发挥其弥补知识产权法律文本和司法解释的漏洞，创新知识产权审判，指导各级法院和法官的审判业务，适应不断发展的工业技术、科学和文化知识。通过知识产权指导性案例中的裁判要点、涉及法条知识、裁判结果和裁判理由，规范知识产权司法审判指导，统一知识产权法律适用标准，不断完善指导性案例工作机制领域的深入开展，充分发挥指导性案例创新探索。进一步发挥指导性案例在知识产权审理适用中的导向作用，通过积极开展知识产权审判服务经济发展新常态，服务创新驱动的国家知识产权战略发展。

（二）统一司法标准，避免出现"同案不同判"现象

本书所指知识产权指导性案例是指通过最高人民法院颁布的，按照一定的程序和方式遴选出来的案例。并不是所有的案件都可以成为指导性案例，特别是在涉及专业性和复杂性较强的知识产权案件，更需要选出一些具有典型性的案件作为遴选的备选，在讨论的过程中淘汰不符合要求的案例，最终成为指导性案例。由此可知，一个既判的案件想要成为指导性案例需要"过五关斩六将"，才能有资格成为指导性案例。指导性案例虽然不是全国人大或全国人大常委会通过的规范性文件，但是在司法实践中已经被大量适用，且党的十八届四中全会已经明确规范适用指导性案例，统一法律适用。尽管在顶层设计已经规范了指导性案例的适用，但是在审理同类案件时由于每一个法官的思维存在着差异性，对案件与指导性案例理解就会不尽相同，在适用指导性案例作为裁判依据时就有可能作出不同的裁判结果。

知识产权指导性案例筑就了知识产权法律知识与案件事实之间的合作，把抽象的法律条文和司法解释具体化更能保证法律适用的统一，避免了在

案件审理中因对法律的认识不同导致"同案不同判"现象。在法律制度不完善的情况下，作为法律的准绳在司法实践中是存在漏洞和冲突的，每一时期制定的法律结构条文是不够严谨明晰，不同的法官有不同的价值判断，对其会产生不同的理解，致使相同案件事实在不同的法院和不同的法官手里裁判结果往往会大相径庭。知识产权指导性案例因其自身的特殊性，对解决"同案不同判"现象起到相当重要的作用和意义。

司法实践中法律适用标准的不统一，给社会生活和司法公信力造成不良影响，在法治化进程的当今中国，统一法律适用标准是维护法制建设和法治国家尊严的要求，也是实现依法治国的意义所在。而指导性案例的价值就在于它能够弥补法律条文和司法解释的不足，在司法实践中通过知识产权指导性案例的援引指导，为法官行使自由裁量权时提供了"红线"标准，促使法官在行使自由裁量权时在合理合法的范围内作出裁判，促进法律适用标准的统一，保障了人民法院司法审判权的独立。

因此，实行指导性案例制度，可以避免"同案不同判"现象的出现，一定程度上统一了司法裁判的标准尺度。知识产权指导性案例能够为各级法院和法官在审判具体的案件过程中提供最直接最方便的"模板"，去如何理解法律和适用法律。由于每一个知识产权指导性案例都有详尽的关于案件的裁判要点、涉及法条知识、裁判结果和裁判理由的记载，在下级法院和法官适用知识产权指导性案例时，都提供了具有可操作性的指引，从而为法院和法官判决类似案件提供了"模板"。而这种"模板"的功能是可以在司法实践中反复适用的，也在一定程度上促进了知识产权法律的统一适用，同时避免"同案不同判"现象的出现。

（三）规范法官自由裁量权的运用和统一司法权威

自由裁量权是法官在法律规定的范围内，法律诉讼过程中，在法律适用和事实认定上，为得到公平公正的裁判结果，充分发挥自己的主观能动性，在内心确信下，独立自主地作出判决。但是这种自由裁量权容易导致法官在审判过程中掺杂个人情感，或者会出现权力寻租的可能性，从而导致司法的不公，损害司法权威。在知识产权领域，适用自由裁量权的机会相对较多，特别是在出现新类型的知识产权案件时，法官适用自由裁量权时，将会出现不同种类的裁判，判决的结果都处于不可预知中。知识产权指导

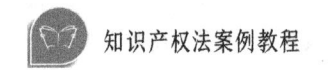

性案例可以在克服自由裁量权适用的不足时，同时引导法官作出同案同判的裁决，维护法院判决的公平公正。

然而法官享有自由裁量权时，会选择适用不同的裁判标准，导致司法权的滥用。在司法审判实践中，各地司法审判尺度不统一，知识产权案件的新颖性和复杂性给各级法院的审判带来了挑战，主要体现在审判机制的多样化，司法审判的公信力和社会影响力低下，没有达到司法是最后一道保障的作用，甚至出现一些案件当事人反复去法院纠缠法官，给法院工作效率和司法公信力带来负面影响。在维护正常的司法效力的情况下，发挥各级法院和法官的能动作用，善于运用法律文本和司法解释更好地作出审判结果，在穷尽的法律文本和司法解释的时候，发挥指导性案例的弥补作用，提高案件的司法审判质量，平衡各法律之间的适用与转换填补。特别是在适用知识产权案件审判时，需要加强在法律适用与案件事实之间的往复穿梭，考虑特殊复杂知识产权案件的灵活审判与创新，使裁决的结果与法律适用和案件事实的适用相符合，在客观性、公正性和创新性上都要于法有据。

由于我国是成文法国家，先例所形成的拘束力只是事实上的指导参照而不是法律上的强制性约束适用，知识产权指导性案例发挥的作用是防止"同案不同判"现象的出现，是一种基于司法公正而加以适用的制度。法官的自由裁量权是在法律范围尺度内进行裁判，依法对有自由裁量空间的案件事实和法律适用加以结合，作出规范的判决，正所谓："有一千个读者，就有一千个哈姆雷特。"不同的法官在享有自由裁量权时，作出的判决结果可能会不一样，此时，介入知识产权指导性案例的作用，法官在审判案件时参照援引指导性案例，根据案件事实和裁判理由作出合法合理、同案同判的结果，规范了法官的自由裁量权，统一司法权威。

第二章 商标权保护的案例分析

21世纪，信息爆炸的时代，也是知识创造财富的时代。知识产权经济发展迅猛，被众多国家上升为本国兴国、强国战略。商标作为知识产权的三大构成之一，其价值早已突破最初的指示商品或服务的来源、降低消费者信息搜索成本，扩展为凝结商品或服务信誉的无差别的一般劳动价值。由此，好的商标设计乃是企业经营成功的一半。从权利角度而言，商标具有物权上的财产属性。利益常伴随纷争，也正如此，侵权自始伴随商标的产生和发展。

本章选取间接混淆构成商标侵权案例、商标正当使用抗辩案例、商标与"在先著作权"纠纷案例和侵犯注册商标专用权案例四种类型案例，以知识产权法相关原理诠释案例，并运用比较、分析、借鉴等方式，结合社会、经济、心理学知识论证商标侵权的司法认定要点和方法。

一、间接混淆构成商标侵权的案例分析

（一）间接混淆在我国商标侵权立法的地位

我国商标侵权立法起步较晚，1982年制定的《商标法》是中华人民共和国成立后的第一部正式的商标方面的法律，后经2001年、2013年两次修改，均不以混淆可能性理论为立法支撑。进一步而言，我国在商标侵权立法上，不同于英美国家采用混淆可能性进行判断，而是以具体列举方式描述侵权的种类和方式。涉及混淆的侵权标准，主要在现行2013年《商标法》"第七章注册商标专用权的保护"第五十七条（二）项，另外《最高人民法院关于审理商标民事纠纷适用法律若干司法解释》（以下简称《商

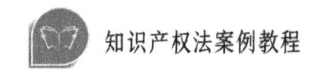

标民事纠纷司法解释》)第九条①、第十一条定义了"容易导致相关公众混淆或误认""商标近似"和"商品或服务类似"的关系。

通过分析上述法条和司法解释,可得知:首先,《商标法》所表述的"混淆"并没有限制范围,直接混淆和间接混淆均包含在内;其次,《商标民事纠纷司法解释》对"混淆"和"商标近似"之间的关系有所界定。可见,一方面,我国立法和司法解释均没有专门定义"间接混淆",而是统称在"混淆"含义内;另一方面,司法解释将"混淆"作为"商标近似"的判断标准。由此可见,我国商标立法没有单独的间接混淆表述。间接混淆构成的商标侵权仍然适用列举式标准进行分析和认定。列举式判断标准能否精准全面解决现实问题,下文将以具体案例进行分析。

(二)典型案例分析

1. 李记谷庄案②

"李记谷庄"的商标权人李明授权普洱景谷李记谷庄有限公司使用在其生产的普洱茶。李少芬经营的德庄茶庄为该普洱茶的经销商,在销售该茶时向顾客提供了一面印有"李记谷庄"商标、李记谷庄有限公司及其地址、联系电话,另一面印有德庄茶庄字样的包装袋。

原告李明起诉认为,被告李少芬未经许可使用了"李记谷庄"商标,侵犯了其商标专有权。

一审法院认为,被告虽未经原告使用了"李记谷庄"商标,但系是在销售该商标标示下的普洱茶专门为消费者提供的,主观上没有恶意,也没有使消费者混淆,属于合理使用商标,不构成侵权。

二审法院认为,被告未经原告使用"李记谷庄"商标,虽然不会使消费者产生来源混淆,但会使消费者误认为德庄茶庄与原告、李记谷庄公司之间存在经营关系,系不恰当利用了"李记谷庄"商标的良好声誉,构成侵权。

---

① 《最高人民法院关于审理商标民事纠纷适用法律若干司法解释》第九条:"商标近似,是指被控侵权的商标与原告的注册商标相比较,其文字的字形、读音、含义或者图形的构图及颜色,或者其各要素组合后的整体结构相似,或者其立体形状、颜色组合近似,易使相关公众对商品的来源产生误认或者认为其来源与原告注册商标的商品有特定的联系。"

② 参见深圳市中级人民法院(2013)深法民终字第 738 号民事判决。

2.李记谷庄案折射我国司法认定的困惑

（1）所有权规则被机械运用

李记谷庄案中，原告认为被告未经许可，使用了与原告一样的商标，符合2001年《商标法》第五十二条第（三）项规定"伪造、擅自制造他人注册商标标示的，属于侵犯注册商标专用权的行为"。从理论上分析，此种认识体现的是典型的所有权排他性原理。依据民法原理，所有权也是绝对权，具有占有、使用、处分、收益四大权能。在所有权人没有许可或法律规定情况下，任何人不得行使上述四大权能，否则构成侵权。从商标及商标法的发展来看，商标权具有财产属性，表现在商标权人的"行"与"禁"[①]。但对商标权的保护，并不仅是为了保护商标权人的财产利益，还保护消费者的合法权利。这种合法权利，在西方传统商标保护的立法和司法实践中，就是保护消费者不受混淆。我国有学者也认为，防止他人使用商标是手段，保护商标所代表的商誉并防止消费者发生混淆而被欺骗，才是根本目的[②]。我国现行2013年《商标法》总则第一条也明确规定了商标保护同时注重商标权人和消费者的利益。因此，若将商标权等同于对其他财产的所有权进行保护，并不符合《商标法》立法目的。换言之，所有权规制下的商标侵权认定是一种机械认定，不符合立法目的也不符合客观实际。

（2）合理使用容易被滥用或误用

一审判决被告不构成侵权，是认为被告主观认识上不存在任何恶意，客观行为上也不会造成消费者的混淆，是合理使用商标。合理使用是商标侵权的免责情形。合理使用的前提是商标的使用，也即商标符号在商标意义上的使用。

商标符号和商标为两个不同概念。《TRIPS协议》将商标定义为：任何能够将一个企业的商品或服务区别于另一个企业的商品或服务的符号或符号组合都能够构成商标。任何文字、图形、字母、线条、颜色、气味、声音等及其组合都可能成为商标符号。从此角度而言，商标符号构成商标

[①] 商标权人的"行"与"禁"是商标权权能的两个方面。"行"代表了可以积极行使的使用权能，"禁"代表了消极使用的禁止权能。

[②] 邓宏光.《商标法》亟需解决的实体问题：从"符号保护"至"防止混淆"[J].学术论坛，2007（11）：147.

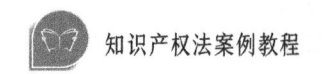

的有形载体。但商标符号在符合商业目的的情况下，在商业上起到区分商品服务的使用才可能构成法律意义上的商标。

对商标符号和商标进行区分，厘清两者的关系，才能明确商标使用行为。也只有以商标使用行为作为前提，才可能构成商标法意义上的侵权免责的合理使用情形。

一般认为，商标的合理使用包括了两种情形。

第一种，叙述性使用。叙述性使用是对作为叙述性词汇的商标的使用[①]。所谓叙述性词汇，主要是对商品或服务的性状进行描述的词汇，如关于商品的质量、数量、成分、用途等词汇。依商标的显著性强弱区分，由叙述性词汇构成的商标先天的显著性弱，需要在使用中获得消费者认同才能达到强化显著性效果。因而，商标叙述性使用不会使消费者自然而然对商标与其原本所标识的商品或服务产生任何错误认识，当然不构成商标侵权。理论上对叙述性使用的此种分析看似是完美，然而在涉及间接混淆的具体案件中，认定是否造成对他人商标权的损害，还是要看侵权行为是否擅自利用商标联系销售商品或服务并存在混淆的可能。由此显然又回到了判断混淆可能性的路径。

第二种，指示性使用。指示性使用是指使用商标只是为消费者指明商品或服务。典型例子就是手机维修店里标示的各大手机品牌商标用于表示维修手机的种类和品牌，通常不会使消费者产生误会。一方面，对商标的使用确实是指向了消费者认知的商标和该商标所标识的商品或服务之间的联系；另一方面，该使用行为是必要的指明，有利于维护消费者的合法权益，也不会损害到商标权人的利益。值得注意的是，在间接混淆判断中，以必须+不损害=指示性使用是否就等于不侵权。仍以手机维修为例，消费者可能清楚明白手机维修服务不来自厂家，但仍可能误认是厂家许可或厂家与维修店存在其他经济关系。因而，在当前经济关系更为紧密和复杂的市场环境中，以误导存在关联关系的间接混淆，更容易被侵权人以指示商标行为得以合法形式掩盖搭便车获取经济优势或利益的非法目的。

---

① 徐春成."联系说"视野下的商标侵权例外辨析[J].西北农林科技大学学报（社会科学版），2010（05）：104.

（3）混淆与近似关系错误判定

二审判决被告构成侵权，是根据混淆可能性认定被告存在搭便车的行为，使消费者产生了经营关联的错误认识。具体而言，原告的茶叶商标通过注册获得法律保护，被告未经许可将同样的商标标识用于茶叶销售服务上，导致消费者对被告与原告之间的经营关系产生混淆，不构成来源上的直接混淆侵权，构成经营联系的间接混淆侵权。造成混淆的前提仍然是相同或类似商品或服务上使用相同或近似商标。

从商标最初产生的原因而言，商标主要是为了将彼此的商品或服务区分，降低消费者的支出成本。消费者在面对曾有购买经历的品牌，能够很快识别出该商品的来源、质量等，从而不用再花时间去深入调查和了解。随着商标的功能进一步扩展，商标的交流功能产生。商标在持续的商业使用中获得了消费者的心理认同，凝结的商誉不但体现了商品或服务本身具有的信息，而且体现了消费者理性、经济选择的自由倾向。也是商标凝集的信誉一面构成商标权人的商标专有权，一面构成消费者选择的自由倾向。因此，现代商标是商标权人与消费者共同努力的成果。对商标的保护不能仅是保障消费者能区分商品或服务的来源，也要保障消费者能通过商标的商誉获得对其他相关商品或服务的信任。这是一种信赖利益的体现。要保障消费者的信赖利益，则不能让消费者产生混淆。虽然我国司法实践在具体案件中引用混淆理论判断是否构成侵权，然而在结合"相似"判断中却存在不小的分歧。如有法院认为混淆是用于界定商标是否近似及商品或服务是否类似。如青岛市中级人民法院（2011）青知民初字第 75 号判决认为，在判断被控侵权的商标是否与注册商标构成近似时，不能仅依靠字形、读音或含义等要素单独进行判断，只有这种近似使得相关公众对商品的来源产生误认或者认为其来源于注册的商标具有特定联系时才能构成《商标法》所规定的法律意义上的近似……带有涉案标识的商品未进入我国商业流通领域，在国内相关公众不能接触到被控侵权商品的情况下，相关公众不会对外方标识与原告的商标产生误认，在国内相关公众没有产生误认的情况下，本院不能认定外方标识与原告的图形商标构成近似[1]。这种认识颠倒了

---

[1] 参见青岛市中级人民法院（2011）青知民初字第 75 号判决。

混淆与近似关系。何为混淆，本来就是一种主观上的认识，通过近似客观表现形式，才能推断是否混淆。以判定关联关系的间接混淆认定实践中，虽然"近似商标"在"类似商品或服务"中使用不一定会造成消费者误认，但"不近似商标"在"不类似商品或服务"上使用，很难让人相信会造成消费者混淆。实际上，商品或服务的类似和商标的近似是认定混淆可能性的两个考量因素，即通过对商品或服务类似和商标近似的判断来推定是否存在混淆的可能性[1]。因此，以商标近似、商品或服务类似界定是否造成消费者混淆才更符合侵权判断的实际情况，也才不会陷入因果循环论证的错误逻辑，造成侵权认定的混乱。

二、商标正当使用抗辩案例评析

（一）商标正当使用抗辩的认定标准

1.商标正当使用的界定

在研究正当使用抗辩的认定标准时，首先应当明确何为"正当使用"。不首先明确什么是正当使用，就无法有效地在实践中对正当使用进行认定。例如我国商标法第五十九条，虽然采用了正当使用的措辞，但并没有对正当使用进行定义，仅仅对一般情况进行了列举。可见，正当使用的基本特征并没有在立法上通过相对抽象的方式进行定义，也没有作出要件式的规定。[2]相关研究中对正当使用的判断也多是通过列举的方式展开的[3]，通过将描述性使用、指示性使用等概念进行梳理，指出这些概念都是商标正当使用下的概念，以明确正当使用的边界和内涵，甚至有学者直接通过列举类型的方式对正当使用进行定义。[4]也有部分文章通过"第一含义"和"第二含义"的区分，对正当使用的概念进行说明，指出发挥第一含义的标识

---

[1] 孟静，李潇湘.事实与经验——商标混淆可能性的要素分析[J].宁夏大学学报（人文社会科学版），2011（02）：146.

[2] 颜峰.商标描述性合理使用与混淆可能性的关系[J].人民司法（应用），2016（34）：29-33.

[3] 万迪.侵害商标权纠纷案件中商标性使用与正当使用的界定——从"草莓音乐节案"说起[J].法律适用（司法案例），2017（24）：34-40.

[4] 参见冯晓青.商标权的限制研究[J].学海，2006（04）：137-146.；王迁.知识产权法教程：3版[M].北京：中国人民大学出版社，2009；黄晖.商标法[M].北京：法律出版社，2004.；孔祥俊.商标与不正当竞争法原理和判例[M].北京：法律出版社，2009.

属于公共领域，商标权人无权垄断，但止步于"被诉标识仅发挥第一含义而不发挥第二含义则属于正当使用"，[①]依然是通过间接的方式对正当使用进行界定。为了解决实践中的困难，需要对正当使用的特征进行抽象总结，以明确正当使用的认定标准。

理论界对商标正当使用的称谓有丰富的研究，较早的研究对于商标正当使用的称谓并不统一，也有商标合理使用的叫法。目前，学术界对"合理使用"这一称谓的批评较多，认为称为"正当使用"更符合其功能，且能够区别于著作权领域的合理使用。鉴于对称谓的问题已有丰富的讨论，且本书对案例研究的目的在于揭示商标正当使用的判断标准，故对称谓问题不做进一步展开。

2. 我国商标法中关于正当使用的规定及其解读

《商标法》第五十九条规定："注册商标中含有的本商品的通用名称、图形、型号，或者直接表示商品的质量、主要原料、功能、用途、重量、数量及其他特点，或者含有的地名，注册商标专用权人无权禁止他人正当使用。三维标志注册商标中含有的商品自身的性质产生的形状、为获得技术效果而需有的商品形状或者使商品具有实质性价值的形状，注册商标专用权人无权禁止他人正当使用。"条文中通过列举的方式，说明了注册商标权人无权禁止他人使用的标识。相比本条文规定了正当使用的概念来讲，称其规定了正当使用的情形更为准确。一般认为该条规定了描述性正当使用。[②]

理论上，通常认为的正当使用包括描述性正当使用、指示性正当使用、滑稽模仿、字典中、新闻评论和报道等类型。[③]也有观点认为正当使用包括描述性使用、指示性使用和驰名商标淡化合理使用，三种均源于美国司法

[①] 亓蕾. 侵权要件和侵权抗辩：商标性使用和描述性使用——评析项目管理协会有限公司诉京经信（北京）信息技术研究院、经济日报出版社等侵害商标权及不正当竞争纠纷案 [J]. 中华商标, 2019（05）：28-32.

[②] 姚鹤徽. 商标侵权构成中"商标使用"地位之反思与重构 [J]. 华东政法大学学报, 2019（05）：141-158.

[③] 熊英, 吕少罕. 我国注册商标合理使用的立法完善 [J]. 中华商标, 2009（11）：69-75.

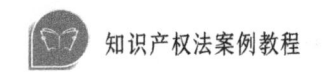

判例。[①]虽然也有学者将正当使用与合理使用进行了区分，且认为描述性使用不属于正当使用，[②]但可见将描述性使用和指示性使用认为是正当使用的典型类型是更主流的观点。

从文义上看，条文仅规定了描述性正当使用是《商标法》关于正当使用规定不完整的体现，未来应当对此进行修订。从条文的理解上看，需要注意的是不能将正当使用简单理解为描述性使用。如果等同，就相当于架空了正当使用的概念，那么直接规定描述性使用抗辩或指示性使用抗辩即可，也不需要将"正当"两个字写入条文当中。"无权禁止他人使用"与"无权禁止他人正当使用"是有所区别的。不能草率地认为凡是对条文列举的标识的使用，注册商标权人均无权禁止。如果注册商标权人对这些标识使用行为均无权禁止，就意味着即使不满足条文规定的"正当"二字，也可以被允许。正当一词在此处是明显有必要存在的，虽然对"正当"的界定，在法律条文中没有答案，但也足以说明，仅仅是对标识"第一含义"的使用，还不能构成正当使用。即使是对"第一含义"的使用，也必须满足"正当"这一条件。这不仅是文义上的分析，在司法实践中也出现了真实的案例。在养元智汇公司诉至尊至圣公司的商标侵权案中，原告享有"六个核桃"注册商标权，被告享有"超六"注册商标专用权。被告在自己的产品上标注"超六核桃果仁露"，虽然"核桃果仁露"发挥第一含义的功能，但法院认为"超六核桃"与"六个核桃"音、意、形方面相似度高，且原告的商标具有较高知名度，故认定被告构成商标侵权。[③]可见，法院裁判的关注点在于其使用行为是否正当，该案中被诉侵权标识确实是通用名称，但是由于其使用目的和方式上的不正当性，所以不能满足正当使用的条件。对于这种"正当性"，在各种研究中体现为要求被告主观上是善意的。

3. 正当性与必要性

注册商标专用权最主要的功能是保护注册商标与其产品之间的联系不

---

① 熊文聪.商标合理使用：一个概念的检讨与澄清——以美国法的变迁为线索[J].法学家，2013（05）：148-163，180.

② 张玉敏，凌宗亮.商标权效力范围的边界与限制[J].人民司法，2012（17）：83-87.

③ 洪婧，祝芳.商标描述性正当使用及混淆可能性的合理判断[J].中华商标，2018（04）：76-80.

被破坏，以达到保护注册商标权人和消费者利益的效果。以此为出发点，可以得出其并不保护和破坏注册商标与产品之间联系的行为。一般仅使用标识第一含义的行为，不会破坏这种联系。（一般的非商标性使用行为，也不会破坏这种联系。所以二者都有将"不正当"使用标识的商标侵权行为排除在正当使用之外的功能而且效率较高。）

通常情况下，对标识第一含义的使用，不会发挥识别商品来源的功能，也就不能构成商标性使用。但这并不是当然的，对第一含义的使用，也有可能是不正当的，这一点已通过上文案例得到了说明。

在侵权诉讼中，如果被诉标识与原告商标相似且发挥识别商品来源的功能，通常就是不正当的。本质上，是将是否构成商标性使用，作为识别对被诉标识的使用是否具备正当性的方法。这一做法的背后隐含的，就是只有对被诉标识的使用是正当的，才可以成立正当使用。但由于这种联系并不是当然的，所以无论是否发挥识别商品来源的作用，都不能代替正当性的功能。

虽然无论是条文，还是主流文章都没有对商标正当使用进行充分的界定，但可以从主流文章中看到，描述性使用、指示性使用及"第一含义"和"第二含义"等概念，在发挥界定正当使用的概念时，都有着相同的指向：让属于公共领域的文字、图形等标识，不被注册商标权人所垄断。将这种一致的方向抽象出来的结果，就是商标正当使用的本质属性：正当性。

在相关研究和立法中，虽然没有明确将正当性作为商标正当使用的特征提出来，但也通过其他方式有所表示。例如，将善意使用加入正当使用的定义当中[1]，提出司法实践中判断是否构成正当使用应当审查被诉侵权人的使用行为是否符合诚实信用的商业惯例[2]。在具体案件中将善意作为认定正当使用的主观要件[3]，北京市高级人民法院在《关于审理商标民事纠纷案件若干问题的解答》第二十六条中，将出于善意使用作为构成正当使用的第一要件。因此，可以将正当性作为商标正当使用的基本属性。对于善意

---

[1] 王艳丽.论商标权的限制[J].当代法学，2002（02）：89-92.
[2] 王太平.论商标使用在标标侵权构成中的地位[J].法学，2017（08）：112-122.
[3] 刘小鹏.使用他人注册商标中的描述性信息属于正当使用[J].人民司法（案例），2018（23）：88-92.

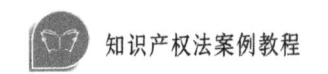

的判断，可以从被控侵权人的使用行为的具体方式、使用目的、商业习惯等方面来判断。

但仅正当性，并不能完整地涵盖商标正当使用的所有特征。除了正当性，必要性也对商标正当使用的构成有着显著影响。有学者将必要性作为指示性正当使用的第一个要件。[①]注册商标中可发挥第一含义作用的标识，虽然注册商标权人无权禁止他人正当使用，但并不意味着他人正当使用就完全不受注册商标权人的约束。在其他主体使用这些第一含义的信息时，根据不同的情境，难免会造成一定程度的混淆或混淆的可能。即使这种使用满足了正当性的要求，也应当是必要的，尤其是在注册商标具有较高的知名度时，使用这样的注册商标的主体，也应当承担注册商标知名度相对应的注意义务。知名度越高、注意义务就越高，在使用这些公有领域的标识时应当注意区分。在特定情况下，甚至有必要进行合理避让。[②]合理的避让，是对注册商标权人利益的保护，也是对消费者利益的保护。[③]必要性，在《关于审理商标民事纠纷案件若干问题的解答》第二十六条中也有体现。

正当性和必要性两个特征，不仅符合了正当使用制度的本质要求，也符合了有关法律文件的规定，所以可以得出结论：正当性和必要性是商标正当使用的特征，其中正当性是商标正当使用的基本属性，必要性是对注册商标专用权的必要保护。

4. 商标正当使用的构成要件

2006年，北京市高级人民法院在《关于审理商标民事纠纷案件若干问题的解答》（以下简称《解答》）中，对正当使用他人商标标识行为的构成要件和行为类型进行了解释。《解答》第二十六条规定："构成正当使用商标标识的行为应当具备以下要件：（1）使用出于善意；（2）不是作为自己商品的商标使用；（3）使用只是为了说明或者描述自己的商品。"但随后的商标立法中，对正当使用的构成要件并无要件式的规定。既不要求构成善意，也不要求构成商标性使用，仅列举了部分正当使用的情形，

[①] 王太平，周兰. 商标指示性正当使用与商标权用尽的区分 [J]. 中华商标，2019（03）：58-62.

[②] 王太平. 论商标使用在商标侵权构成中的地位 [J]. 法学，2017（08）：112-122.

[③] 尹腊梅. 商标通用名称正当使用抗辩实证考察———则网络游戏名称侵权引发的思考 [J]. 上海交通大学学报（哲学社会科学版），2017（03）：55-62.

且仅限于描述性正当使用。

关于商标正当使用的构成要件的理论，有两要件说与三要件说。两要件分别指主观上的善意及客观上使用方式的合理，三要件除前面的两要件之外，多了对客观上混淆可能性的要求。[1] 两种观点的争议之处在于混淆可能性是否适宜作为商标正当使用的构成要件。本书认为混淆可能性不适宜作为商标正当使用的构成要件，正当使用的构成要件不应包括混淆可能性和非商标性使用。2006年，北京市高级人民法院《关于审理商标民事纠纷案件若干问题的解答》也将混淆要件删除，表示司法实践及接受了这种观点。考虑到正当使用的两大特征：正当性和必要性，以及有关法律文件对此的认可，本文支持将主观上的善意以及客观上采用合理的使用方式作为正当使用的两个要件。

（二）"天下第一庄"商标正当使用抗辩案例评析

1. 案情简介

注册商标"天下第一庄"标识（图2-1）的注册商标权人为石家庄市制酒厂有限公司，在其生产的酒类产品上使用"天下第一庄"标识。被告枣庄市台儿庄贵诚购物中心有限公司（以下简称"贵诚公司"）为枣庄市台儿庄穆柯寨酒业有限公司生产酒产品的销售者。该酒产品的外包装上使用了"天下第一庄"标识（图2-2）。注册商标权人认为该行为侵犯了其注册商标权，遂起诉至法院。一审法院认定构成侵权，被告上诉。二审法院维持原判，后上诉人申请再审。最终再审法院认定，再审申请人的行为不构成商标侵权。[2]

图2-1 注册商标"天下第一庄"

---

[1] 张玉敏. 商标法上正当使用抗辩研究 [J]. 法律适用，2012（10）：15-18.
[2] （2019）最高法民再213号。

图2-2 涉诉商品侧面图

围绕"天下第一庄"注册商标侵权纠纷案，先后发生了三次诉讼，法院对于使用"天下第一庄"标识行为是构成商标侵权还是商标正当使用存在分歧。最高人民法院提审本案，并在再审判决中推翻二审判决结果，是本案的一大特点。

《商标法》第五十七条第二项规定，在同一种商品上使用与注册商标近似的商标，容易导致混淆的，属侵犯注册商标专用权的行为；该条第三项规定，销售侵犯注册商标专用权的商品的，属于侵犯注册商标专用权的行为。《商标法》第四十八条规定："商标的使用，是指将商标用于商品、商品包装或者容器以及商品交易文书上，或者将商标用于广告宣传、展览以及其他的商业活动中，用于识别商品来源的行为。"《商标法》第五十九条规定注册商标专用权人无权禁止对地名的正当使用。

基于一审、二审及最高人民法院的再审判决理由及其引用的上述商标法依据可知，本案的主要问题在于对涉诉标识的使用行为是否构成商标侵权。在分析是否构成商标侵权时，可以再细分出两个争议焦点。本案的争议焦点之一是，在被诉商品上使用被诉标识的行为是否构成商标性使用。《商标法》第48条规定的"商标的使用"与商标法理论上所称的"商标性使用"均采用"识别商品来源功能"标准，因此二者所指代的概念基本相同[①]。本案的争议焦点之二是，被诉标识是否构成正当使用。具体而言，从二审判决来看就是商标性使用与正当使用是否对立的问题，从再审判决出发就是是否属于"地名"的问题。

法院对是否构成商标性使用的审查，是通过审查被诉标识的显著性方式实现的；对是否构成正当使用的审查，是通过认定商标性使用或对比被诉标识的含义及《商标法》第五十九条所列举的正当使用情形来实现的。法院通过分析，认为被诉标识具有较高的显著性，所以发挥了识别商品来源的功能，构成商标性使用。对于是否构成正当使用，二审法院认为"天下第一庄"不属于《商标法》第五十九条所称的"地名"，因此不构成正当使用。再审法院认为"天下第一庄"虽然不是严格的地名，但发挥了地名标识的作用，可以认为是《商标法》第五十九条所称的"地名"，构成正当使用。

2. 争议焦点

本案中，一审法院没有总结争议焦点，二审法院总结的争议焦点是"被诉侵权行为是否侵害了注册商标权及是否应当承担赔偿责任"，再审法院总结的争议焦点为"被诉侵权产品是否侵害了石家庄市制酒厂的涉案商标权"。如前文所述，在商标性使用和正当使用的关系上，商标法理论和司法实践存在两种观点，一种是认为二者对立，另一种是表明了怀疑态度但没有明确提出二者并不对立。在审理过程中，一审法院关注的重点有：被诉标识在被诉商品上的使用是否发挥识别商品来源的作用、被诉标识与注册商标标识是否近似。二审法院关注的重点有：被诉标识在被诉商品上的使用是否属于正当使用、被诉标识在被诉商品上的使用是否属于商标性使用、是否容易导致混淆。再审法院关注的重点有：被诉标识在被诉商品上的使用是否属于对地名的使用（正当使用）。可以看出一审法院和二审法

[①] 黄心蕊.商标侵权中"商标使用"的不同含义解读[J].中华商标，2016（10）：70-75.

院关注的重点都有"是否属于商标性使用"和"是否容易导致混淆"这两项。二审法院除此之外还关注了是否属于商标正当使用。再审法院仅关注了是否属于正当使用，对是否属于商标性使用以及是否引起公众混淆没有论述和判断（见表2-1）。

表2-1 法院关注重点

认定结论、审级	一审	二审	再审
是否近似	是	是	回避
是否容易引起混淆	回避	是	回避
是否属于商标使用	是	是	回避
是否构成正当使用	原告未抗辩	否	是

通过对法院审判所关注的重点问题及法院总结的争议焦点，再结合司法实践和相关研究现状可以发现"是否构成商标性使用""商标性使用与正当使用的关系"，以及"被诉侵权行为是否构成正当使用"是法院作出裁判所不能回避的问题。

（1）是否构成商标性使用及商标性使用与正当使用的关系

一般认为，构成商标性使用，是构成商标侵权的前提条件。[①]一审法院和二审法院对被诉标识进行了分析，认为被诉标识从含义、读音、样式及标注的位置上，都足以发挥识别商品来源的作用，满足《商标法》所称"商标使用"的条件。在侵权的基础构成要件上，一审法院与二审法院得出了一致的结论，且本案当事人在这一点上没有争议，故本文不对此进行研究。二审中被诉侵权人提出了正当使用抗辩，二审法院以"属于商标性使用而不属于正当使用"为由，认为贵诚公司的抗辩不成立。这与司法实践中有将商标性使用与正当使用对立的倾向相吻合。[②]

再审法院作出正当使用认定时，既没有否认对被诉标识的使用行为构成商标性使用，也没有肯定商标性使用与正当使用相对立，即再审法院的

---

① 万迪.侵害商标权纠纷案件中商标性使用与正当使用的界定——从"草莓音乐节案"说起[J].法律适用（司法案例），2017（24）：34-40.
② 李春芳，邱翠.产品系列名称中商标符号的正当性使用[J].知识产权，2015（09）：44-50.

判决规避了对被诉标识的使用行为是否属于商标性使用的问题。若再审法院以二者关系是对立的为裁判基础，那么构成商标性使用则必然不构成正当使用。那么逻辑上，再审法院作出构成正当使用的判断，也就是认为不构成商标性使用，在此情形下应当进行说理，指出一审法院和二审法院认定构成商标性使用的错误之处。若再审法院以二者的关系不对立为裁判基础，再审法院作出构成正当使用的判断，也应当说明为何本案中构成商标性使用不影响正当使用的成立。可见，无论从哪个角度来看，再审判决都不应回避是否构成商标性使用的问题，只有这样才能明确商标性使用与正当使用的关系是否对立的问题。

（2）是否构成正当使用

一审法院没有考虑是否构成正当使用的问题，二审法院认为被诉标识的使用并不属于《商标法》第五十九条所规定的情形，不属于正当使用，再审法院认为对被诉标识的使用属于《商标法》第五十九条所述的"地名"。按照文义解释，"台儿庄"是地名，但不宜将充分装潢过的"天下第一庄"字体也解释为地名。应当考虑"天下第一庄"本身并不是地名、被诉标识被充分装潢、被诉标识标注在商品明显位置等要素，不应当仅以其在台儿庄本地发挥地名（通用名称）的效果为理由，就认为对被诉标识的使用行为构成正当使用。《商标法》没有规定正当使用的抽象构成条件，也没有规定地名的认定标准，回答再审法院的判断是否正确，需要对正当使用的概念进行界定，比照正当使用的特征来认定本案中对被诉标识的使用是否构成正当使用。

3. 争议焦点的进一步展开

（1）法院观点及其形成过程

一审法院查明了原告享有"天下第一庄"注册商标的注册商标专用权，查明了贵诚公司确实销售了被诉侵权产品等事实，随后通过对被诉标识"天下第一庄"的读音、含义及装潢程度、标注位置的综合判断，得出涉诉标识与原告的注册商标构成近似的结论。同时根据涉诉标识具体的使用情况，认为涉诉标识能够起到识别商品来源的作用，应定性为商标性使用。由于在一审中，被诉侵权人未提出正当使用抗辩，一审法院没有对是否构成正当使用进行审理。

被诉侵权人提出上诉，主张正当使用抗辩，并否定了构成商标性使用。对此，二审法院在确认了一审法院查明的事实的基础上，根据《商标法》第四十八条、第五十九条的规定，认为对涉诉标识的使用行为不属于《商标法》第五十九条列举的情形，且通过对使用行为本身的观察得出了被诉侵权行为系识别商品来源的商标性使用的结论。对于被诉侵权人提出的当地使用习惯及台儿庄的历史称谓等理由，二审法院认为这些理由不属于法律规定的正当使用情形，驳回了被诉侵权人的诉求。

被诉侵权人申请再审，并进一步补充了当地对涉诉标识的使用习惯的相关证明。再审法院在确认了新的事实的基础上，直接对是否构成正当使用进行了论证。再审法院认为，被诉侵权行为本身使"天下第一庄"字样起到了地名识别标识的效果，系对地名的使用，符合《商标法》第五十九条规定的正当使用情形，构成商标正当使用。但再审法院没有对该使用行为是否构成商标性使用发表观点，也没有对二审法院将商标性使用与正当使用对立的观点作出评价。

可以看出，一审法院裁判所依据的核心观点，是商标性使用作为商标侵权的构成要件。二审法院作出侵权判定，在认定是否构成商标性使用时，提出"对被诉标识的使用不属于正当使用的情形，而是商标性使用"的观点，其所依据的核心观点为商标性使用为正当使用的排除要件，即将商标性使用与正当使用对立起来。再审法院作出正当使用认定，理由是对"天下第一庄"的使用，系借此代指台儿庄，发挥地名标识的作用，故"天下第一庄"标识属于《商标法》第五十九条规定的地名，注册商标权人无权禁止他人使用，故对"天下第一庄"标识的使用不构成侵权。根据同类解释的方法，可以确定《商标法》第五十九条规定的地名，与该条所列举的其他通用词汇发挥相同的功能，也就是说，"地名"也是在通用名称这一层面上的地名。再审法院的认定所依据的核心观点，是发挥地名识别标识的作用的标识等同于地名。

（2）争议问题的研究现状

本案中，有关商标性使用作为商标侵权的构成要件问题，理论界与实务界也多有专家、学者对此展开研究。有学者通过实证研究肯定了商标使用在商标侵权认定中发挥了一定作用，认为商标侵权构成的混淆可能性要件隐含或吸收了商标使用（未完全否定商标性使用的存在意义）。[1] 也有学者主张将商标性使用在商标侵权的认定中具有独立的地位，主张提高商标使用在商标侵权认定中的地位，用以提高诉讼效率。[2] 实践中，有法官认为在商业活动中使用、以标识商品来源为目的、通过使用使相关公众区分不同的商品提供者，是认定商标性使用的三个要件。[3] 也有的法官提出，商标使用在认定商标侵权时，发挥着"守门员"的作用，将商标性使用作为商标侵权的前置构成要件。[4] 通过对理论研究和实践经验的观察，可以发现在商标侵权的认定这一层次上，对商标性使用的学说观点虽各有侧重，但基本一致，且与一审法院的判决理由相符。

理论界有较多学者认为商标性使用与正当使用之间的关系是对立的，有学者在文章中表明，描述性使用（正当使用的情形之一）是对标识在"第一含义"上的使用，[5] 根本不属于对商标的使用，所以描述性使用应当属于"非商标性使用"。[6] 该观点实际上是将正当使用与商标性使用对立起来，描述性使用和指示性使用是正当使用最常见的两个类型，在定义上都是以发挥"第一含义"为使用目的。如果以正当使用是指对仅发挥"第一含义"标识的使用，那么就必然得出正当使用属于"非商标性使用"的结论。也有学者从其他角度出发，认为不发挥识别商品来源功能的使用，不属于商标性使用，所以商标符号的正当使用属于非商标性使用。[7] 也有学者在研究商标性使用与侵权的关系时，提出正当使用在本质上应当是非商标性使用。[8]

---

[1] 王太平.论商标使用在商标侵权构成中的地位[J].法学，2017（08）：112-122.
[2] 刘维.论商标使用在商标侵权判定中的独立地位[J].上海财经大学学报，2018（01）：130-139.
[3] 万迪.侵害商标权纠纷案件中商标性使用与正当使用的界定——从"草莓音乐节案"说起[J].法律适用（司法案例），2017（24）：34-40.
[4] 洪婧，祝芳.商标描述性正当使用及混淆可能性的合理判断[J].中华商标，2018（04）：76-80.
[5] "第一含义"与"第二含义"是商标法学理上的概念，前者指标识在其原本意义上所具有的含义，后者指标识在原本的基础上具备了显著性的含义。
[6] 张玉敏.商标法上正当使用抗辩研究[J].法律适用，2012（10）：15-18.
[7] 李春芳，邱翠.产品系列名称中商标符号的正当性使用[J].知识产权，2015（09）：44-50.
[8] 姚鹤徽.商标侵权构成中"商标使用"地位之反思与重构[J].华东政法大学学报，2019（05）：141-158.

另外，也有学者未明确表示二者为对立关系，但实际上将二者对立起来，具体来讲，是在文章中未对商标性使用与正当使用的关系发表看法，但是将"使用目的不是标识商品或服务的来源，只是为了描述自己的商品"作为正当使用的构成要件之一，实际上是从主观的角度以要件的方式提出正当使用与商标性使用相对立。① 立法上，北京市高级人民法院在《关于审理商标民事纠纷案件若干问题的解答》中，将"不是作为自己商品的商标使用"作为正当使用的构成要件之一，未明确说明商标性使用与正当使用的对立关系，也有着将二者对立的倾向。

理论界也有学者不倾向于将商标性使用作为正当使用的排除要件对待。例如有学者虽然未表明商标性使用与正当使用不是对立关系，但察觉到了法律并未将正当使用限制于"非商标性使用"，二者对立的关系是通过司法实践确立的。② 有学者在概括现有立法和实践中指示性正当使用的构成要件时，并未将"非商标性使用"作为限制条件，③ 并明确提出商标使用的构成和混淆可能性的存在并不影响描述性正当使用的构成的观点。该学者还通过比较法研究，发现德国和欧盟法均未将"非商标性使用"作为正当使用的要件。④ 实践中，有观点认为，非商标性使用行为与商标法上的正当使用行为不能等同，⑤ 实际上表达了商标性使用的判断与正当使用的判断并不在一个维度上，并不能简单地将商标性使用作为判断正当使用的标准（否则将架空正当使用的存在意义）。上述观点在总结分析关于正当使用构成要件时，普遍将符合商业惯例或善意、客观使用方式合理及混淆可能性作为构成正当使用的三个要件，其中对于混淆可能性是否适宜作为要件存在较大争议。

---

① 王莲峰.商标合理使用规则的确立和完善——兼评《商标法（修改稿）》第六十四条[J].政治与法律，2011（07）：73-80.
② 万迪.侵害商标权纠纷案件中商标性使用与正当使用的界定——从"草莓音乐节案"说起[J].法律适用（司法案例），2017（24）：34-40.
③ 王太平，周兰.商标指示性正当使用与商标权用尽的区分[J].中华商标，2019（03）：58-62.
④ 王太平.论商标使用在商标侵权构成中的地位[J].法学，2017（08）：112-122.
⑤ 亓蕾.侵权要件和侵权抗辩：商标性使用和描述性使用——评析项目管理协会有限公司诉京经信（北京）信息技术研究院、经济日报出版社等侵害商标权及不正当竞争纠纷案[J].中华商标，2019（05）：28-32.

综上所述,通过对文献的搜集,发现主张非商标性使用作为正当使用的限制条件的研究较多(其中多为实践性研究或非对正当使用构成要件的专门研究[①]),但专门对正当使用的构成要件的研究中,仅有少部分学者将非商标性使用加入正当使用的构成要件中。这些研究中未主张非商标性使用作为正当使用构成要件的,通常也没有反对将非商标性使用作为正当使用的要件之一。总之,目前学界多数观点认为二者是对立关系,少数观点既不否认也不肯定二者的对立关系,但由于对该问题的专门研究较少,可以看出对于这一问题还没有形成统一的观点,还处于研究不充分、不成熟的阶段。

关于是否构成正当使用的问题,案例中对涉诉标识的使用是否构成正当性使用,与其发挥的功能密切相关。再审法院将其作为地名对待,并据此作出了正当使用认定,实际上是将地域性名称与地名等同起来。所以,关于本案正当使用的认定,需要明确被诉标识是否属于具备通用名称属性的地域性名称。实践中,确定地域性名称是属于通用名称(再审法院观点),还是属于商标、地理标志或特有名称,存在认定上的难度。

再审法院判断被诉标识属于地名(通用名称性质)的理由,主要源于最高人民法院2017年公布的《关于审理商标授权确权行政案件若干问题的规定》第十条,约定俗成的通用名称一般以全国范围内相关公众的通常认识为判断标准。对于由于历史传统、风土人情、地理环境等原因形成的相关市场固定的商品,在该相关市场内通用的称谓,人民法院可以认定为通用名称。在最高人民法院指导案例"鲁锦"案中,法院指出判断具有地域性特点的商品通用名称,应当注意从以下方面综合分析。①该名称在某一地区或领域约定俗成,长期普遍使用并为相关公众认可;②该名称所指代的商品生产工艺经某一地区或领域群众长期共同劳动实践而形成;③该名称所指代的商品生产原料在某一地区或领域普遍生产。[②] 按照该案例确定的标准,"天下第一庄"标识属于约定俗成的标识。但由于地名不是商品名称,仅仅是具有通用名称的"通用"这一性质,不需要满足后两个条件,或者通过类推解释可以认为满足了后两个条件,按照这样的思路,法院的裁判

---

① 关于正当使用与商标性使用的关系问题,鲜有学者作为专门的研究选题。
② 山东鲁锦实业有限公司诉鄄城县鲁锦工艺品有限责任公司、济宁礼之邦家纺有限公司侵害商标权及不正当竞争纠纷案,(2009)鲁民三终字第34号。

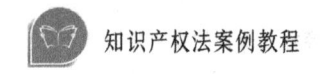

具备实践基础。

然而，也有反面的实践经验。在2017年中国十大知识产权案"稻花香"案中①，法院在论证"稻花香"不属于通用名称的过程中，有如下论断：①商标法中的通用名称指代某一类商品，因该名称不能用于指代特定的商品来源，故相关公众都可以正当使用。②基于五常市这一特定的地理种植环境所产生的"稻花香"大米属于约定俗成的名称，属于在该相关市场内的通用名称。但被诉侵权产品销往全国各地，所以认定通用名称也应当是以全国为标准，所以即使"稻花香"在特定地区属于约定俗成的通用名称，也不应认定为构成通用名称。在本案中，被诉标识仅仅是在台儿庄地区构成约定俗成的通用名称，但其产品销往全国。所以，在未证明"天下第一庄"标识在全国范围内都起到地名识别标识作用的情况下，不能将其认定为地名。这又与再审法院作出的裁判相冲突。已有学者对此种差异作出评论，并认为"稻花香"案确定的标准更优。②可见，对于再审法院的裁判，也是存在较大争议的。

近年来，也有其他与商标正当使用的认定相关的案例出现，体现出司法实践中对商标正当使用的认定标准不明确的现象，如光明乳业股份有限公司与美食达人股份有限公司间的商标侵权纠纷案，该案的核心涉及光明公司在包装盒上使用85℃标识是否系商标的正当使用。③该案中，一审法院站在商标正当使用的本质属性的角度，主张"正当使用的核心不在于或不仅在于标识本身的描述性属性，而更强调的是使用行为的正当性，包括主观善意和客观合理。善意强调主观上无恶意，合理强调行为的妥当性和必要性，并应当参考商业惯例等因素予以综合判定"，认为光明公司不构成正当使用。二审法院认为："在处理涉及商标正当使用抗辩的问题时，应当在比对被控侵权标识与涉案注册商标相似程度、具体使用方式的基础上，分析被控侵权行为是否善意（有无将他人商标标识作为自己商品或服

---

① 福州米厂与五常市金福泰农业股份有限公司、福建新华都综合百货有限公司福州金山大景城分店、福建新华都综合百货有限公司侵害商标权纠纷案，（2016）最高法民再374号。

② 张今，卢结华.商标法中地域性名称的司法认定：商标、地理标志、特有名称与通用名称之辨析[J].法学杂志，2019（02）：94-101.

③ （2018）沪73民终289号。

务的标识使用的恶意）和合理（是否仅是在说明或者描述自己经营的商品或服务的特点等必要范围内使用），以及使用行为是否使相关公众产生混淆和误认等因素，综合判断被控侵权行为究竟是商标侵权行为，还是属于正当使用行为，以合理界定注册商标专用权的保护范围，达到商标专用权和公共利益之间的平衡。"二审法院进一步分析，认为被控侵权行为属于对温度标识的正当使用，且不会造成混淆，故不构成正当使用。从该案的判决书来看，对正当使用的认定问题，不能仅仅从被诉标识本身是否属于通用标识的角度判断，还需综合考虑其他相关因素，如使用目的、具体的使用方式、使用的商品类别、商业习惯、双方品牌的知名度等。

4. 对"天下第一庄"商标正当使用抗辩裁判的解读

（1）是否构成商标性使用

二审法院在列举了《商标法》第48条和第59条后，称被诉侵权商品中对"天下第一庄"的使用并不属于《商标法》规定中正当使用的情形，且被诉商品中的"天下第一庄"标识字体明显比其他字条大，且作为装潢用于包装等显著位置，系用于识别商品来源的商标性使用，即二审法院通过对被诉侵权行为的观察，发现对被诉标识的行为具备了足够的显著性，发挥了识别商品来源的作用，所以构成商标性使用。如果从功能上定义是否构成商标性使用，考虑到被诉侵权行为从含义、读音、尺寸和装潢程度，可以得出被诉标识具备发挥识别商品来源作用的显著性，所以构成商标性使用，这样的判断逻辑是没有问题的。但如果考虑到条文也可以解释为从主观目的角度对商标性使用作出认定，也可以得出被诉标识属于商标性使用。首先被诉侵权标识用于商品的侧面，其次在被诉侵权产品的其他位置另外标有生产者的"穆柯寨"商标，故将"天下第一庄"标识作为商标使用的意图并不明显，难以认为构成商标性使用。但考虑到"穆柯寨"商标标注在商品的瓶盖顶部，位置非常不明显难以被消费者观察到，且商品正面并未标注明显具有识别商品来源的标识，所以从主观的角度同样更宜得出构成商标性使用的结论。

再审法院虽然没有对是否构成商标性使用进行审查，但认可了被告提出的证据，发现在台儿庄有多家企业均在产品上标有"天下第一庄"的文字标识，属于地域文化。如果从主观上定义商标性使用，那么可以基于此

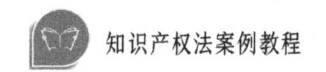

否定被诉侵权行为构成商标性使用。但如果从功能上定义，仍无法否定构成商标性使用。无论商标性使用的认定标准是哪种，再审法院作出不侵权判决，都应当对二审法院裁判的错误之处进行说明。没有说明二审法院的错误是再审判决的不足之一。

二审法院对该问题的回避，实际上是对商标性使用与正当使用的关系的回避。本书认为再审法院之所以采取回避态度，目的是将被诉侵权行为认定为正当使用。考虑到台儿庄当地企业的习惯，但是其基于地域文化的因素对"天下第一庄"标识的使用行为在当地确实属于对通用的地域性名称的使用，具有一定程度的保护价值，作出正当使用认定有利于保护当地企业对"天下第一庄"文化上的使用需求。但鉴于实践中有将商标性使用与正当使用对立起来的习惯，二审法院又提出了十分充分的理由说明了构成商标性使用，那么作出正当使用判决就只剩下了两条路径，其一是否定二者的对立关系，其二是直接称被诉侵权行为满足了正当使用的规定。按照第一种做法，容易引起"同案不同判"的现象，所以择优选择第二种做法。另外，法院忽略的一点是，在判断被诉侵权行为是否构成商标性使用时，还应当考察原告注册商标的知名度，这有利于判断被告的主观目的的善恶。[①]

（2）被诉侵权行为是否构成正当使用

基于不当的理由认定被诉侵权行为构成正当使用，是再审法院的错误之二。首先，"天下第一庄"并不属于地名，不能仅仅通过其发挥地名识别标识的作用，就将该标识与地名等同起来。"天下第一庄"作为乾隆御笔，在台儿庄地区被用来作为产地标识使用，仅仅可以说明这是地域性名称。但只有当这以地域性名称被认定为是通用名称的性质时，才可能利用同类解释的方法将其列入《商标法》第五十九条规定的描述性正当使用的情形。其次，不能仅仅基于被诉标识在台儿庄地区属于通用名称，就认定被诉侵权行为构成正当使用。已有的实践经验[②]对地域性名称是否构成通用名称有着非常清晰的标准，需要对被诉侵权产品的销售范围进行考察，销售范围

---

① 姚鹤徽.论显著性在商标侵权判定中的作用——基于消费者心理认知的考察 [J].兰州学刊，2018（07）：153-167.
② 张今，卢结华.商标法中地域性名称的司法认定：商标、地理标志、特有名称与通用名称之辨析 [J].法学杂志，2019（02）：94-101.

为全国的，应当以全国范围为标准认定是否构成通用名称性的地域名称。[①]本案中被诉侵权产品在全国范围内销售，所以将被诉标识认定为通用名称的地域范围标准也应当以全国为标准，而贵诚公司仅仅举证证明被诉侵权产品在台儿庄地区属于通用名称，不足以作为将其认定为通用名称性质的地域性名称。再审法院认为被诉侵权行为构成正当使用的理由不足。最后，即使是对通用名称的使用，也应当对注册商标进行合理避让[②]，例如本案中被诉侵权人完全可以通过其他方式来表示商品产地或宣传古城文化，例如在显著位置表明本企业的商标、缩小被诉标识的字体、将台儿庄古城与"天下第一庄"调换位置，都能够起到将行为限制到正当使用的必要性特征允许范围之内。

再审判决之所以会引出这样的讨论，一方面在于二审法院将问题的重点引向了商标性使用与正当使用的关系，另一方面在于对被诉侵权标识的使用行为本身具有充分的理由，明显具有较高程度的正当性。但《商标法》没有规定正当使用的抽象构成要件，仅列举了一些基本情形，而本案中的被诉标识不属于这些情形，且对被诉侵权标识的使用行为本身具备可明显观察到的正当性，所以出现了难以将被诉侵权行为在法定情形中归类的情况。这两方面的问题，都可以通过在《商标法》中完善正当使用的构成要件来解决，例如将正当性或主观善意作为正当使用构成要件之一，必要性或客观使用行为合理作为要件之二，就可以对本案中被诉侵权人的主观善意和客观使用行为一并作出评价，并反应在最终结果上。

三、商标与"在先著作权"纠纷案例评析

（一）"在先著作权"案的商标纠纷案例考察

认定商标权侵犯"在先著作权"，首先，要判断被侵害的权利是否存在，即作品是否具有独创性，属于著作权法意义上的作品；其次，要判断权利属于哪个主体，权利主张人是不是适格的权利申请人，通过哪些证据可以

[①] 福州米厂与五常市金福泰农业股份有限公司、福建新华都综合百货有限公司福州金山大景城分店、福建新华都综合百货有限公司侵害商标权纠纷案，（2016）最高法民再374号。
[②] 王太平.论商标使用在商标侵权构成中的地位[J].法学，2017（08）：112-122.

对著作权权属进行证明；最后，再判定是否侵权，如是否构成实质性相似、是否有接触可能性等，在《关于审理商标授权确权行政案件若干问题的规定》中第十九条第一款规定，当事人主张诉争商标损害其在先著作权的，人民法院应当依照著作权法等相关规定，对所主张的客体是否构成作品、当事人是否为著作权人或者其他有权主张著作权的利害关系人及诉争商标是否构成对著作权的侵害等进行审查。以下选取了涉及"在先著作权"案的商标纠纷案例进行分析。

表2-2 涉及"在先著作权"案的商标纠纷案例

	案件名称	认定原（被）告享有著作权的主要证据	是否构成实质性相似	接触可能性判定/独创证明
1	上岛及图（2005）高行终字第111号	在先商标注册证	相同	关联关系人
2	"DDK"案（2013）高行终字第747号	独创性较低,不属于作品（已进行著作权登记）	—	—
3	"BIOU"（2017）粤73民终506号	独创性较低,不属于作品（已进行著作权登记）	—	—
4	"卫龙"案（2013）高行终字第546号	作品不具备独创性（已获得著作权登记证书）	—	—
5	"é s"案（2011）高行终字第664号	商标注册证（不能认著作权）诉讼期间申请获著作权登记证书（但因独创性较低，未被认定为作	—	—
6	JIASDESI商标无效宣告案（2016年4月11日）	申请人提供作品登记书	构成实质性相似	同为广东地区的同行者
7	"老人城LAORENCHENG及图"（2009）高行终字第1352号	商标注册证（不足以证明享有著作权）	—	—
8	"公牛图"案（2013）高行终字第343号	两份相关裁定书（具体行政行为证据为个案认定证据，此案中使用还应结合其他证据）众所周知的事实	虽然图案"华歆"二字，但图形所占比例较大	世界知名标

	案件名称	认定原（被）告享有著作权的主要证据	是否构成实质性相似	接触可能性判定/独创证明
9	北纬65度公司在先著作权纠纷案（2016）京行终5728号	作品具备登记证书且作品具有一定的独创性	基本一致	原被告存在代理、代表关系
10	"KP KIDS STUFF及图"案（2011）高行终字第857号	著作权登记证书（用于证明著作权）+商标注册证（用于证明作品完成时间）	构成实质性相似	在先作品已发表
11	"LIU YI及图形"案（2015）高行知终字第1540号行政判决书	著作权登记证书（用于证明著作权）+商标注册证（用于证明作品完成时间）	构成实质性相似	关联关系
12	亚萨合莱奥布安茹公司对三链公司商标异议复审案	亚萨合莱奥布安茹公司提交了早于争议商标注册日的著作权登记证书	构成实质性相似	申请人并未提供独立创作完成证据
13	湖北汉光公司诉浙江湖电公司侵犯著作权纠纷案	汉光公司证明自己为著作权人（交付在先商标注册证），湖电公司不能证明自身为著作权人	构成实质性相似	汉光公司与湖电公司有业务来往
14	IMAC商标案	著作权登记时间晚于商标申请注册日，且无其他证据对创作完成日进行佐证，且未公开发表	—	—
15	北纬65度公司诉上海水一方户外用品有限公司（2016）京行终5728号	北纬公司出具的晚于争议商标注册时间的著作权登记证书	构成实质性相似，双方未提出异议	双方具有业务上的往来
16	七彩华龄及图商标异议复审案 2010年5月31日	著作权许可使用合同及标识设计委托合同	构成实质性相似	公开发表且同处相同区域

	案件名称	认定原（被）告享有著作权的主要证据	是否构成实质性相似	接触可能性判定/独创证明
17	"腾龙TENGLONG"及图案	发表于《羊城晚报》（早于商标注册证申请时间）	构成实质性相似	公开发表
18	"cafeAmaze及图"第16964863号	在先著作权登记证书在后商标注册证	构成实质性相似	被异议人多次访问泰国，有接触可能性
19	波音公司与张明民商标异议案	在先著作权登记证书	构成实质性相似	持续宣传与使用
20	"祥狮及图"商标异议案	委托设计证明	构成实质性相似	公开发表
21	"百宝力BABOLAT"图案	委托设计证明、著作权登记证书（广告宣传时间早于被异议商标注册时间）	英文字母部分完全相同	同行且关联企业代表法人相同
22	"CAMEL"案（2012）高行终字第1782号	商标注册证	英文字母排列设计相同	公开使用
23	"合生元"	著作权登记证书（早于被异议商标注册证）	商评委：不构成近似 法院：构成实质性相似	公开宣传
24	"狮头皇冠图形"案（2010）一中知行初字第3223号	在先商标注册证	相同	公开发表
25	"天工图形"（2016）京行终569号	在先商标注册证+著作权登记证书（未形成证据链，不享有著作权）	—	—
26	"工行行徽"案（2012）知行字第60号	出具《中国工商银行行徽黑白标准稿》，提供委托证明	构成实质性相似	公开且知名度较高

	案件名称	认定原（被）告享有著作权的主要证据	是否构成实质性相似	接触可能性判定/独创证明
27	"黑白猫咪"图形（2019）最高法行再178号	在先商标注册证+国家图书馆科技查新中心出具的《文献证明》	构成实质性相似	公开发表
28	"Dyneema"及图（2017）最高法行再76号	国家版权局证据+商标许可使用合同等可以形成完整证据链	完全相同	公开使用、知名度及第三人主观情况
29	"鲨鱼图"（2017）最高法行申7174号	商标注册证+著作权登记证书（晚于被异议商标申请时间）	完全相同	商标申请具有公开性

（二）案例评析

本书选取了一些有关商标纠纷中著作权权属认定的相关案例进行研究，在类型上主要涵盖了商标权与在先图画作品、在先书法作品及作品角色等类型的纠纷，其中多数为商标标识版权化进程中发生的纠纷。

通过研读判决可以发现，在认定在先商标标识是否具有独创性这一问题上，虽然各法院认定标准并不完全一致，但总体上偏向于认为文字进行简单变形或进行常规设计独创性较低，不易被认定为享有著作权，但如果商标标识中有一些较有独创性的图画，如"举花小兔案""大嘴猴案""鲨鱼图"等，在认定著作权权属中较容易被认定为享有著作权。在先权利人享有著作权是其主张权利的基础，如果在先商标标识被认定不属于著作权法上的作品，便不必再对是否构成实质性相似及接触可能性问题进行判断。

关于在先作品的权属认定问题，司法实践和理论中对于商标注册证及著作权登记证书的证明效力认定不一，但从中可以看出，如果有单独的在先著作权证书，则较容易认定著作权权属，单独的商标注册证在早期可以作为认定著作权权属的证据，但是2009年后逐渐发生变化，单独商标注册证还需要有其他证据进行印证，形成完整的证据链才能用作证明著作权权属，有些法院认为商标注册证虽不可以直接证明其为商标标识的著作权人，但至少可以证明其为利害关系人，因为商标已经历过公告期，可以推测在先标识并未侵犯他人权利，而且商标注册证上的时间可以用于证明作品完成时间的初步证据；但是有些法院认为，商标注册证不属于著作权法中的证据种类，其并不能够用于认定著作权权属，应主要根据著作权登记证书进行认定，而此时如果著作权登记证书中作品登记时间晚于被异议人的商标申请时间，异议人的主张将被驳回。实践中关于商标注册证与著作权登记证书结合是否能够用于认定著作权权属也有较大分歧，尤其集中在著作权登记时间晚于被异议商标注册时间，有的法院认为晚于被异议著作权登记证书不能用于证明著作权权属，因为这可能是商标注册人在发现商标被侵权后，为增加商标被认定为作品的概率而申请的，而著作权仅进行形式审查，也并不对图文的著作权权属进行实质审查，因此，在后的著作权权属并没有实质效力；也有的法院认为只要商标注册证和著作权权属登记证书能够相互印证，形成完整的证据链则可以用于认定著作权权属。

在认定接触可能性这一问题上，一般认为如果作者曾公开发表过作品，或是与被异议人处于相同地域或相同行业，则有可能接触到该商标或该作品，但是也有例外情况，虽然该商标并未在中国实际使用，如果该商标有较高的知名度，也有可能被认定为有接触可能性，如"公牛图案""SHAKESHACK"案等。

四、侵犯注册商标专用权案例分析

（一）侵犯知识产权犯罪涉及的 7 项罪名

1. 假冒注册商标罪，是指违反国家商标管理法规，未经注册商标所有人许可，在同一种商品上使用与其注册商标相同的商标，情节严重的行为。

2. 销售假冒注册商标的商品罪，销售明知是假冒注册商标的商品，销售金额数额较大的，处三年以下有期徒刑或者拘役，并处或者单处罚金；销售金额数额巨大的，处三年以上七年以下有期徒刑，并处罚金。

3. 非法制造、销售非法制造的注册商标标识罪，伪造、擅自制造他人注册商标标识或者销售伪造、擅自制造的注册商标标识，情节严重的，处三年以下有期徒刑、拘役或者管制，并处或者单处罚金；情节特别严重的，处三年以上七年以下有期徒刑，并处罚金。

4.假冒专利罪，指违反国家专利法规，假冒他人专利，情节严重的行为。

5.侵犯著作权罪，是指以盈利为目的，未经著作权人许可复制发行其文字、音像、计算机软件等作品，出版他人享有独占出版权的图书，未经制作者许可复制发行其制作的音像制品，制作、展览假冒他人署名的美术作品，违法所得数额较大或者有其他严重情节的行为。

6.销售侵权复制品罪，以盈利为目的，销售明知是本法第二百一十七条规定的侵权复制品，违法所得数额巨大的，处三年以下有期徒刑或者拘役，并处或者单处罚金。

7.侵犯商业秘密罪，是指以盗窃、利诱、胁迫或者其他不正当手段获取权利人的商业秘密，或者非法披露、使用或者允许他人使用其所掌握的或获取的商业秘密，给商业秘密的权利人造成重大损失的行为。

（二）**典型案例分析**

1.侵犯"哈尔滨"系列商标专用权案

（1）案情简介

2020年5月20日，漯河市市场监管局接到百威哈尔滨啤酒有限公司投诉，称当事人某啤酒集团漯河啤酒有限公司生产的哈尔滨乌尔苏金小麦啤酒侵犯其商标专用权。经查，2020年1月至5月，当事人利用委托人提供的啤酒包装物和标签标识，为委托人哈尔滨乌尔苏啤酒有限公司代加工生产"哈尔滨乌尔苏纯麦啤酒"27 010包、13 500箱。该啤酒瓶子标签和包装箱上的"哈尔滨"字样与商标权利人在同类产品上的第3447960号哈尔滨注册商标相同，其冰山图案与商标权利人的第12750375、18325879A号商标图案近似。当事人的行为，已构成《商标法》第五十七条第六项所指的商标侵权行为。依据《商标法》第六十条之规定，办案机关责令立即停止侵权行为，没收、销毁包装物及标识，罚款6万元。

（2）案情分析

该案是典型的代加工侵权案件，当事人利用委托人提供的包装物和标签标识，为委托人代加工生产啤酒，未尽到审查义务，损害了商标权利人的合法权益。该案定性准确，处罚适度，值得借鉴。

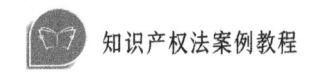

2.苗某忠假冒注册商标案

（1）案情简介

2018年至案发，被告人苗某忠在没有任何注册商标授权和无营业执照的情况下，自行购置生产设备及原材料，在河北省文安县其本人住所，生产标注某公司注册商标的明星同款防霾口罩，并外销获利。在新冠肺炎疫情防控期间，被告人苗某忠先后将其生产的明星同款防霾口罩向本市及河北省多个个体经营者销售，非法经营数额达10万余元。其间，被告人苗某忠之子苗某彬明知其生产、销售的明星同款防霾口罩系假冒注册商标产品的情况下，仍为其提供包装、封箱、运输等帮助。经鉴定，涉案口罩并非该日本公司生产，系假冒该日本公司注册商标的产品。经检验，涉案口罩不符合《呼吸防护用品自吸过滤式防颗粒物呼吸器》的规定。

3月17日，天津首例涉疫情侵犯知识产权犯罪案件在和平区人民法院"云上"开庭审理并当庭宣判。被告人苗某忠犯假冒注册商标罪，被判处有期徒刑九个月，并处罚金7万元；被告人苗某彬犯假冒注册商标罪，被判处拘役三个月，并处罚金1万元；扣押在案的假冒注册商标的口罩商品及包装纸盒、作案工具自动薄膜封口机1台、口罩机1台，由扣押机关依法全部没收。

（2）案情分析

①该罪的犯罪主体为一般主体和单位，即任何企事业单位或者个人假冒他人注册商标，情节达到犯罪标准的即构成本罪。②该罪侵犯的客体为他人合法的注册商标专用权，以及国家商标管理秩序。③该罪主观方面为故意，且以应盈利为目的。过失不构成本罪。④该罪的客观方面为行为人实施了刑法所禁止的假冒商标行为，且情节严重。

3.华某某侵犯商标罪

（1）案情简介

华某某系慈溪市某计算机网络设备技术有限公司法定代表，沈某系慈溪市某电子科技有限公司法定代表人。2014—2017年6月，慈溪市计算机网络设备技术有限公司及其法定代表人华某某未经注册商标所有人授权，伙同公司财务负责人叶某某及生产负责人高某某，大肆生产、销售带有安普、康普、一舟、施耐德等12种注册商标的网络配件产品，非法经营数额共计

228万余元。同时，慈溪市某计算机网络设备技术有限公司还委托慈溪市某电子科技有限公司及其法定代表人沈某、个体经营者戎某某生产上述假冒注册商标产品近12万件，价值64万余元；委托虞某某、翁某某非法印制带有安普、康普、一舟等注册商标标识的包装纸箱、合格证、防伪标等物品116.7万余件，价值14万余元。

2019年4月24日，慈溪市某计算机网络设备技术有限公司、慈溪市某电子科技有限公司分别被判处罚金114万元、3万元，华某某等人被判处有期徒刑二年缓刑三年至有期徒刑三年缓刑五年不等，被并处罚金共计299万元。

（2）案情分析

宁波市鄞州区检察院对慈溪市某计算机网络设备技术有限公司、慈溪市某电子科技有限公司、华某某、叶某某、高某某、沈某、戎某某以假冒注册商标罪，对虞某某、翁某某以非法制造注册商标标识罪提起公诉。具有下列情形之一的，属于刑法第二百一十三条规定的"情节特别严重"，应当以假冒注册商标罪判处三年以上七年以下有期徒刑，并处罚金：①非法经营数额在25万元以上或者违法所得数额在15万元以上的；②假冒两种以上注册商标，非法经营数额在15万元以上或者违法所得数额在10万元以上的；③其他情节特别严重的情形。

非法制造、销售非法制造的注册商标标识罪的特征有以下几点。

①其主要客体是国家对商标的管理秩序，次要客体是他人注册商标的专用权；

②非法制造、销售非法制造的注册商标标识罪在客观上表现为行为人实施了非法制造、销售非法制造的注册商标标识的行为；

③非法制造、销售非法制造的注册商标标识罪主体为一般主体，单位也可以构成非法制造、销售非法制造的注册商标标识罪；

④非法制造、销售非法制造的注册商标标识罪在主观方面表现为故意。

4. 黄某金、常某芳等人犯假冒注册商标罪

（1）案情简介

四川省绵竹市人民法院经审理查明：被告人黄某金与被告人常某芳口头约定由黄某金提供原酒，常某芳组织包装材料及商标，以共同生产假冒

名酒。之后，常某芳雇佣被告人文某勇从黄某金开设于成都市华丰食品城的兴宏酒类批发部将"绵竹大曲""江口醇""尖庄""泸州"老窖二曲等酒运至常某芳租赁的成都市中和镇、双流县华阳镇出租房内，由被告人常某芳、张某建组织"剑南春""全兴""五粮液""泸州"商标及包装，并雇佣被告人常某家、邱某富、常某荣清洗酒瓶和翻装酒，共计粘贴"剑南春"商标648份、"全兴"商标300份、"泸州"商标88份、"五粮液"商标96份。除"五粮液"外，均由被告人常某芳雇佣被告人文某勇将酒运至被告人黄某金开设于成都市华丰食品城的宏达酒类批发部予以销售。

四川省绵竹市人民法院依照《中华人民共和国刑法》（以下简称《刑法》）第二百一十三条、第二十五条第一款、第二十六条第一款、第四款、第二十七条第一款、第二款、第六十四条、第六十五条之规定，判处被告人黄某金有期徒刑3年零6个月，并处罚金1万元；被告人常某芳有期徒刑3年零6个月，并处罚金1万元；被告人张某建有期徒刑3年零6个月，并处罚金1万元；被告人常某家有期徒刑1年零6个月，并处罚金2000元；被告人文某勇有期徒刑1年，并处罚金2000元；被告人邱某富有期徒刑1年，并处罚金2000元；被告人常某荣免予刑事处罚。

（2）案情分析

四川省绵竹市人民法院认为，被告人黄某金、常某芳、张某建未经注册商标所有人许可，非法使用"剑南春""五粮液""全兴""泸州"老窖特曲的商标及包装物，情节严重，其行为均已构成假冒注册商标罪。被告人文某勇、常某家、常某荣、邱某富明知上述被告人实施假冒注册商标行为，而为其提供运输等帮助行为，其行为均应以假冒注册商标罪的共犯论处。被告人黄某金、常某芳、张某建在犯罪中起主要作用，是主犯；被告人文某勇、常某家、邱某富起次要作用，是从犯，依法可减轻处罚；被告人常某荣起次要作用，是从犯，且参与假冒注册商标时间短，情节轻微，依法可免予处罚。被告人常某家在刑满释放后5年内又犯罪，属累犯，应从重处罚。

第三章 著作权保护的案例分析

著作权可进一步划分为著作人身权与著作财产权，这两项又分别由若干细分权利构成，与其他侵权认定相同，著作权侵权也需要侵权行为、损害结果、因果关系、主观过错等基本构成，但是其相关案件的审判难点在于：第一，著作权侵权行为并非直接体现在人身行动上，而是借由作品为载体表现出来；第二，著作权侵权具有一定的隐蔽性，尤其是在当今借由"洗稿""扒剧"等隐蔽手段并添加部分独创性内容的不完全相同复制，更加难以分辨；第三，著作权虽然是一种私权，但对其保护存在个人利益与公共利益的考量与取舍，既不能对侵权行为视而不见，也不能过度保护个人权益导致一定程度上的"内容垄断"，不利于总体社会文化的繁荣。目前，我国通过《著作权法》及其相关的司法解释、行政法规形成保护著作权的法律体系，但具体到司法实践当中，面对这些审判难点，相关法律规定的适用却存在着一些问题，例如《著作权法》中明确将"剽窃"列为侵犯他人著作权的行为，但却缺乏对于"剽窃"的具体定义与解释，以文字类作品为例，何种相似程度可被认定为剽窃？相似数量多少是否影响剽窃认定？内核不变将文字改头换面的行为是否能被认定为剽窃？这些问题当今立法都未能够给予明确回答，这也是当今诸多著作权纠纷判决更多依赖法官自由裁量，大量采用法理进行说理论证的原因所在。

本章分别选取"琼瑶诉于正案"、Field V. Google 案和 Google 图书馆案、"洪某等诉贵州五福坊食品有限公司等著作权纠纷案"作为著作权法中实质相似侵权、著作权中默示许可和文学艺术演绎衍生作品著作权保护的典型案例进行评析，尤其侧重"琼瑶诉于正案"的评析，借助"琼瑶诉于正案"，以及最高人民法院指导性案例 81 号这两个"同案不同判"的案例，从司法实践角度探究"实质性相似"的判定方式，对于维护司法统一、加强我国

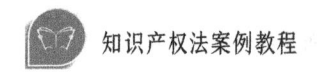

著作权保护具有重要的意义。

一、著作权法中实质相似侵权案例实证分析

（一）案例概述

2017年，最高人民法院公布的指导性案例81号——"张晓燕诉雷献和、赵琪、山东爱书人音像图书有限公司著作权侵权纠纷案"（以下简称"张晓燕案"）就为影视领域因作品相似而产生著作权侵权纠纷的典型案例。这类案件在实践中往往属于案情复杂、争议较大的案件，将该案作为指导性案例公布，目的是以指导性案例的方式明确文学类作品相似侵权的判定标准与方法。这在实际上填补了立法上一直以来关于此类侵权判定具体规则的缺失。该案具体情况如下。

该案中，原告张晓燕认为电视剧作品《最后的骑兵》与自己的电视剧作品《高原骑兵连》有多处相似之处，构成侵权。被告雷献和为《最后的骑兵》第一编剧、制片人，被告赵琪为第二编剧。两剧是根据不同原创小说改编而来的军旅、历史题材影视作品，但都取材自1985年前后骑兵部队被撤编、缩编的历史事件。两剧分别于2004年5月在央视不同频道播出。本案争议的核心问题在于侵权是否成立。根据"实质性相似加接触"这一著作权侵权判定标准，法院确认了雷献和曾接触过张晓燕的剧本及电视剧这一事实，"接触"成立。对于是否构成实质相似，法院委托专业机构对两剧进行鉴定，鉴定结论认为：两剧剧情均围绕着骑兵部队缩编、撤编这一线索逐渐展开，构成一定相似。两剧主角及主要关系部分相似，此外，就具体情节分析，有部分相同或者相似的情况，但两部作品对这些情节的具体语言表达基本不同。法院分别针对这些要素进行如下分析。

对于故事主线与取材，两剧取材于同样的历史事件，这样的故事素材是社会的共同财富，不能为个别人所垄断，因此该要素不受著作权法的保护。在人物方面，正如本案中军旅题材一般都会包含军民关系、军属关系等，法院认为特定主题下人物关系的模式是有限的，这种不可避免的关系呈现倘若被垄断势必会造成破坏他人创作的不良后果，因此不受保护。同样，特定故事中非独创性表达的惯常用语也是如此，不受保护。对于故事情节这一要素，法院重点关注了相同、相似的故事情节在整部作品中的地位、作用及其在被告剧作中的占比，本案中被鉴定为相同、相似的情节都处于次要位置，对被告剧作的主要部分影响较小，且在被告剧作中占比较低，正因如此，法院认为观众在观赏两剧时，这些相同、相似情节并不会直接影响到观众的欣赏体验，换言之，观众在观看过程中不会认为两剧存在雷同。综上所述，法院没有支持原告的诉求，认定两剧不存在实质性相似著作权侵权。

最高人民法院在将本案遴选为指导性案例时，总结了相关裁判要点。第一，关于著作权的保护范围，一方面强调著作权法仅保护具有独创性的表达，另一方面采取了排除法，将公共领域材料、一般性质的创作形式、创作技巧、特定主题所依赖的场景与关系、唯一性或有限性的表达排除在保护范围之外。第二，对于此类侵权纠纷的判定方法进行总结，肯定了一直以来得到理论界与实务界广泛认同与应用的"实质相似加接触"的判定规则，并对实质相似的判定作出进一步方法指导：应比较作者在作品表达中的取舍、选择、安排、设计等是否相同或相似，不应从思想、情感、创意、对象等方面进行比较。[1]这两个裁判要点的归纳展现了选取该案为指导性案例所蕴含的价值取向：在保护个体的著作权及其相关权益的基础上兼顾社会整体利益，形成鼓励创作、促进文化繁荣的法律效果。

无独有偶，同样是影视剧相似侵权纠纷，涉案两剧同样具有相似的剧情，2014年引发热议的"琼瑶诉于正案"的判决却认定存在实质性相似侵权，继而得到结论之一：被告于正侵犯琼瑶所享有的著作权之改编权。改编权是指以原作品为基础，通过一定独创性的改变再创作出新作品的权利。侵犯著作权人的改编权是指行为人未征得著作权人同意，擅自以不同表现形式改变著作权人权利作品而创作出的具有独创性的新作品。[2]此案查明被告曾接触原告作品的事实，争议焦点主要集中在两个方面：原告所主张的被侵权的内容是否在法律保护的范围之内，以及原告的著作权是否被侵犯。一审法院分析思路与"张晓燕案"的判决类似，都是先针对原告所主张的、

---

[1] 参见最高人民法院指导性案例81号。
[2] 江南，刘远山."接触加实质性相似"原则在著作权侵权判定中的运用——以"琼瑶诉于正案"为主样本[J].吉首大学学报（社会科学版），2017（S2）：41-47.

其作品中被"抄袭""剽窃"的内容进行是否受保护分析，将不具独创性、不受著作权法保护的内容剔除后再与被告作品中对应内容对比分析，本案中原告主张的部分相似情节就被认定为公知素材，排除在保护范围之外。在进行对比分析时，一审法院从每一个受保护的独创性要素分析出发最后上升到作品整体比较，综合得出两作品高度近似的结论。此外，法院还明确提出影响判断的一些其他因素：如特殊细节是否相似，观众有无感到两剧相似等，后者在"张晓燕案"中也得到了运用。二审法院在一审思路的基础上，更加明确地表明确定受保护的范围是不断抽象过滤的过程。判决书具体展示了如何层层抽象过滤出受保护的表达与不受保护的思想，进而进行是否构成实质性相似认定的过程。对于其他作品要素，如人物关系、整体情节串联等，二审法院也都提出了较为具体的实质性相似判定方法。值得关注的是，与"张晓燕案"相同，两判决都关注了相似内容的数量与占比问题，但"张晓燕案"中法官认为该案相似部分在被告剧作中占比较低且处于次要地位，并不能辅助认定实质性相似，这里的"次要地位"其实就是对相似内容性质的一种描述。"琼瑶诉于正案"的二审认为，虽然单从数量上看，构成相似的部分在被告于正的作品《宫锁连城》中所占比例不高，但是却囊括了《梅花烙》的主体部分，在《梅花烙》中占比很高，这也是导致观众能感知到两部作品存在雷同观感的原因，由此认定两部作品在整体上亦构成实质性相似。综合各角度分析，二审判决维持了实质性侵权的认定。

（二）"琼瑶诉于正案"与指导性案例 81 号对作品实质相似侵权认定的比较分析

正如上文对两案的概述，两案在案情上存在的诸多相似之处及判决结果的不同使得其具备对比分析的意义与条件，影响最终判决结果的争议焦点在于是否存在侵犯著作权的行为，在原被告双方对于"接触"事实无异议的情况下，这需要法官着重对两部作品是否构成实质性相似及这种实质性相似是否侵权进行分析判断。

1. 作品受保护范围的划定方式

仅从理论来看，划定作品中受保护范围——具备独创性的表达并无困难：思想与表达的二分原理首先将思想排除在外，再根据独创性挑选出相应的表达。但就实际操作而言困难重重：首先，思想与表达并非泾渭分明，表达总是为一定思想服务，二者存在混杂的"模糊地带"，即使采用已经获得广泛认可的"抽象检验法"，通过做摘要的方式层层抽象，抽象到何种程度时才跨过了表达与思想的界线也没有一个明确的答案；其次，对于独创性的考察并非仅发生于作品内部，一方面，需要结合学说理论、法律的相关规定及社会实际情况，通过利益衡量等方法将不具独创性或虽具独创性但其垄断将损害公共利益的部分排除，正如指导性案例81号裁判要点所列举的不予保护的创意等六种要素；另一方面，独创性程度要求与作品类型密切相关，需要根据作品实际情况进行判断。

两个案例在讨论这个问题时，都选择了排除的方法，针对抽象出的不同要素分别定性，将"思想""公知素材"等不受保护的内容排除，逐步圈定进行实质性相似对比的范围。两案涉及的都是叙事性文学作品，是文字作品中最为复杂的一类，从宏观上来说，有主题、构思、题材、背景等较为抽象的内容；从叙事上来说，有事件、情节、场景、人物等基础创作元素，各元素间相互组合，又包含诸多细节共同构成作品。从作品包含大量细节的字句、段落到最终的唯一主题思想，呈现一个自下而上的金字塔结构。

所谓"抽象""过滤"，就是自下而上从对细节的概括出发，不断向上概括段落、章节、模块，直至顶层的中心思想，并在此过程中对于所概括内容性质进行判断的过程。在这样动态的过程中找到"思想与表达"的界限。虽然没有统一的标准，需要在个案中具体判断，但可以明确的是：二者的界限绝不在"金字塔"最底端，并非只有具体到每一句话才属于受保护的表达；也绝不在"金字塔"的最顶端，不能将"思想"限缩为整部作品的主题思想这样狭窄的范围。由此，是可以对思想领域及公有领域的要素进行统一分析定性的。

（1）针对思想领域要素的分析

位于金字塔顶层的中心思想作为作者创作本意的浓缩，是绝对不受法律保护的思想，运用同样的思想、主题创作出各类不同的作品是创作领域非常常见的现象。

比中心思想具体一些的是作品的构思，指作者的一种创造性思维活动，其结果是得到一个针对作品总体的高度概括性的描述，以及对所将运用的各种材料、方法及创作效果的初步计划。构思不涉及具体的人物、情节设计，更不涉及任何细节表达，与其说构思是作品的构成要素，不如说它是一种思维活动，需要依靠更加具体的表达体现。这种高度概括性决定了构思不受保护。

同样，具有高度概括性的故事主线与叙事模式也属于思想，这也是由抽象程度所决定的。以王放放诉胡建新案为例，法院认为该故事主线是男女主人公情感发展变化，未脱离一般文字作品的普遍叙事模式，属于思想范畴，不受著作权法的保护。[1]事实上，利用抽象方法将叙事类作品的主线抽象到"金字塔"的上层，往往会得出"主人公+目的+行动+结局""一段关系的发端+发展+矛盾+结局"等类似的描述，比如《梁山伯与祝英台》《罗密欧与朱丽叶》都可以概括为一对彼此相爱的青年男女因为家族阻力最后殉情的故事，只有包含"女扮男装求学""十八相送""化蝶"等具体内容的描述才是体现《梁祝》独创性的表达。19世纪的戏剧家乔治·普罗蒂（George Proti）曾从各类戏剧和小说中归纳总结出36种经典主题叙事模式，包括主要人物、必要人物以及他们的主要行动，这样的戏剧理论的出现也反证了具有高度概括性的故事主线与叙事模式属于"思想"范畴。"琼瑶诉于正案"同样如此，如果将两部涉案作品的主线抽象出来会得到相似的结果：被"偷龙转凤"互换身份的男女长大后相遇、相爱的故事，这不能成为判定两部作品实质相似的依据。

（2）针对公有领域要素的分析

之所以做"思想领域"与"公有领域"的区分，是因为其不受保护的原因存在差别。上文所述的几点都是由于其高度抽象性而被认定为"思想"，但特定情境等要素则不同，正如合并理论与情景理论所言，对于一些要素或表达，即使具有独创性，但在其是唯一的或有限的，是其他人创作中不可避免必须使用的情况下，为了公共利益法律也并不对其进行保护。这类公有领域要素主要包括有限表达、必要场景、题材来源、写作技巧等。详细分析如下。

---

[1] 参见北京市高级人民法院（2011）高民终字第31号民事判决书。

合并理论与情景理论已经基本解释了有限表达与必要场景不受法律保护的原理,虽然目前缺乏相关法律规定,但在我国司法实践中已经得到了运用,如在指导性案例81号的裁判要点中,明确指出"对必要场景,以及具有唯一性或有限性的表达形式,则不予保护"。[1]这通过指导性案例明确了此项法律规则,为此后著作权纠纷案件使用该方法提供了正当性依据。

题材是作品的来源,既可以是作者的亲身经历、认知感悟,也可以是现实新闻、历史人物,任何人、事、物都有可能成为创作题材,针对同一题材的创作屡见不鲜。尤其是涉及为人熟知的历史、名人经历等事实的创作,必然会用到相同或相似的内容,有着相同或相似的主线脉络与整体走向。以一度流行的"清穿剧""清穿小说"为例,影视剧《宫锁心玉》与《步步惊心》都是取材自康熙年间"九子夺嫡"的史实,都包含有"太子被废""四阿哥登基"等情节,但不能以此认定两剧存在抄袭、借鉴关系,因为两者取用的历史题材早已进入公共领域。侵权本质的存在不是采用了通常题材,而是对作品的处理、细节、场景、事件和性格的描述所体现的特别表达是相同的。如果将题材及其附属的主线脉络也纳入保护范围,势必造成垄断,不利于促进创作目的的实现。在指导性案例81号中,两涉案作品题材相同,都涉及"骑兵连的辉煌历史""连长想尽办法保留骑兵连""骑兵连被撤销"等主线内容,裁判认为这种源于同一历史背景的题材主线、整体线索脉络属于社会共同财富,任何创作者都可以对此加以利用而不构成侵权。还需注意的是,在考察题材这一要素时,应当关注不同类型作品的不同独创性程度要求。以小说为代表的虚构类作品创作空间较大,相同题材也很容易创作出不同的作品,应对其独创性程度有更高的要求。相较而言,反映真实事件、人物的作品创作空间较小,创作者难免会使用一些相同或相似的表达去描述相同的人物、事件,独创性程度较低,在对这样的作品进行实质性相似判断时应考虑这一点。

叙述方法、表达方式等创作技巧同样不能受到保护。这些技巧是在创作长期发展中所形成的并为大众所熟知、常用的,如开篇用回忆倒叙引入,在人物经历痛苦时设计雨雪天气烘托氛围等,并不独属于某位创作者。好

---

[1] 最高人民法院指导性案例81号。

莱坞编剧甚至构建了"流水线"式的电影剧本节奏：在影片前10分钟设定主角目标以最快速度抓住观众眼球，用一场争执以此催化主角开展下一步行动等。这些技巧仅仅是作者在建构作品时的方法，而非具备独创性的表达，自然需要被排除在保护范围之外。

总体而言，在利用抽象提取、利益衡量等方法将主题思想、作品构思、故事主线、特定场景、唯一表达、基础题材、创作技巧这些要素过滤掉之后，可以初步圈定受保护的范围，其中人物、情节这两个要素往往是著作权纠纷中争议焦点所在，应给予重点关注。

2. 对受保护作品要素进行实质性相似判断的方式

（1）人物设置与人物关系的实质性相似判断

另一个存在争议的问题是是否给予人物以法律保护。赞成给予保护的观点认为，人物角色有独立的艺术存在和经济存在，其可能独立于任何特定作品而活在公众的想象之中，也可以被商品化而盈利。[1] 反对者认为在文艺作品中相似性格特征、相似经历的人物设定是常见现象，倘若给予保护容易造成垄断，同时，抽象的虚拟人物也很难清晰把握和界定。实际上，是否受到保护与人物设置的丰富、独特程度紧密关联。对于这一问题的考察应当从两个方面进行。一方面，考察作品对于人物外貌、性格、经历等特征的描写是否充分、深刻。如果对人物角色的描写只是通常性描述，没有区别于其他角色的可识别特征，那么自然不具有独创性，但如果人物的特征具有足够的识别性，甚至使得读者能够产生足够具体的艺术联想，那么可以认为这样的人物本身已成为一件独立作品。J. K. 罗琳（J.K. Rowling）对于哈利·波特绿眸、伤疤等外貌的细节设定就是典型例子。另一方面，要把人物放到整个作品环境中考察。人物在作品中并非单独存在，而是与其他要素结合，通过情节设计共同构成完整的作品，因此，要注重人物与作品其他内容要素共同构成的表达，例如人物出现在哪些情节当中，起到了什么样的作用等。正如"琼瑶诉于正案"判决所关注的人物与情节的相互结合所形成的表达。此外，在很多作品中存在"功能型"角色，设置目的是推动某一情节发展或衬托其他角色，这类人物往往缺乏充分的描

---

[1] 卢海君. 论角色的版权保护——以美国的角色保护为研究视角[J]. 知识产权，2008（06）：43-50.

写及可识别特征，可以直接排除在保护范围之外。人物关系是由人物延伸出的作品要素。概括性的人物关系，如恋人关系、朋友关系、敌对关系等都是极具现实基础的关系，属于在进行创作时不可避免的要素。这一点在指导性案例 81 号中有直接体现，判决将两部作品中相似的角色关系认定为该题材无法回避的场景，[①] 实际上就是运用情景理论解释概括性的人物关系的性质。

除了概括与具体的标准，在人物设置与人物关系中，还应当考察人物功能，即人物对情节所起到的作用，将人物放入情节中考察。"琼瑶诉于正案"所涉两部作品中都设置了深爱男主、骄傲任性的公主这一角色，当然任何作品中均可以出现这样的人物设置，但在两部作品中，公主都与男主构成夫妻关系、与女主构成情敌关系，都在发现男女主恋情后开始折磨女主，都有认定或诬陷女主为"妖怪"的行为，这些行为都起到了深化男女主感情、引出后续情节的重要作用，具体到这一层面，公主这一人物已经并非公共素材，两部作品在这一人物上也足以认定为构成实质性相似。换言之，在考虑人物是公有领域素材还是能够得到法律保护时，要重点考察人物设定及人物与具体情节的组合，只有在其表现出区别于其他作品的个性化的时候，才能成为受保护的部分。如果在这一层面上构成了相同或相似，那么可以认定为实质性相似。

（2）独立情节的实质性相似判断

情节即遵循一定逻辑的事件安排，具体情节和抽象情节是根据情节的性质进行的一种分类。抽象情节通常不包含具体内容，只是一种概括性描述，与上文所论证的叙事模式类似，不受著作权法的保护。只有包含起因、经过、结果等叙事构成、包含足够具体的细节等要素的具体情节能够得到法律保护。倘若足够具体的、特殊细节出现在两部作品中，那么无疑是判定构成实质性相似的有力依据。在没有细节相似，却包含了相同、相似的要素的情况下，需要根据这些要素在情节中的功能、位置进行判断。当下最为常见的侵权行为就是在具体情节的表达手段上采取适当的变化手段，例如在保留原作品核心情节的基础上变换具体的对白或者偷换具有同样功能的设

---

① 参见最高人民法院指导性案例 81 号。

计。在"琼瑶诉于正案"中,《宫锁连城》将女主肩头的梅花烙替换为朱砂记,虽然表面形式发生了变化,但此处该印记在整体作品中所起到的在特定时刻表明女主真实身份、推动情节发展的核心功能没有变,足以得出此处构成实质性相似的结论。再如,在两部作品中"偷龙转凤"这一情节除调换男女主身份的作用相同之外,还是整个故事的起因,在指导性案例81号中,虽然法院认定两涉案作品存在相同、相似情节,但由于其"少且微不足道""在整个故事情节中处于次要位置",也由此并未被判定实质性相似。因此,既要注重情节所包含要素设计的戏剧功能,也需要注重独立情节在作品整体中的地位与作用。

（3）整体串联情节的实质性相似判断

当然,情节并非孤立存在的,一个完整的作品是由数个情节按照一定的逻辑顺序紧密结合形成的,不同的内部结构、顺序安排、情节搭配亦能体现作者的独创性。这种饱含独特、具体细节的结合体是一种独创表达,应当被著作权法保护。即使是不受保护的情节,通过作者个性化安排也能构成受保护的具备独创性的整体串联情节。因此,部分情节不构成实质性相似,并不代表作品整体不构成实质性相似。[1] 在做实质性相似认定时仅仅比较单独的情节是不够的,还需要考虑情节的串联整体。这也是影响两样本案例审判结论的因素,指导性案例81号的两部涉案作品虽然有6处相同、相似的故事情节,但整体而言具体情节展开是不同的；而"琼瑶诉于正案"中,通过梳理两部作品的具体情节安排的顺序及内在逻辑发展、变化,虽然存在着部分情节顺序不同的情况,尤其是于正作品后半部分原创了更多的情节,但是这种不同不影响两部作品在整体上的相似,这一点也是最终法院作出实质性相似认定的关键之一。

3.影响实质相似侵权判定的其他因素

（1）构成实质性相似部分的"质""置"对实质相似侵权判定的影响

构成实质相似并不直接等同于对侵权的当然认定。构成实质相似是否需要满足一定"量"的条件在学界也是争议较大的问题。指导性案例81号得出两涉案作品不构成实质相似的原因之一就是相同、相似部分在被告作品中

---

[1] 参见北京市高级人民法院（2015）高民（知）终字第1039号民事判决书。

的数量很少、占比极低,但在"琼瑶诉于正案"中,被告于正方提出:认定构成实质性相似的 9 个桥段仅占于正作品《宫锁连城》的 1%,以占比极低作为抗辩理由,却没有得到法院的支持。究其原因,是对实质相似内容"质"与"量"的考量。

"质"指原告所主张的被侵权内容在其作品整体中的地位,如果是原告作品中不可或缺的核心内容或对原告作品的形成有重要价值的内容,则这些内容的相同或相似必然会侵害原作品的合法权益。"量"并非相同或相似部分占被控侵权作品的分量,而是指其占原作品的分量。因为被告通过展示两部作品中的不同来作为抗辩理由是不合理的,相同、相似部分的存在才是应当被关注的。在实践中也曾出现侵权者通过大幅度修改或增加大量原创内容的方式缩小相似内容在其作品中的占比,此外,先后两部作品也可能存在着体量上的不同,因此,仅仅以相似内容在被控侵权作品中占比低这一理由否定实质性相似的存在是不可取的,这也是为什么于正方的抗辩没有被采纳的原因:一方面,两部作品构成实质相似的部分内容,正是原作《梅花烙》的核心设定,是其最有价值的部分;另一方面,虽然实质相似部分在《宫锁连城》中占比极低,但在《梅花烙》中却颇具分量,在后者篇幅中占据较大比重。因此综合来看,两部作品相同、相似部分在"质"与"量"两方面都达到了一定程度足以得出实质性相似的结论。

总而言之,相同、相似部分的"质"和"量"对判定有着重要的影响,尤其应当关注其在原作品中的"质"和"量"。两者间存在一种可以描述为"此消彼长"的关系:相同、相似部分的"质"越低,认定实质性相似就越要考虑"量"的多寡,而当"质"越高,越靠近整部作品的核心时,即使是数量小、占比低的情况,也越有可能被认定为实质性相似。

(2)"受众体验"作为辅助判断方法的使用两案都不约而同地采取了从作品整体出发的"受众体验"作为辅助判断方法,尤其是对于情节整体串联这种涉及作品整体的要素的判断。指导性案例 81 号判决中作出过"不会导致相同或相似欣赏体验"的判断,"琼瑶诉于正案"中也将观众的体验与判断作为认定理由之一,这些都是"整体观感法"的直接体现,对实质相似侵权司法具有重要参考意义。

值得注意的是,一项网络调查结果作为判决依据出现在"琼瑶诉于正案"

一审判决中，直接展示了参与投票的观众观赏两部作品的感受。但这种调查方式能否直接作为判决的依据值得商榷：一方面，原告将其作为证据提交，在事实上的确可能对法官的心证产生影响；另一方面，网络调查的准确性受多种因素的影响，如调查样本选择是否科学合理、是否受舆论影响等，尤其是在互联网平台，受大数据推送等技术因素及舆论因素的影响，简单的一个问题并不能准确反映"普通观众"的体验，因此对于这种证据的采纳尚需谨慎，仅能起到参考作用。

（3）利益衡量与对社会效果的考量作为著作权保护的基本立场，利益衡量在司法实践中同样具有重要的作用，贯穿审理全过程。它不仅关系到著作权保护范围的划定、实质性相似的判定，同样对于侵权认定后的责任承担也产生重要影响。在著作权侵权纠纷中，法官需要格外关注个体利益与公共利益的关系。除此之外，还需要考量创作者群体利益及著作权制度利益。必须明确的是，个体利益与公共利益之间是对立统一的关系，倘若过度扩张个体所享有的著作权范围势必会造成一种创作垄断，不利于创作繁荣，继而伤害社会公共利益，这是两者间对立的体现；反之，保护公共利益也不意味着一味打压个体所享有的著作权，因为只有给予创作者应有权益的保护，才能充分激发创作动能维护好公共利益。因此，与其说是比较著作权语境下各方利益孰轻孰重，不如说是实现一种平衡，使其都得到恰当的法律保障。对公共利益的考量离不开对判决所产生的社会效果的预测，社会效果能够直接反映社会公共利益。

利益衡量的立场及对社会效果的考量在两样本案例中均有隐性或显性的体现。两案在划定著作权法保护范围时，将特定场景、有限表达等公共领域要素排除在范围之外，本质上是基于利益衡量的结果，这样的排除不会对权利人所享有的合法权益造成损害，也为后续其他创作者的使用保留了使用空间，实现了个体利益与公共利益的平衡。"琼瑶诉于正案"对利益衡量的运用还体现在判决侵权作品停止发行播放的论证中，法院裁判停止发行播放的原因之一就在于通过这种较为严厉的方式进一步加强对著作权的维护，从更加长远的视角来看，也保护了公共利益，同时在论述中也提到了基于"社会影响"的考虑，虽然并未在判决书中作出更为详尽的解释，但是这隐性反映了实现法律效果与社会效果统一的裁判理念。

(三) 著作权法中作品实质相似侵权的一般司法判定方式

在对两样本案例的分析中不难发现,面对实质性相似侵权我国司法实践并没有僵硬选择唯一一种判定方法进行,而是灵活地吸取各种方法的优势综合使用,如对于不同的作品要素分别进行分析就借鉴了"内外检验法"中的"分割分析",采取"抽象检验法"划分保护范围,同时将"整体观感法"也作为辅助,这些都是认定实质性相似的方式。这样的灵活使用更能够适应复杂多变的实际案情,也更有利于作出合法合理的司法裁判。但从另一角度来说,在缺乏明确法律规定的情况下,这种判定方式的不统一与选择的随意性难免降低裁判质量,甚至损害司法统一,因此有必要对作品实质相似侵权的一般司法判定方式进行研究,为法官裁判此类案件提供具体可行的方法。结合相关理论及对案例的分析归纳,应当从以下四个方面着手。

1. 遵守判定实质性相似侵权的基本步骤

结合目前司法实践中出现的判定方法,在对两样本案例进行对比研究之后,归纳总结关于实质性相似侵权的认定过程与方法如下。

就认定过程来说,首先对著作权是否存在进行审查,其次对存在实质性相似这一问题进行审查,最后对"接触"是否存在进行审查,再结合利益衡量等影响侵权认定的角度综合考量,如此就完成了对先后两部作品是否构成著作权侵权的判断。在此过程中的举证责任如证明著作权存在等由原告承担,被告可提出相应抗辩。其中,对实质性相似的判定是整个过程的重点与难点,法官进行实质审查的方法如下。

第一步,要素抽象。结合"抽象检验法",对作品要素进行自下而上的抽象,所谓自下而上是指从构成作品的最基本文字表达出发,从字句到段落到篇章最后到作品的整体思想感情,层层概括,不断抽象,同时提炼出情节、线索、人物等关键要素,主要目的是对下一步过滤掉不受保护等内容做准备。

第二步,要素过滤。将主题思想、作品构思、故事主线与叙事模式等思想要素排除在保护范围之外,再将表达中属于公有领域的必要场景、唯一表达、题材素材、写作技巧等要素排除。在剩余的关键要素中,构成较为复杂的作品情节是最值得关注的一项,在过滤之前需要把握作品的具体情节有哪些,已经进入公共领域的情节可以过滤掉,其余的其他要素判断是否体现出作者的独创设计，符合条件的情节即处于著作权法保护的范畴之中，进行对比。作品情节的过滤还需要注意两类特殊情况：第一，即使是独立看来已经进入公共领域的情节，倘若作者添加了足够的细节内容，且这种细节表达能够昭示出作者设计的独到之处，则不应当将其过滤掉；第二，每一个具体情节连在一起共同构成整个作品的叙事逻辑，这种情节的整体串联、排布同样有可能是独创性的体现，同样需要纳入第三步的对比环节中。

第三步，对比分析。经过第二步的过滤，已经得到了需要进行对比分析的内容，即受到著作权法保护的、具备独创性的人物设置、人物关系、情节及情节整体串联。对比的顺序由个体要素到整体串联。在此时需要格外关注作者刻意设计的细节内容是否相同，如具有同样性格、功能的人物又有同样的标志性动作习惯，这就足以认定为构成实质性相似。在对比情节的整体串联时，应当以叙事顺序为线，将人物关系、互动等元素纳入其中，通过情节排布及推演过程进行整体对比。经过该步骤能够充分发现前后两部作品中构成实质性相似的内容。

第四步，"质""量"考量。对于认定实质性相似部分的"质"与"量"进行考察，从"质"的角度来说，应考量相似的部分在整部作品中的地位，如果是作品不可或缺的核心部分或是对作品产生重要影响的关键部分，无论相似的数量多少，都应当认定实质性相似，在同时满足"接触"条件下应当做侵权认定。倘若构成相似的部分在作品中处于次要地位，即去掉后不会伤害作品的主要内容的完整，那么只有在相似部分的数量达到足以使得普通观察者作出两部作品之间具有相似欣赏体验的程度，才可认定为实质性相似，即以"受众体验"作为辅助判断方法。

2.妥善应对作为抗辩理由的合理使用

合理使用作为一种有力的抗辩事由，应当予以重点关注。从促进创作、丰富作品数量的目的来看，当一些实质性相似的情况没有损害原作品的应有权益或对原作品造成的不利影响小于作品相似带来的外部利益（通常是公共利益）时，该行为应被认定为合理使用而非侵犯著作权。换言之，即使两部作品部分或整体地构成实质性相似，但倘若被告能够证明这种实质性相似的出现是基于合理使用，则不应当裁判其侵权。

著作权制度作为一种激励机制，著作权法的立法目标就是通过权利配置来实现著作权客体的最大效用，权利的配置主要出现在原作者私人与社会之间。然而，这两者在本质上存在着对抗关系：如若赋予权利人绝对的专有权，会形成对特定内容的垄断，降低他人创作的能力；如若剥夺，又会直接伤害创作者。合理使用制度的出现正是在私权与公共利益之间进行利益衡量的结果。一方面，对著作权进行限制，避免了绝对垄断的发生；另一方面，通过严格的规定对合理使用的情形进行限制，使其不至于影响权利人固有著作权及其相关权益的实现或避免损害权利却未能取得维护公共利益效果情况的产生。

包括我国在内的很多国家都采取了明确列举加限制条款的立法方式，但列举并不能完全囊括合理使用的全部情形，尤其是在当下互联网时代，新技术带来了更多新形式、新情况，合理使用的判断标准就显得尤为重要。《伯尔尼公约》中规定了三个条件：①情况特殊；②不对作品的使用产生不利影响；③不会不合理地侵害作者的合法利益。美国也有学者提出了主张合理使用的三个前提：①被告无法通过其他渠道获得创作所需的要素；②符合公共利益；③权利人不会因此蒙受损失。我国《著作权法》同样规定了两个前提：①不影响作品的正常使用；②不得不合理地伤害权利人的合法权益。再结合我国法律中所列举的合理使用情况，通过归纳分析，不难发现，这些合理使用的情形具备以下几点共性：①使用目的具有合理性，要么是基于公共利益的行为如教学科研、执行公务等，要么是创作时不可避免地需要引用如介绍、评论、报道等；②这些情形均不以盈利为目的；③所使用的内容必须源自已经公开发表的作品。因此，综合来看，利用行为的目的与性质、原作者的合法利益、对原作品的影响都应被视为合理使用的考量标准。

在具体的司法实践当中，当被告人提出合理使用抗辩时，倘若是当前法律未明确列举的情形，法官应结合其提供的证据，从以下几个方面进行审慎判断：第一，考察被告这种造成实质性相似的使用目的为何，是否具有合理性，出于公共利益需要或是创作中不可避免地使用情形可以被认定为"合理"；第二，考察该使用行为是否损害了著作权人的合法权益，如具有商业盈利性质的使用往往不能被认定为合理使用，如果被告从这样的使用行为中获取经济利益，则无疑是对原权利人合法权益的一种侵害；第三，是否影响原作品的正常使用，举例来说，对于面向不特定大众的作品，如果构成实质性相似的使用内容是原作品中的主要内容或者在原作品中占据了较大比例，足以使普通受众感受到两部作品的相似，即使是出于合理的目的也不应当认定为合理使用，因为这样的相似已经影响到了原作品的正常使用，甚至可能与原作品在同一著作权市场上产生竞争关系。总而言之，在面对合理使用抗辩时，法官应当秉持审慎的态度对其进行全面的分析，既要维护权利人的合法权益，也要给公共利益留出空间，尤其是针对是否影响原作品正常使用这一标准，要格外注重对社会效果的调查与预测。

3.引入社会学解释预测相应的社会效果

即使满足了"实质性相似加接触"的标准，法官在作出最终裁判时仍需要参考其他因素方能作出侵权判决。出于知识产权极强的公共政策性，判决产生的影响绝不止于双方当事人，而是对一些要素的使用、一类作品的创作甚至整个行业产生重要影响。以"张晓燕案"为例，该判决其实隐藏了对于一种创作行为的法律定性——任何人都可以以20世纪80年代骑兵部队整编的这一历史事件为主线进行创作，且不侵犯任何人的著作权。进一步来说，这在实际上肯定了类似的历史题材均属于公有领域，在具体表达要素不构成相似的情况下，将其作为创作主线是被法律所认可的。这一定性借助指导性案例的扩散效应对整个创作环境产生了重要影响，以一种隐性的方式展现了社会效果。正是基于此，在作出实质性相似侵权时，应当注重对于社会效果的预测，从法律适用方法的角度来说，社会学解释正是重要途径。

社会学解释，指将社会学方法运用于法律解释，着重于社会效果预测和目的衡量，在法律条文的可能文义范围内阐释法律规范、意义、内容的一种法律解释方法。[①] 其在著作权侵权的司法裁判中发挥作用的原因有以下两个方面：一方面，社会学解释方法所蕴含的对于社会效果的预测，符合著作权法的公共政策性，对于实现个体与公共利益平衡有所帮助；另一方面，我国当前的著作权立法存在着较为严重的疏漏，不仅具体司法判定方

---

① 孙光宁.法律解释方法在指导性案例中的运用及其完善[J].中国法学，2018（01）：96-117.

法有所缺失,对案件裁判具有重要意义的原则、理论也未能以明确的法律条文形式展现出来。这种法律规范与案件事实难以准确对接或者涵摄的灰色地带,为裁判留下了较大的空间,需要法律适用方法的辅助。尤其是在规范有所缺乏的情况下,以具体法条为基础的文义解释等法律方法力量有限,社会学解释方法作为一种独立的裁判方法能够为判决结果提供正当性论证。

具体到实质性相似侵权认定的司法实践中,在完成对比判断得到两部作品构成实质性相似后,需要法官利用社会学解释方法,结合其自身的经验及相应的调查研究,对裁判的社会效果进行预测,如果作出侵权判定的结果对相关行业、市场的原创性和长久发展能够产生积极的影响,就应当判定为构成实质相似侵权。

4.对各方利益进行全面衡量

在进行实质性相似侵权判定的过程中,利益作为权利的实质要素,法官在全过程中都需要站在利益平衡的基本立场,只有如此方能实现法律效果与社会效果的统一。在一个具体的待决疑难案件中,应当解析当事人具体利益、群体利益、制度利益和社会公共利益等四个不同层次的利益构成。[①]在著作权语境下,当事人的具体利益指的是两方基于作品所享有的著作财产、人身权利,群体利益是指通过创作而享有著作权的创作者所享有的利益,从制度创立的本质属性来讲著作权制度利益核心可以概括为激励创新,社会公共利益是在实现群体利益与制度利益的基础上,不特定的社会人群的使用利益及对整个社会发展所产生的积极影响。例如,在划分法律保护范围时,如果法官要将某一要素排除在保护范围之外,需考虑这种做法对各方利益造成的损失与促进之间孰轻孰重。必须强调的是,各方利益并非一种"零和博弈"关系,不管是强调对作品的完全保护还是削减保护范围,都有可能会给除当事人利益外的其他利益带来积极或消极的影响,对公共利益的保护也不意味着必须要削弱当事人的利益。法官在进行利益衡量时应将重点落在"衡量"上,力争判决能够在使得各方利益达到平衡状态,如此才能获得最为合理的结论。

---

① 参见梁上上.制度利益衡量的逻辑[J].中国法学,2012(04):73-87.

以上四个方面可以对是否构成实质性相似侵权进行全面的分析与评价，必须强调的是"实质性相似"与"实质性相似侵权"是两个不同的层次，两部作品构成实质性相似并不当然意味着侵权的存在，包括审查"接触"在内这是一个需要发挥法官能动性的综合分析的过程。当然，对实质性相似侵权的判定并非此类案件的终点，确认侵权存在后，法官还需要进行寻找法律依据及责任承担方式等工作，正如"琼瑶诉于正案"中，得出存在实质性相似侵权的结论后，法官继续根据《著作权法》对著作权的详细分类，进一步认定原告所享有的改编权与摄制权被侵犯，并作出责令侵权方承担一定数额的赔偿及停止侵权等责任。此外，在立法尚未完善的情况下，以上四个方面也为法官面对此类疑难案件充分进行说理论证提供了重要参考，如此方能提高裁判结果的妥当性与可接受性。

二、著作权中默示许可案例实证分析

著作权法的发展历程是一部利益平衡史，随着科学技术的发展，一方面著作权人的权利不断扩张；另一方面公众获取信息的途径也越来越多。为了实现著作权人、使用人、社会公众之间的利益平衡，默示许可在没有著作权人明确授权的情况下，将一部分权利授予社会公众、使用人使用，这种方式尽管会增加权利人的注意义务，加重权利人的负担，但既预防了网络环境中权利人遭遇的不可预知的侵权风险，也维护了社会公共利益，同时净化了网络使用行为。

由于我国著作权立法中对于默示许可鲜有规定，仅在《信息网络传播权保护条例》第九条[1]对农村地区使用作出明确规定。但除了以上情形，现

---

[1] 自2006年7月1日起施行的《信息网络传播权保护条例》第九条规定："为扶助贫困，通过信息网络向农村地区的公众免费提供中国公民、法人或者其他组织已经发表的种植养殖、防病治病、防灾减灾等与扶助贫困有关的作品和适应基本文化需求的作品，网络服务提供者应当在提供前公告拟提供的作品及其作者、拟支付报酬的标准。自公告之日起30日内，著作权人不同意提供的，网络服务提供者不得提供其作品；自公告之日起满30日，著作权人没有异议的，网络服务提供者可以提供其作品，并按照公告的标准向著作权人支付报酬。网络服务提供者提供著作权人的作品后，著作权人不同意提供的，网络服务提供者应当立即删除著作权人的作品，并按照公告的标准向著作权人支付提供作品期间的报酬。"

实生活中已出现不少其他形式适用默示许可的做法。静态的制度只有在与外面的世界进行"交往",才具有制度生命和真实性。[①]而司法实践中,由于对默示许可认识不足,对默示许可的性质存在诸多争议,在一定程度上阻碍了默示许可的适用,导致司法实践中适用的案例屈指可数。另外,默示许可的适用条件无法统一,使得默示许可的适用举步维艰,停滞不前。与此同时,默示许可作为侵权抗辩理由仍须证明是否存在再许可的问题进一步限制了默示许可的适用。

由于网络技术的发展,使作品的传播不再只是"一对一"对应的模式,更多的是"一对多"或"多对多"的方式,这使得作品的使用者成几何倍数增加。由于网络的虚拟性和侵权的隐蔽性,确定侵权人如同大海捞针。权利人与侵权人同时处于这种"汪洋"之中,几乎不可能就某一行为达成合意。正因如此,有学者认为,默示许可原则不应当局限于特定领域的适用,而将其功能扩大至作为利益平衡的工具,成为一个开放性的概念,以应对现在著作权法领域复杂的利益冲突。

因此,本书选择网络环境中可适用"选择—退出"机制的 Field V. Google 案和 Google 图书馆案作为典型案例分析,希望能为司法实践提供参考。

(一)案例介绍

案例 1 Field V.Google 案

本案中,原告 Field 是美国内华达州一名作家兼律师,其创建了一个个人网站,并在网站上发布了 51 部作品。2004 年,Field 发现 Google 公司未经其许可将其享有版权并刊载于其个人网站的 51 部作品存储于 Google 公司的数据库中,供网络用户在线阅读。Field 认为 Google 公司这一行为侵犯其版权,并向内华达州法院提出版权诉讼。

美国联邦区域法官判决认为:(1)Google 的行为不构成直接侵权;(2)Google 享有一项默示许可,即搜索引擎可以显示或链接含 Field 版权作品的网页"快照";(3)基于"禁止反言"理由,作者不能针对搜索引擎主张版权侵权;(4)根据合理使用原则,Google 公司搜索引擎可以免费自由的作品;(5)搜索引擎适用《千禧年数字版权法》(DMCA)规定的安全港

---

① 弗里德曼. 法律制度 [M]. 李琼英,林欣译. 北京:中国政法大学出版社,1994.

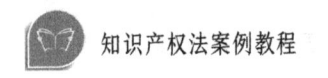

湾条款。

案例 2 Google 图书馆案

2004年，Google推出一项宏大的"数字图书馆计划"，Google拟与多所著名大学图书馆合作，将纸质图书转化成电子版本存储于Google数据库中，供全球网络读者免费检索相关书目信息。但这一计划一经公布就引起了社会各界的强烈反对。Google拟援用"选择—退出"机制，但此举未得到法院的认可。

法院判决认为：一是数字图书馆具有公益性但Google公司是一家商业巨头公司；二是与搜索引擎服务不同，Google数字图书馆计划仅是一个项目并未形成惯例。因此，不可援用"选择—退出"机制，其不享有默示许可，可能构成版权侵权并有可能承担巨额的赔偿。

（二）案例引出的问题

案例1、案例2均涉及网络环境中搜索引擎领域对网页快照的抓取行为是否构成默示许可问题，但法院判决结果却不尽相同。针对案例1，在传统版权理论中，Google搜索引擎的缓存"快照"是一种版权意义上的"复制"，那么除了存在侵权例外或者合理使用的情况下，Google公司的行为将构成版权侵权。事实上，Google隐约认识到了这种潜在的危机，采取了"舍弃"机制，给予网站选择拒绝的方法。方法有三种。一是使用"robots协议"，网站可以创建一个名为"robots.txt"的文件，告知搜索引擎允许的搜索内容。该协议自1994年起已成为行业标准。二是使用元标记（meta-tags）法，在网站的每个页面上加入元标记告知搜索引擎可以使用网站页面的方式。权利人可以对自己的作品作出是否允许搜索引擎抓取以及以何种方式使用其内容的表示。与"robots协议"不同，元标记只针对单个页面，而前者适用于整个网站。三是权利人可以直接拒绝Google的请求，不被搜索引擎抓取。以上方法在搜索引擎行业已经形成行业惯例，对此Field也表示知晓，但其未对搜索引擎的行为作出任何表示或拒绝，法院认为Field知晓这一行业惯例，并采取措施维护自己的权利，防止权利进一步的损害，存有"钓鱼"意图并且认为权利人是自己权利的守护者，附有维护自己权利的义务，然而其行为不仅置自身权利处于受侵犯的危险之中，而且具有"钓鱼"侵权的意图，因此最后认定其行为授予Google一项默示许可。

案例2由于Field V.Google案中，Google大获全胜，所以Google试图在数字图书馆计划中援用"选择—退出"机制，最终未能如愿。尽管Google在后续的和解协议中，丰富并完善了"选择—退出"机制，更好地平衡了各方的利益,但仍未获得法院的认可。这一结果表明网络环境中默示许可"选择—退出"机制的适用应受到一定的限制。

（三）网络环境是否可适用"选择—退出"机制问题分析

由于网络技术的发展，网络环境中作品的利用形式不断更新并形成惯例，但因缺乏法律规定，网络使用者无法明确自己的行为是否构成某种侵权或存在侥幸心理，以致网络使用者的行为混乱，无法预测其行为后果。默示许可作为利益平衡的工具，具有一定的开放性，一定程度上能够应对不断发展进步的科学技术带来的著作权侵权问题，但是网络环境中如何适用默示许可或默示许可存在的条件有哪些一直是困扰默示许可适用的难题。也因网络环境复杂多样，对默示许可的适用提出了较高的挑战。若要对网络环境中默示许可适用进行分类，面面俱到实属不易。Field V.Google案提出的"选择—退出"机制，却很好地解决了这一难题，也为默示许可在网络环境中的适用提供了一种可能。

"选择—退出"机制一定程度上将注意义务转移给了权利人，由权利人根据自己的意志决定其作品是否进入网络环境中的特定领域，这一制度虽然增加了权利人的负担，却是网络环境中默示许可适用的最佳选择。但网络环境中是否可适用"选择—退出"机制仍值得进一步研究。

（四）对两案法院判决的评析

1.法院判决评析

两案法院在审理案例时都充分考虑到权利人、使用人与社会公众之间的利益平衡。案例1中法院首先根据著作权法基本理论判断Google的行为是否构成直接侵权。由于搜索引擎抓取"网页快照"的行为属于典型的复制行为，除侵权例外或合理使用的情况下，其行为构成直接侵权。在此基础上，法院进一步判断是否存在侵权例外或合理使用。由于搜索引擎具有公益性，并且抓取"网页快照"行为已经形成行业惯例，并且Field对此也知晓，因此法院提出了一个新的制度形态"选择—退出"机制，认定本案默示许可成立。尽管"选择—退出"机制使默示许可的适用向前迈进了一

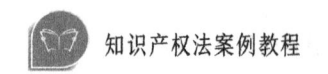

大步，但是其适用仍然是有限制的。Google 案即是对"选择—退出"机制的适用应受到限制的最好证明。

2. 网络环境中"选择—退出"机制的限制

"选择—退出"机制指在该制度的初始状态下，推定著作权人已经进入作品的利用与传播的流通市场，当著作权人自主否定后才退出这一流通市场，著作权人的退出是自主选择后才产生的结果，这是著作权默示许可行为的效力停止。而著作权法上的普通许可，其运作机制可称为"选择—进入"机制。依据著作权法的规定，权利人在初始状态下，并不主动介入作品的利用与传播的流通市场，直到其自主同意后才加入市场流通过程中，其加入是自主选择后的结果，这时著作权许可行为开始产生。可以看出，与普通许可不同，默示许可将预防侵权行为的负担全部转移给权利人，从而增加了权利人的负担。[1] 由于著作权法的根本宗旨在于保护作者权利，鼓励创作与传播，所以这种负担不可能是无限制的增加，应受到一定程度的限制和约束。

由于网络环境侵权行为的复杂多变，默示许可"选择—退出"机制仍处于不断完善和发展的阶段，考虑到权利人、使用人及社会公众之间的利益，该制度在适用过程中仍应受到一定程度的限制，同时只有对作品善意且合理地使用才能适用默示许可[2]。

三、文学艺术演绎衍生作品著作权保护案例评析

著作权的建立与保护，一直是具备数百年来长远历史脉络与国际共通趋势下的关注课题，尤其是时值 21 世纪文创商品产业的大发利市与商业视频经济的丰富多元，再透过互联网时代的推波助澜效应，伴随新经济浪潮频频出现的新形态演绎作品，日渐形成规模庞大的特殊文化与经济产业现象。

另外，我国是一个有着 5 000 年悠久历史的文明古国，拥有众多优秀

---

[1] 郭威. 版权默示许可制度研究 [M]. 北京：中国法制出版社，2014.
[2] 郑国辉. 数字图书馆中著作权"有限制"默认许可使用制度研究 [J]. 图书馆建设，2008（06）：40-43.

的传统文化及艺术瑰宝，在几千年的文明发展史上，中华民族用自己的聪明才智，为人类的文明与进步奉献过众多的发明创造，在历史长河中留下了令人神往的轨迹。这些优秀的传统文化与民间文艺是人类共同的精神文化遗产，是一笔宝贵的财富。而民间文艺衍生作品是民间文艺作品演变而来，是为民间文学艺术保驾护航、更好更快发展的重要基石。近几年，我国司法实践中，关于民间文艺衍生作品的著作权保护及权属问题日益频发，因此，应该如何施予有效的法律保护，值得取材观察。

本书选取"洪某等诉贵州五福坊食品有限公司等著作权纠纷案"作为文学艺术演绎衍生作品著作权保护典型案例加以分析。

（一）基本案情

1.基本案情介绍

2009年8月，原告洪福远在贵州人民出版社出版的《福远蜡染艺术》一书中发表了其独立创作的作品《和谐共生十二》。2010年8月1日，洪福远与该案另一位原告邓春香就该作品的使用权转让事宜进行了约定并签订了作品使用权转让合同，由邓春香拥有在该作品受让范围内的著作财产权利（除在蜡染上使用的情况外）。被告贵州五福坊食品有限公司（以下简称"五福坊公司"），是一家生产销售肉类、粮食类等食品的股份有限公司。被告贵州今彩民族文化研发有限公司（以下简称"今彩公司"），是一家主要针对文化设计、策划等文化研发的股份有限公司。2011年，五福坊公司与今彩公司签订了委托合同，由今彩公司负责五福坊公司产品外包装的研发，包括产品外包装的策划、设计，以及配套产品的设计、产品手册和宣传册的推广设计等一系列有关品牌市场推广的文化研发服务。今彩公司按照双方的合同约定，在五福坊公司生产的贵州猪肉干、贵州小米鲊、贵州辣子鸡等主要针对旅游市场的推广产品外包装上（主要是产品外包装的左上角和右下角）进行了图案设计，其设计运用了鸟纹、铜鼓纹和如意纹，且在贵州的旅游市场中取得了较好的食品销量。

而后，原告洪福远发现在五福坊公司销售的食品外包装上，其设计图案与《和谐共生十二》中的部分图案极其相似，使公众不能作出明显区分。原告洪福远与邓春香认为被告五福公司侵犯了洪福远的著作人身权利以及邓春香的著作财产权利，于是依法向贵阳省贵州市中级人民法院起诉，主

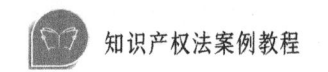

要诉求为：第一，被告五福坊公司就侵犯邓春香的著作财产权利依法赔偿经济损失20万元；第二，被告五福坊公司停止使用侵权图案并销毁使用了侵权图案的外包装及产品手册、宣传册等；第三，被告五福坊公司就此侵权事宜对原告洪福远赔礼道歉并刊登声明。

被告五福坊公司认为，首先，原告洪福远创作的《和谐共生十二》作品与五福坊公司委托今彩公司在产品外包装上设计的图案，均吸收了贵州著名的黄平革家的蜡染艺术传统图案，被告使用今彩公司设计的部分图案合法。其次，被告委托今彩公司设计的图案位于产品外包装较为隐蔽的位置（右下角），且占整个产品外包装极小的面积（大约1/20），根本无法引起公众明显注意，更起不到对产品销售的较大的推动作用，原告请求的20万的赔偿数额明显过高，也无法给出相应的证据证明其损失。最后，产品外包装上的图案是被告五福坊公司委托今彩公司设计研发，五福坊公司在使用时也已经尽到合理的注意义务，因此，五福坊公司并不是此案的责任主体。

第三人今彩公司主张，2006年12月，今彩公司就已经独立创作完成手绘原稿《四季如春》。2011年10月，今彩公司接受被告五福坊公司的委托，为其产品外包装及产品手册、宣传册进行图案策划与设计，在设计过程中，运用了《四季如春》的部分图案，其中的铜鼓纹、如意纹和鸟纹均出自黄平革家的传统蜡染，原告洪福远的创作作品《和谐共生十二》中的鸟纹也出自此，不构成其独立创作的作品，因此，今彩公司的设计不构成侵权。

法院通过相关证据查明以下事实。

首先，原告洪福远在传统蜡染艺术上获得过诸多成就，其中，在1999年，洪福远被中国文化部授予"中国十大民间艺术家"称号，而后又获得"非物质文化遗产保护先进个人"称号。他的蜡染作品被国家博物馆及多家省市博物馆收藏。近年来，洪福远潜心于收藏和创作，他的作品常巡展于中国各地及日本、美国等国家，其创作的《和谐共生十二》在2009年创作完成并在贵州人民出版社出版的《福远蜡染艺术》中发表。图中吸收了黄平革家的传统蜡染艺术形式，主要涉及鸟的纹理样式。对其创作的鸟纹是否具有独创性是本案的争议焦点之一。

其次，2010年8月，原告洪福远与邓春香签订作品使用权转让合同，约定此作品的著作财产权利归邓春香所有。最后，2011年10月，被告五福坊公司与今彩公司签订产品包装涉及的委托合同，约定由今彩公司负责产品外包装的策划设计等。

2. 裁判结果及理由

（1）本案法院审理结果

2015年9月18日，贵州省贵阳市中级人民法院作出判决，即（2015）筑知民初字第17号民事判决，其判决内容如下。

①被告五福坊公司赔偿原告邓春香10万元，于本判决生效后10日内执行到位；

②被告五福坊公司立即停止使用产品外包装、产品手册及宣传册上侵犯《和谐共生十二》作品的部分图案；

③被告五福坊公司立即销毁其所生产销售产品贵州猪肉干、贵州辣子鸡、贵州小米鲊的外包装盒、产品手册及宣传册，于本判决生效之日起5日内执行到位；

④驳回原告的其余诉讼请求。

一审宣判后，各方当事人均未上诉，判决已发生法律效力。

（2）本案法院审理理由

首先，原告洪福远在传统蜡染艺术中有一定成就，具备独立创作传统蜡染艺术形式的能力。在其创作的《和谐共生十二》中，有很多图案，特别是鸟和鱼的组合图。它是复合性图案，有鸟、蝴蝶、鱼虫，全部组合起来，表现了自然生活的和谐。苗族崇尚万物有灵，把小虫、小草当作非常有灵气的东西来表现。洪福远把这种鸟、鱼、蝶组花图案组合称为"世界上独有的"，它近看是鸟、鱼、蝴蝶，远看像花。这种图案有丰富的动物形象，包含着丰富的文化内涵。《和谐共生十二》作品是洪福远独立完成，其中鸟和鱼的组合图是对黄平革家蜡染艺术中鸟纹的创新与升华，它丰富了鸟的纹理样式及线条的排列，图中多样的动植物元素也使这种传统蜡染艺术形式更加生动、传神，应属于具有独创性的民间文艺衍生作品，符合著作权法意义上作品的条件，受著作权法保护。

其次，第三人今彩公司所称，其在五福坊公司委托策划设计的产品外包装上的部分图案是截取自2006年由今彩公司创作完成的手绘原稿《四季

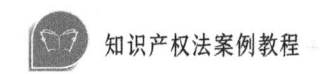

如春》，但并无相关证据证明其比洪福远创作在先，无法认定其为此部分图案的著作权权利主体，构成对原告洪福远著作人身权及原告邓春香著作财产权的侵犯。

最后，被告五福坊公司生产销售的产品外包装上的图案虽是委托今彩公司策划设计，但其与今彩公司签订的委托合同仅针对合同签订双方，根据合同的相对性原理，并没有对抗合同以外的第三人的法律效力，不能以非本案的责任主体为由进行抗辩。其所称已对涉案图案的使用尽到合理的注意义务，也未提交相应的证据进行佐证，无法认定此项主张。因此，被告五福坊公司是本案的责任主体，应承担对原告创作的衍生作品《和谐共生十二》的侵权责任。

（二）本案的争议焦点

结合本案案情，争议焦点可归纳为三大点：首先，原告洪福远所创作民间文艺衍生作品《和谐共生十二》是否具有独创性，是否属于著作权法的保护范围；其次，被告五福坊公司生产销售的产品外包装上的部分图案是否侵犯原告洪福远的著作人身权及邓春香的著作财产权；最后，本案侵权赔偿数额的具体确定应采用什么标准。

1.原告衍生作品是否应受著作权保护

（1）肯定说

原告衍生作品《和谐共生十二》中，包括很多图案，是多种动植物的组合型图案，图中鸟类和鱼类的组合图最为突出，形式多样，色彩鲜明，展现出一种和谐共生的自然景象，给观者以愉悦和享受。《和谐共生十二》作品系洪福远独立完成，其中鸟和鱼的组合图是对黄平革家蜡染艺术中鸟纹的创新与升华，它丰富了鸟的纹理样式及线条的排列，图中多样的动植物元素也使这种传统蜡染艺术形式更加生动、传神，应属于具有独创性的民间文艺衍生作品，符合著作权法意义上作品的条件，受著作权法保护。

（2）否定说

2006年12月，今彩公司就已经独立创作完成手绘原稿《四季如春》。2011年10月，今彩公司接受被告五福坊公司的委托，为其产品外包装及产品手册、宣传册进行图案策划与设计，在设计过程中，运用了《四季如春》

的部分图案,其中的铜鼓纹、如意纹和鸟纹均出自黄平革家的传统蜡染,原告洪福远的创作作品《和谐共生十二》中的鸟纹也出自此,其仅对鸟的脖子、羽毛做了一些细微的修改,但仍不能和黄平革家蜡染背扇图案加以明显区别,使公众不能明显区分,容易混淆,不构成其独立创作的作品,不具有独创性,因此,原告衍生作品不应受著作权法保护。

2.被诉侵权产品的包装图案是否构成对著作权的侵犯

(1)肯定说

今彩公司所称,其在五福坊公司委托策划设计的产品外包装上的部分图案是取自2006年由今彩公司创作完成的手绘原稿《四季如春》上截取的,但并无相关证据证明其比洪福远创作在先,无法认定其为此部分图案的著作权权利主体,构成对原告洪福远著作人身权及原告邓春香著作财产权的侵犯。

(2)否定说

2006年12月,今彩公司就已经独立创作完成手绘原稿《四季如春》。2011年10月,今彩公司接受被告五福坊公司的委托,为其产品外包装及产品手册、宣传册进行图案策划与设计,在设计过程中,运用了《四季如春》的部分图案,其中的铜鼓纹、如意纹和鸟纹均出自黄平革家的传统蜡染,原告洪福远的创作作品《和谐共生十二》中的鸟纹也出自于此,不构成其独立创作的作品,因此,今彩公司的设计不构成侵权。

3.关于侵权赔偿数额的确定标准

侵权赔偿数额的认定,也是本案的焦点之一。《著作权法》中明确规定,侵犯著作权及其相关权利的,首先按实际损失给予赔偿;难以计算实际损失的,可以适当按照违法所得给予赔偿,权利人为制止侵权行为所支付的合理开支也应当包括在内;权利人的实际损失或者侵权人的违法所得均不能确定的,由人民法院根据侵权行为的情节,判决给予50万元以下的赔偿。

关于知识产权法侵权赔偿数额的认定,我国现行知识产权各单行法主要规定了四种计算标准,即实际损失、非法获利、许可使用费的合理倍数及法定赔偿。除此之外,全国各级人民法院在司法审判实践中用以确定损害赔偿数额的还有约定赔偿、酌定赔偿、综合赔偿等计算标准。

因篇幅所限,本书对我国现行知识产权各单行法规定的四种计算标准

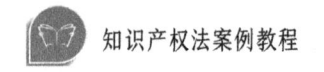

不做展开阐述。

（三）案件评析

1. 民间文艺作品及其衍生作品概述

（1）民间文艺作品及其衍生作品的概念及特征

民间文艺作品，是指在一国国土上，由该国的民族或种族集体创作，经世代相传，不断发展而构成的作品。一般认为，它包括语言形式（民间故事、民间诗歌）、音乐形式（民歌、民间器乐等）、动作形式（民间舞蹈及戏剧等），以及用物质材料体现的形式（绘画、雕塑、工艺品、编织品等）。[①]

民间文艺作品具有以下几个特点：群体性、长期性、变异性、传承性。从民间文艺作品的集体性上看，它与一般作品的作者概念显著不同；从继承性上看，它又缺乏著作权法所规定的独创性；从长期性上看，它又有进入公有领域之嫌。所以，通常在国际上又将民间文学艺术作品称为"民间文学表现形式"，与一般作品相区别。民间文艺作品虽不同于一般作品，但它作为《著作权法》所保护的重要客体也应当享有财产性权利和人身性权利。征求意见稿中仅用三款规定了民间文艺作品著作权人的署名权、复制权等，对著作权利的内容规定不够详尽，需进一步明确。

民间文艺衍生作品是指源自民间文学艺术或受民间文学艺术启发而独立创作完成且具备创造性内容的作品。在法学上，大多学者都把民间文艺衍生作品定义为对民间文艺表达进行收集、记录、整理、翻译、汇编、改编等而形成的作品。[②]

从概念上看，可以总结出衍生作品的特点包括两个方面：独立完成、具备创造性内容。我国法律法规对民间文艺衍生作品的权利属性和保护没有明确规定，需进一步完善。

（2）民间文艺作品与民间文艺衍生作品的关系

顾名思义，"衍生"一词在词典中指演变而生，也即根据其本源演变而来，

[①] 郑骅.刍议《民间文学艺术作品著作权保护条例（征求意见稿）》——以两个典型案例为切入[J].法制博览，2018（10）：8-10.

[②] 邓玲.民间文学艺术作品司法保护路径探索——以云南《蟒蛇记》著作权纠纷案为例[J].法律适用，2013（06）：91-94.

有"源"才有"流"。①民间文艺作品则为民间文艺衍生作品的本源，在此本源的基础上，独立完成且具备创造性的内容，演变成衍生作品。

二者既有联系又有区别。联系体现在民间文艺作品与民间文艺衍生作品是"源"与"流"的关系，主要体现在三个方面。首先，在内容上有相似性，衍生作品是在民间文艺作品的基础上进行改编或再创作，借鉴了民间文艺作品的基础内容，即使在后期创作过程中推陈出新，其根源还是不变的，内容上有相似或重合的部分。其次，在权属上具有依附性，"衍生"即指演变而生，那么就是说不可能脱离本体而独立存在，对本体具有依附性。②如果是独立存在的作品，则不称其为衍生作品，而是独立创造的新作品了。因此，民间文艺衍生作品对民间文艺作品具有依附性。最后，在时间上具有先后性。既然是衍生出来的作品，在时间上必然具备先后性，这是显而易见的。只有民间文艺作品在先创作，才能演变出衍生作品。

虽然二者在各个方面都有紧密的联系，但区别也是显而易见的，主要体现在两个方面。首先，在范围上，民间文艺衍生作品要具备独创性内容才能受著作权保护，如果只是进行简单的记录、收集、整理等，则不能在具备独创性的范围内受著作权法保护，由此可以看出，衍生作品的范围与其本源民间文艺作品的范围既有重叠又有交叉，两者都具有彼此没有包含的内容，即在范围上有所区别。③其次，在法律保护上，国与国之间对于民间文艺衍生作品的保护也有明显区别。在国外研究中，某些国家在进行著作权法保护时趋向于保护民间文艺衍生作品，而往往忽视了民间文艺作品作为本源的保护，这对作为民间文艺作品这个本源的权利人的合法权益的保护是极为不利的，会打击公众对传承与创新民间文艺作品的积极性，不利于我国优秀传统文化和民间文艺的发展与创新。而在我国，对民间文艺作品的保护力度是大于其衍生作品的，著作权法虽然仍未明确规定民间文艺作品的保护，但也有出台相关的条文可以运用，而对于其衍生作品的著作权保护，仍未出台专门条例，在司法实践中，往往是参照民间文艺作品

---

① 严永和，黄钰. 我国民间文学艺术知识产权保护客体研究的误区与思路[J]. 甘肃理论学刊，2013（03）：41-47.
② 肖少启. 民间文学艺术著作权保护路径分析[J]. 河北法学，2010（04）：100-104.
③ 韩娜. 关于民间文学艺术衍生作品的独创性探析[J]. 文化学刊，2017（09）：84-86.

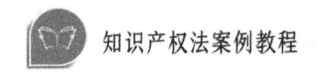

在著作权法中的规定。

2. 被诉侵权产品的包装图案构成对著作权侵犯的依据

（1）被诉侵权产品的包装图案构成对著作权的侵犯

原告洪福远在传统蜡染艺术中有一定成就，具备独立创作传统蜡染艺术形式的能力。在原告衍生作品中鸟和鱼的组合图是对黄平革家蜡染艺术中鸟纹的创新与升华，它丰富了鸟的纹理样式及线条的排列，图中多样的动植物元素也使这种传统蜡染艺术形式更加生动、传神。

第三人今彩公司所称，其在五福坊公司委托策划设计的产品外包装上的部分图案是在2006年由今彩公司创作完成的手绘原稿《四季如春》上截取的，但并无相关证据证明其比洪福远创作在先，无法认定其为此部分图案的著作权权利主体。因此，《和谐共生十二年》应属于具有独创性的民间文艺衍生作品，符合著作权法意义上作品的条件，受著作权法保护，被告侵权产品的包装图案构成对著作权的侵犯。

（2）民间文艺衍生作品独创性的判断标准

顾名思义，独创性即独立创造性，既要独立完成，也要独立创造。独创性的判断标准即对所创作作品具有新颖性的程度标准。独创性是衍生作品能否受著作权法保护的关键所在，不具备独创性的衍生作品不受著作权法保护。

我国对于作品独创性并未给出具体的规定，对于独创性的内涵与外延、判断标准等，只能从司法实务中归纳总结并结合国外的适用标准来对比分析。

下面将以赵梦林系列脸谱纠纷案来详细阐述法院在具体认定过程中如何界定衍生作品的独创性。

赵梦林，山西忻县人，1952年出生，5岁开始习画，擅长中国画，1970年任文化干事、部队放映员。1971年，他开始发表作品并署名梦林，其中有很多为大众所熟知，包括《三国人物绣像》《昭君与呼韩邪》《孙悟空大闹天宫》《京剧脸谱》《中国京剧脸谱大全》等，很多都入选过全国画展和美展。2003年，《中国京剧脸谱》出版，其中收录了他独立创作的500多幅京剧脸谱，因表现形式多样、色彩丰富、轮廓分明而深受大众喜欢，甚至因为出众，部分脸谱被多家企业用于商业用途。赵梦林察觉到自己的作品被滥用,著作权受到严重侵犯。

通过在威科先行、北大法宝、法信等知识库中收集到几十个赵梦林脸谱系列案例来进行研究分析,发现此系列案波及的被告范围广,分布在各行各业;侵权作品数量和程度不等,同一家企业有侵权使用几件的,也有上百件的;侵权行为表现形式多样,不仅有网络发行行为、传播行为,也有在食品、手工艺品或海报、广告等实物上复制或发行行为等;侵权时间跨度大,分布地区广,从2003年开始一直到2011年,遍及湖北、江西、河南、上海、广东、广西等地。

此系列案的争议焦点可归纳为两点:其一,赵梦林所创作的京剧脸谱是属于民间文艺作品还是民间文艺衍生作品;其二,其作品是否具有独创性。针对这两个争议焦点各个审理法院给出的意见并不一致,归其原因主要集中在独创性的基本原则、认定方法、认定标准的确定等方面。

第一,遵循著作权法的一般原则。

民间文学艺术衍生作品实际上是公有领域产物进一步转化为私有领域精神财富的产物,所以,在界定独创性时理当立足于社会背景、理论知识及民间文艺及其衍生作品的特征等综合考虑。在多代人的继承发扬之下,民间文学艺术得以形成,探究其历史可谓源远流长,绝非个人所独有。[1]民间文艺衍生作品虽大部分为再创作后的成品,但大都是享有部分独创权,并不能够将其艺术领域中的公有部分加以覆盖。但为了保护民间中的剪纸、戏曲等艺术,使其保持生命力,并鼓励民间艺术者创新创作,应切实保护好艺术作者的个体劳动,若是衍生作品以达至独立性且带有显著区别,则应借助著作权的独创性来加以认定。[2]总的来说,应将作者的个性作为主因素来充分考虑,又要将民间流传的公共部分科学纳入作者的作品范围,以促使民间文学艺术得以正常创作并加以流传。

第二,利益平衡原则。

法律立法宗旨实际上便是追求利益的平衡。法律立法既寻求各种利益的平衡,更为这种平衡制定了相应的标准制度,以更好地协调各种利益纷争。

---

[1] 林秀芹,曾斯平.论民间文学艺术衍生作品独创性的认定——以赵梦林京剧脸谱系列案为例[J].湖南社会科学,2013(06):60-63.

[2] 王迁.著作权法[M].北京:中国人民大学出版社,2015.

衍生作品本质上立足于民间文学艺术元素，并融入创作者本身的思考和经验加以创作出来的，既包含公共领域的艺术成分，又包含着个人领域的创造成分，显然有别于一般作品。[①] 认定其作品的独立创造势必会涉及到这两个方面的利益平衡，而法院判案中如何制定好衍生作品独创性的判定标准以保持各种利益的平衡，理当着重考虑。

第三，认定标准高于一般作品原则。

在界定其独创性时，应从个体、公众利益两个方面入手，以更好地适应著作权的立法目的。虽然对于衍生作品的独创性判定缺乏一定的法律标准规定，且学术界亦选择一个较为适中的标准，且选择标准的高低与否将对各种权利主体的利益平衡有着较大的影响。正如学者所主张的：认定独创性的高低程度对个人利益和公众利益具有影响性。这也表明，提高独创性标准，作品著作权的保护力度会有所弱化，而公众利益在著作权法中的范围则会逐步增大；反之，社会公共利益则会更加狭隘。

由此可知，此标准高低自初始便与公共领域具有天然联系，其作品理当基于促进人类社会文明进步所创作。也就是说，对于独立创作衍生作品的个人来说，将民间文学艺术传播出去更为重要。因此，保持多种利益平衡和突显社会公共利益，只有将其独创性标准认定为高于一般作品，方可有效解决独创性标准界定成为阻碍其他文学发展和压迫社会大众利益的缘由。

---

① 刘春玉. 浅议民间文学艺术衍生作品的著作权保护——以洪某、邓某诉贵州某食品有限公司、贵州某文化研发有限公司著作权纠纷案为例[J]. 法制博览，2018（24）：92-93.

第四章 专利权保护的案例分析

专利权是指国家依法授予专利权人对其发明创造在一定期限内的独占权。专利权具有独占性、地域性和时间性。独占性是专利权最为显著的特性。

在党的领导下，我国的知识产权事业取得举世瞩目的成就。国家知识产权局印发的《推动知识产权高质量发展年度工作指引（2019）》指出，我国知识产权的发展要将重心转移到质量上来。在此知识产权强国背景之下，高质量的发明专利是知识产权强国战略的需要，对于我国经济实力、军事实力的提升也具有积极意义。在此背景下，需要进一步提高我国专利质量。虽然近几年我国专利保护制度有了较大的完善及发展，但随着专利侵权案件的持续增加，在司法实践中呈现出大量有待解决的新问题。

本章选取发明专利创造性认定、外观设计专利侵权和电子产品山寨设计侵权这三个方面的侵权典型案例进行分析。期望对专利侵权的判定进行研究，从而进一步规范在司法实践中的运用。

一、发明专利创造性认定的案例分析

发明专利获得授权需要具备实用性、新颖性及创造性。在专利审查中对于创造性的认定因其具有一定的主观性，往往会造成一些争议，如"违反社会公德""非显而易见""容易想到的""有益的技术效果"等，这些是认定发明专利创造性标准中的概念，不同的人可能会产生不同的看法。本章以赢创公司案所涉及的发明专利为案例进行分析，重点分析专利的创造性，意在说明在认定发明专利的创造性时应该注意哪些问题。

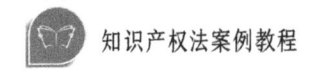

（一）基本案情及争议焦点

1. 基本案情及审判结果

2004年10月21日，赢创德固赛有限责任公司（原为德古萨有限责任公司，以下简称"赢创公司"）向中华人民共和国国家知识产权局提出发明专利申请。发明名称为"锂离子电池的无机隔膜电极单元、其制造方法和在锂离子电池中的应用"。2010年3月18日，国家知识产权局以其申请不符合《专利法》中新颖性、创造性为由驳回其专利申请。2010年6月29日，赢创公司向专利复审委员会提出专利复审，专利复审委员会同样以其申请不符合《专利法》第二十二条第三款规定的创造性为由作出了维持驳回的决定。赢创公司提起行政诉讼，主张其专利申请中权利要求1和对比文件相比具备创造性，从属权利要求也备创造性，并且在一审中对于专利复审委员会作出的除权利要求1、12、13、29、30之外的专利评价表示默认。在一审败诉之后，赢创公司提起上诉。赢创公司认为，其专利权利要求中采用的是无机导电黏合剂，对比文件中公开的是有机黏合剂。对比文件中的金属氧化物颗粒和其权利要求中的无机导电黏合剂并不相同，对比文件的公开并不会使得其权利要求中的无机导电黏合剂丧失创造性。但实际上，对比文件1中已经公开了用无机导电金属氧化物颗粒来进行连接的方法。赢创公司对于对比文件1进行了错误的理解，将金属氧化物颗粒理解为不能起到黏合剂作用，而这与对比文件中的记载不符。在专利复审程序以及第一审程序中，赢创公司均没有对此理解偏差提出主张。

赢创公司向国家知识产权局提交的专利权申请，因其不符合我国《专利法》第二十二条第三款规定的创造性，而被国家知识产权局驳回。在专利复审程序中，专利复审委员会认为，无机导电黏合剂的内容在对比文件中公开，其具有在高温下稳定的性能及改善黏合剂导电性性能，而加入纳米材料在本领域是很常见的，是本领域的技术人员容易采用的技术方案，纳米材料本身的特性决定了采用颗粒更细微的纳米材料作为黏合剂能提高一定的导电性，是本领域的技术人员能够预料到的。对于本申请来说，纳米尺寸和微米尺寸材料不会造成宏观性能上的差异，赢创公司的意见无法成立，维持国家知识产权局于2010年3月18日针对本申请作出的驳回决定。

在一审法院审理过程中，赢创公司声称其申请中权利要求1和对比文件 1 相比具有创造性，因此以权利要求 1 为基础的从属权利要求也具有创造性。北京市第一中级人民法院认为，对比文件中已经公开了用无机导电的金属氧化物颗粒这种物质进行连接的连通方式，选取黏合剂包含尺寸更细小的纳米颗粒，提高活性物质颗粒间的导电性，提高隔膜电极单元的性能，这是本领域技术人员经过有限次实验就能得到的，而且赢创公司并未说明对于纳米级尺寸的选择是否会带来预料不到的技术效果。对比文件 1 的公开使得赢创公司的发明专利申请中的权利要求成了公众所知道的公知常识。也就是说，在赢创公司发明专利申请之时已经存在现有技术，存在现有技术说明其技术方案并不是新颖的，并不会让公众产生耳目一新的感觉，并没有对现有技术进行创新，其当然不具备新颖性，进而不具备创造性。最终以赢创公司败诉而结案。

赢创公司提起上诉，主张对比文件 1 技术方案中的金属氧化物颗粒尺度处于微米的数量级范围，而本申请技术方案中的"无机导电黏合剂"的尺度处于纳米级的数量范围，故对比文件 1 中的"金属氧化物颗粒"并不等同于本申请技术方案中的"无机导电黏合剂"，二审法院认为，采用颗粒更细微的材料作为黏合剂显然能提高一定的导电性，这是由纳米材料本身的特性所带来的，本领域技术人员能够预料得到，这表明对本申请而言，纳米尺寸和微米尺寸的选择并不会如赢创公司所述颗粒在尺度上的不同会造成其性能的显著差异。赢创公司的相关上诉主张不被支持[①]。

2.争议焦点

本案涉及专利审查过程中权利要求需要具备新颖性、实用性、创造性的问题。创造性是授予发明或者实用新型专利权非常重要的条件。一项专利申请，只有在其权利要求具备新颖性的前提下，才审查权利要求是否具备创造性。上述案例的争议焦点在于专利是否具有创造性，尤其是作为从属权利要求基础的独立权利要求 1 是否具备创造性。案件的争议焦点在于专利权人发明专利申请中权利要求和对比文件相比是否具有创造性。而判断创造性要基于权利要求具备新颖性的前提。在专利审查中，如果一项权利要求不具备新颖性则不再考虑其创造性。笔者在国家知识产权局官网下

---

① 引自中华人民共和国北京市高级人民法院行政判决书（2012）高行终字第 405 号。

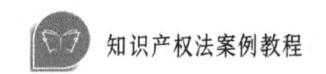

载了关于赢创公司的发明专利申请公布说明书、在中国裁判文书网下载了关于案件的行政判决书,结合发明专利权利要求书及说明书和实施例等,总结出以下两个争议的焦点问题。

第一,发明专利能否产生预料不到的技术效果。在认定发明创造性时,有四种辅助判断因素,预料不到的技术效果和商业成功的适用频次很高[①]。《专利审查指南》指出,如果发明产生预料不到的技术效果,可以认为其具有创造性。也就是说,发明具有创造性,需要具有突出的实质性特点和显著的进步,当发明产生预料不到的技术效果时,便可以认定具有创造性。在赢创公司案中选取黏合剂包含尺寸更细小的纳米颗粒,提高活性物质颗粒间的导电性,提高隔膜电极单元的性能,若产生预料不到的技术效果,则发明具有创造性。本案中,赢创公司认为对比文件1中的"金属氧化物颗粒"并不等同于本申请技术方案中的"无机导电黏合剂",本申请技术方案中的"无机导电黏合剂"的尺度处于纳米级的数量范围。而材料科学领域的普通技术人员知道材料中所包含颗粒在尺度上的不同会造成其宏观性能的巨大差异,与现有技术相比,申请中的技术方案具有突出的实质性特点,也具有显著的进步。而一审法院则认为赢创公司并未说明对于纳米级尺寸的选择是否会带来预料不到的技术效果,显而易见该技术方案是不具有创造性的。也就是说,在无机导电黏合剂中加入纳米材料从而提高颗粒导电性及电极单元的性能是否属于突出的实质性特点和显著的技术进步或者产生预料不到的技术效果。如果在无机导电黏合剂中加入纳米材料之后,尽管能够取得在技术上有所进步的效果,但是这并不是突出的实质性特点或者不是显著的进步,那么权利要求1中的无机导电黏合剂便不具备创造性,此时赢创公司不应该被授予专利权。又比如在雷利案中,雷利公司的发明专利所采用的技术方案,能够解决排水泵电机中铝漆包线绕组易于氧化和腐蚀的技术问题。因此,如何判断预料不到的技术效果是发明专利创造性认定中一个需要注意的问题。

第二,争议双方关于"对本领域技术人员是否显而易见的"争议。在判断发明专利是否具备创造性时,对于"本领域技术人员来说是显而易见的"

---

① 黄国群,熊玲潇. 专利创造性中辅助判断因素的价值分析及我国相关实践[J]. 电子知识产权,2019(09):55-63.

这一概念的不同理解一般会造成一定的争议。判断主体的不同是造成争议的因素之一。比如利用"电磁感应"的原理，使得人们在走路、跑步或者骑车的时候，磁通量的变化产生感应电动势将动能转化为电能进而实现手机的无线充电。《专利审查指南》中将显著的进步解释为有益的技术效果。从技术的角度讲，这使人们给手机充电带来了一定的方便，也具有创造性。但是利用"电磁感应"的原理将其他形式的能量转换为电能是相关领域的技术人员能够根据公知常识想到的，而这个构思对于有些人来讲是想不到的，这就造成对"本领域技术人员来说是显而易见的"不同的理解，进而造成关于一项技术方案是否有创造性的冲突。

在赢创公司案中，赢创公司主张专利申请中的对比文件1技术方案中的金属氧化物颗粒尺度处于微米的数量级范围，而本申请技术方案中的"无机导电黏合剂"的尺度处于纳米级的数量范围，故对比文件1中的"金属氧化物颗粒"并不等同于本申请技术方案中的"无机导电黏合剂"的尺度在纳米级范围，而对比文件1技术方案中的金属氧化物颗粒尺度处于微米的数量级范围，两者并不相同，况且在"无机导电黏合剂"中加入纳米材料能显著提高性能，具有技术进步，产生有益的技术效果，具有创造性。审理法院认为，用颗粒更细微的材料作为黏合剂显然能提高一定的导电性，这是由纳米材料本身的特性所带来的，是显而易见的，因而也不具备创造性。本案中赢创公司与相对一方的争议焦点归根结底是创造性。

（二）关于案件争议焦点的法律分析与评价

1. 发明专利的创造性认定标准

相对于实用性与新颖性的判断，创造性的判断主观性更强[1]。发明专利的创造性评价是一些发明专利案件争议中的焦点，而造成这种争议的原因在于创造性判断中存在一定的主观因素[2]。我国《专利法》第二十二条规定，评价创造性的标准因专利类别的不同而不同。而对于发明专利而言，评价其是否具有创造性，要判断突出的实质性特点、显著的进步这两项条件。在我国专利法律中，创造性只是针对发明或者实用新型。评价一个发明专

---

[1] 黄国群，熊玲潇. 专利创造性中辅助判断因素的价值分析及我国相关实践[J]. 电子知识产权，2019（09）：55-63.

[2] 左萌，李琰. 浅析发明创造性审查中的争议点[J]. 电视技术，2013（S2）：357-360，365.

利是否具备创造性，重点在于"突出"及"显著"的把握。另外，判断发明专利创造性时，我国《专利审查指南》规定在认定发明创造性时还需要考虑其他因素，其中的第二部分第四章6.3规定了对预料不到的技术效果的考虑。在发明是否具有创造性的判断上，以《专利法》第二十二条第三款为基准，审查其是否具有突出的实质性特点及显著的进步。本领域技术人员，他是一个假设的人。假设这个人具备知晓申请日及优先权日之前时间点的相关现有技术，并且具备根据这些技术能够进行相应的实验的能力。之所以将所属领域的技术人员拟定为一个假想人，是为了克服人由于专业知识的不同所造成的主观影响，以保障专利评价的客观性、公正性。

《中华人民共和国专利法实施细则》相关规定，判断一项发明和现有技术相比是否显而易见，通常以三个步骤来进行，也就是平常所讲的"三步法"①。这一过程要重视最接近的现有技术、区别技术特征和显而易见这几个点。假设涉案专利的技术特征对于本领域技术人员来讲是显而易见的，那么这个技术方案不满足突出的实质性特点的条件。判断显而易见的还要看技术启示，如果不存在技术启示，那么涉案专利具有突出的实质性特点，反之，则不具备突出的实质性特点。如在赢创案中，发明专利的技术领域为锂离子电池隔膜，对比文件中也公布了相关的技术，是与申请文件最接近的领域。在判断申请文件是否具有创造性时也要以对比文件为参考。

在评价一项发明是否具有创造性时，要在事先判断其是否具有新颖性。这是因为创造性的判断以其具备新颖性为前提，我国《专利审查指南》规定，如果发明专利不具备新颖性，那么审查人员将不再对创造性进行审查。也就是说，新颖性、创造性、实用性的审查是有时间顺序的。审查专利是否具备新颖性、创造性、实用性的顺序为先审查实用性，再审查新颖性，最后审查创造性，因此，本文以一定的篇幅以赢创公司的发明专利为例论述发明专利的某个技术方案是否具备新颖性，进而为进一步论述其是否具备创造性做铺垫。新颖性，其在于"新"。这种"新"能够激起人的好奇心，给人以一种深刻的印象，在一项发明专利中，新颖性的组合越多，其所带

---

① 飞竹玲，侯炳萍.浅谈专利审查中基于发明构思的创造性评判[J].中国发明与专利，2019(08)：101-104.

来的新创意也就越多[①]。

以发明专利中的无机导电黏合剂这一个技术方案为例进行分析，赢创公司的上诉理由为：对比文件中的金属氧化物颗粒和本专利申请中的无机导电黏合剂是两个不同的概念，不能同等看待。笔者通过查阅当年赢创公司发明专利的说明书发现，尽管对比文件中公开的技术方案是有机导电黏合剂，但其提到了"金属"，在对比文件的权利要求书中记载了多孔电极的连接方式，即通过金属氧化物颗粒进行连接，并且对比文件的说明书中也对金属氧化物颗粒及其所起到的连接作用进行了记载。无机导电黏合剂是本案涉案专利权中要求1的技术方案，相应地，金属氧化物颗粒是对比文件中的技术方案。金属是一种无机物，金属和无机物是种属关系，无机物是上位概念而金属是下位概念。虽然上位概念无法破坏下位概念的新颖性，但是下位概念能够破坏上位概念的新颖性。在本案中，由于对比文件中金属氧化物颗粒的公开使得无机导电黏合剂丧失了新颖性，进而不再评价其创造性。而现有技术中公开了由玻璃或陶瓷材料构成的隔膜，这种隔膜是无机材料制作的隔膜的一种，并且在涉案专利的说明书中也指出了这种隔膜重要生产厂商为Tonen、Ube、Daramic等。玻璃和陶瓷亦是无机隔膜的下位概念，同样地破坏其新颖性。提出专利权申请之日以前，已存在现有技术，因此该项技术方案也不具备新颖性。

要注意如果某一个技术方案与现有技术相比没有创新性，那么便不再对其是否有创造性进行评价，因此新颖性的审查要在创造性之前。在判断发明突出的实质性特点之时，要遵循判断创造性时的三步法。在认定发明具有创造性时，相关因素也需要考虑，比如当发明取得了预料不到的技术效果时，便不再怀疑是否有突出的实质性特点，可以确定发明具有创造性。再比如发明在商业上获得成功等，这里商业上的成功一定是与专利的实施有直接的关联，通过投入广告、促销等手段获得的商业成功在创造性的认定时不予考虑。

2."预料不到的技术效果"的法律分析

在发明专利的创造性判断中，《专利审查指南》中也指出要考虑相关

[①] 任海英，邵文，李欣.基于专利内容新颖性和常规性的突破性发明影响因素和研发策略分析[J].情报杂志，2019（02）：56-63.

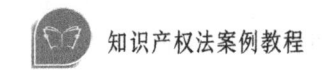

因素。在赢公司创案中，以"加入纳米材料提高导电性能"这一技术方案为分析对象。论述这个技术方案和预料不到的技术效果的关系，判断这个技术方案是否有创造性。

首先，分析"加入纳米材料的无机导电黏合剂"是否具有突出的实质性特点。如果发明对于本领域技术人员来讲是显而易见的则不具备突出的实质性特点，从而也没有创造性。那么这个发明是显而易见的，不具有突出的实质性特点。在本案中加入纳米材料的无机导电黏合剂能够提高导电性能，区别技术特征是在黏合剂中加入纳米材料，在这里纳米材料所起的作用是活性物质颗粒体积减小到纳米级时，活性物质颗粒之间便有了更好的导电性，可以显著隔膜电极单元的使用性能，在技术上具有一定的进步，然而，通过缩小颗粒的尺寸进而提高活性物质之间的导电性及隔膜电极的使用性能，这是所属技术领域的技术人员能够通过常规的简单实验就能得到的，这种加入纳米材料提高活性物质导电性是公知常识。因此，涉案专利存在某种技术启示，不具备突出的实质性特点。

其次，分析"加入纳米材料的无机导电黏合剂"的技术方案是否有显著的进步。若发明产生的技术效果是不曾预料的，对于所属领域的技术人员来讲，是无法事先推测出来，这时候具有创造性。在本案中，加入纳米材料的无机导电黏合剂能够提高一定的导电性，有一定的技术效果。但是加入纳米材料产生的技术效果和我国《专利审查指南》中规定的"有益的技术效果"并不相同。本案中这个技术方案是能够根据公知常识得出的，是在现有技术的基础上能够通过合乎逻辑的分析、有限的实验而得出，因此，本案中"加入纳米材料的无机导电黏合剂"对于本领域的技术人员来讲，没有产生"有益的"技术效果，不具备显著的进步，所以不具备创造性。

在赢创公司的专利中权利要求10：……其特征在于，正电极包括钴、镍、锰、钒、铁或磷……；权利要求11：……所述正极具有……活性物质……观察这些从属权利要求我们可以发现，权利要求9中限定了活性物质颗粒的尺寸，而0.1～25微米范围内的活性物质的尺寸是本领域技术人员可以根据公知常识得出的，其对独立权利要求1的限定不会产生意想不到的技术效果，不具备创造性。权利要求10对电极材料进行了限定，而把钴、镍、锰、钒、铁或磷等原料作为电极材料是本领域一般技术人员很容易得到的，因而没有产生意料不到的技术效果,没有创造性。权利要求 11 作出的限定是正极材料的活性物质,而将权利要求中所述的活性物质作为正极是本领域技术人员容易得出的,因而权利要求 11 不具备创造性。

3. 技术方案是否"显而易见"的法律分析

创造性的判断是专利审查中争议比较大的问题。根据我国《专利审查指南》关于判断专利是否具有突出的实质性特点的相关规定,如果现有技术给出了某种技术启示则发明是显而易见的。当现有技术存在技术启示时,发明专利没有创造性。反之,如果现有技术不存在技术启示,那么专利对于所属领域的技术人员来说不是显而易见的,有突出的实质性特点。比如在赢创公司案中涉案专利的权利要求 12 所述的隔膜电极单元,其区别技术特征为纳米颗粒的尺寸为 1~100 纳米。而纳米材料的尺寸为 1~100 纳米是公知常识,权利要求 12 所述的纳米材料的尺寸是本领域技术人员通过常识能够得出的,因而权利要求 12 所述技术方案不存在创造性,这是由于现有技术给出了技术启示。

在发明突出的实质性特点的认定时,司法实践中人民法院的大部分判决严格按照《专利审查指南》中的判定方法和步骤对发明的创造性要件进行判定[1]。以判断发明专利创造性的"三步法"来分析本案中相关技术方案是否具备创造性。以赢创公司案为例,涉案专利所属技术领域为锂蓄电池,对比文件所属技术领域亦为锂蓄电池。因此可以说,对比文件中的技术与涉案专利中的技术相比,是最接近的现有技术。在涉案专利中,同样以权利要求 1 为例:一种隔膜电极单元,……,其特征在于,所述隔膜电极包括无机隔膜层……通过无机黏合剂连在一起……。这里的区别技术特征即为隔膜电极及它的成分构成和连接结构。紧接着分析通过在黏合剂中加入纳米材料而提高导电性能的技术方案背后的技术问题,而现有技术中,其余的锂蓄电池制造厂商并没有在黏合剂中加入纳米材料。在第二个步骤,即确定涉案专利的区别特征及解决的实际问题中,并没有发现涉案专利创造性的否定因素。根据我国专利相关法律的规定,如果区别特征为公众所知常识,或者区别特征为最接近的技术手段,或者区别特征是已知现有技

---

[1] 石必胜.专利创造性判断研究[M].北京:知识产权出版社,2012.

术中的技术手段并且这种技术手段所要解决的技术问题与区别技术特征所要解决的技术问题相同。如果区别技术特征有以上三种情况之一，则推定为其具有技术启示，也就不具备创造性。在本案中，区别技术特征是在黏合剂中加入纳米材料，在这里纳米材料所起的作用是活性物质颗粒体积减小到纳米级时，活性物质颗粒之间便有了更好的导电性，可以显著隔膜电极单元的使用性能，在技术上具有一定的进步，因此说此技术特征与现有技术是有所区别的。然而，通过缩小颗粒的尺寸进而提高活性物质之间的导电性及隔膜电极的使用性能，这是所属技术领域的技术人员能够通过常规的简单实验就能得到的，这种加入纳米材料提高活性物质导电性是公知常识。因此说，涉案专利存在某种技术启示，对于本领域技术人员来讲是显而易见的。

与此相同的是赢创公司案的发明专利申请文件中的权利要求12。权利要求12的区别技术特征在于，所述黏合剂包含平均主要颗粒尺寸为1～100纳米的范围内的纳米颗粒。在此案中，赢创公司对其限定并不符合专利法相关规定。权利要求12对独立权利要求1进行的限定是将纳米颗粒的尺寸限定在1～100纳米，而1～100纳米的尺寸是纳米颗粒的常规尺寸，是一种公知常识，相关技术领域的技术人员通过常规实验能够得到，并且使用纳米材料在本领域是惯常的做法，因此权利要求12对本领域技术人员来说是显而易见的，不具备突出的实质性特点。

创造性需要具备突出的实质性特点和显著的进步这两个条件，这一命题是联言命题，只有当两个条件同时满足才能说专利具有创造性。在赢创案及雷利等案中，技术方案是显而易见的，由显而易见可得出其不具备突出的实质性特点，因此也必然不具备创造性。

4. 对案件中发明专利是否具有创造性的评价

关于专利权的授予条件，我国《专利法》已经进行了明确的规定，授予条件主要在《专利法》第五条、第二十二至二十五条等条款之中。其中，第二十二条为专利授予条件的重要条款。该条规定，能够被授予专利权的发明或者实用新型需要具备新颖性、创造性及实用性。在专利审查过程中，对于专利是否符合《专利法》第二十二条的规定的审查有一定的顺序。首先，审查专利是否具有实用性。《专利审查指南》对实用性进行了清晰的解释。实用性指的是能够在工业上制造或使用，并且产生积极的效果，例如树根做成的艺术品，因无法在工业上制造或使用而不具备实用性。其次，在专利具有实用性的基础上，审查其是否具有新颖性。审查新颖性要看是否存在抵触申请及新颖性是否被现有技术所破坏。假如专利申请中所述技术方案是现有技术，或者专利存在抵触申请，二者满足任一条件，专利则没有新颖性。如果专利不属于现有技术并且也不存在抵触申请，那么专利具有新颖性。最后，在专利满足新颖性的前提下，审查人员的下一步是审查创造性。对比发明和实用新型的授权条件我们可以发现，发明专利的条件要比实用新型专利的条件苛刻。同时，为保护公共利益，我国《专利法》第二十五条规定了不能被授予专利权的条件，如疾病的诊断方法等。

在赢创公司案中，赢创公司所申请的发明专利，并不存在《专利法》第五条以及第二十五条规定的不能被赋予专利权的条件。在判断其专利是否应当被授权的过程中，重点判断发明专利是否具备《专利法》第二十二条的规定，即专利应当具备创造性、新颖性、实用性。本案中发明是否具备创造性很大程度上在于权利要求1是否具备创造性。对比发明和对比文件这两个文件的权利要求1我们可以发现，对比文件已经公开了涉案申请的大部分技术特征。涉案专利的区别特征为黏合剂含有纳米颗粒。区别特征能够起到提高隔膜电极单元性能的作用。但是对比文件中含有加入纳米材料能够提高其性能的技术启示，因而涉案申请不具备创造性。从预料不到的技术效果的角度讲，本案中，锂离子电池无机隔膜电极单元在现有技术的基础上进行了改进，增加了使用性能，具有一定的技术效果。这里的技术效果并不是不可预料或预料不到的，该技术效果是所属技术领域的技术人员能够预料到的，根据以上的分析，本案中发明的权利要求1所述的隔膜电极单元不具备创造性，发明也不具有创造性。

综上所述，涉案专利不具备创造性的理由有：1～100纳米的纳米颗粒为公知常识，不具备突出的实质性特点；加入纳米材料提高隔膜性能是本领域惯用技术手段，是显而易见的；钴、镍、锰等作为电极材料是本领域技术人员容易选择的；发明与现有技术相比没有产生预料不到的技术效果。

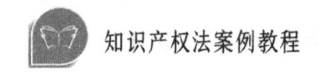

二、外观设计专利侵权的案例分析

在我国经济发展中，知识产权保护的重要性及作用不断增强，知识产权保护制度包括专利保护，外观设计专利作为三种专利的其中一种，用于保护产品外观设计。我国外观设计专利的授权是进行初步审查，不同于发明专利授权时的实质审查，导致较多外观设计专利的新颖性及创造性不高，同时对专利侵权案件持续增多有较大的影响。对于当前情形，外观设计专利侵权判定变得至关重要。

本章讨论的案例是上海星客特汽车销售有限公司（以下简称"星客特公司"）诉天津世之源汽车销售有限公司（以下简称"世之源公司"）侵害外观设计专利权纠纷案（以下简称"本案"）。本案中，一审法院以被诉侵权产品未落入涉案专利权的保护范围，不构成侵权为由驳回了星客特公司的诉讼请求。二审法院则认为被诉侵权产品落入涉案专利权的保护范围，构成侵权。

本章从本案基本案情与争议焦点出发，结合外观设计专利侵权判定的相关理论进行分析。

（一）基本案情与争议焦点

1.基本案情

原告（上诉人）：星客特公司

被告（被上诉人）：世之源公司

原告星客特公司于2007年6月20日向国家知识产权局申请一项名称为"汽车（2008款客户之星）"的外观设计专利，专利公告授权日为2008年5月21日，专利号为ZL200730158973.9（以下简称"涉案专利"）。在2014年，星客特公司发现被告世之源公司未经其许可，将侵害涉案专利的汽车对外展示、营销、许诺销售及销售，侵害了原告的专利权，据此向天津市第二中级人民法院提起外观设计专利侵权诉讼，请求依法判令被告停止许诺销售及销售侵权产品的行为，并赔偿原告经济损失80万元及合理维权费用，包括律师费15万元、公证费1千元、差旅费13 672元等。

一审法院于2014年9月17日作出判决，驳回原告的诉讼请求。[①]

[①] 参见天津市第二中级人民法院（2014）二中民三知初字第23号民事判决书。

星客特公司对一审判决不服向天津市高级人民法院提起上诉,二审法院于 2015 年 3 月 6 日作出判决:撤销一审判决;世之源公司立即停止许诺销售被诉侵权产品的行为;世之源公司赔偿星客特经济损失(含调查、合理维权费用)40 万元等。[①]

2.裁判结果

(1)一审裁判结果

天津市第二中级人民法院经审理后认为如下。

第一,本案被诉侵权产品与涉案专利产品均系在"福特 E350"汽车基础上的改装房车,属同类产品。第二,将被诉侵权产品与涉案专利进行对比:①从主视图来看,被诉房车加装了一圈塑料隔板在前保险杠的下面,方形小灯和圆形大灯分别位于塑料隔板的两侧,多条横向网格金属条位于散热器处,涉案专利房车没有上述装饰(如图 4-1 所示);②从后视图来看,一条狭长的刹车灯位于被诉房车顶部,涉案专利房车没有(如图 4-2 所示);③从左视图和右视图来看,两房车两侧车窗的数量、形状、大小均不相同(见图 4-3、4-4);④有类似圆形的卫星天线位于被诉房车车顶的尾部,涉案专利房车没有。故通过整体观察和综合判断,被诉侵权产品与涉案专利之间的多处区别导致整体视觉效果存在实质性差异,二者不构成近似,即被诉侵权产品未落入涉案专利权的保护范围,不构成侵权。据此,一审法院判决驳回原告星客特公司的诉讼请求。

图4-1 涉案专利主视图及被诉侵权设计主视图

[①] 参见天津市高级人民法院(2014)津高民三终字第 0019 号民事判决书。

涉案专利后视图　　　　　　　被诉侵权设计后视图

图4-2　涉案专利后视图及被诉侵权设计后视图

涉案专利左视图　　　　　　　被诉侵权设计左视图

图4-3　涉案专利左视图及被诉侵权设计左视图

涉案专利右视图　　　　　　　被诉侵权设计右视图

图4-4　涉案专利右视图及被诉侵权设计右视图

（2）二审裁判结果

星客特公司的上诉理由主要包括：第一，一审法院未将被诉侵权产品与涉案专利的整体设计特征进行比对，未将二者之间的相同及相似之处进行比对；第二，一审法院适用法律错误，未按照整体视觉效果、综合判断的原则，且在未认定涉案专利与被诉侵权产品之间所有相同或者相似设计特征的基础上，仅以"保险杠下圈塑料隔板""顶部刹车灯"等不容易被直接观察到的细微处，来代替一般消费者的知识水平和认知能力，过于强化现有设计的影响。

天津市高级人民法院经过审理后认为如下。

第一,被诉侵权产品落入涉案专利权的保护范围。首先,被诉侵权设计与涉案专利外观设计之间的区别设计特征属于车辆改装前已有的特征,或同类产品中常见的设计手法,或产品在正常使用时不容易观察到的部位,而且涉案专利产品的设计空间比较大,一般消费者在整体观察二者的设计时,不会注意二者之间的较小区别。因此,上述区别设计特征对整体视觉效果的影响较小。其次,二者之间的相同设计特征均体现在主视部分、创新部分及产品正常使用时容易被观察的部位上,因此,上述相同设计特征对整体视觉效果具有显著的影响。综上所述,一般消费者以整体观察、综合判断的方法比对涉案专利外观设计与被诉侵权设计,二者相同设计特征包括容易观察到的部位、主视部分及创新部分,对整体视觉效果的影响更为显著。故此,二者的整体视觉效果没有实质性差异,构成近似,被诉侵权产品落入涉案专利权的保护范围。第二,世之源的行为侵害了星客特公司的专利权,应当承担停止侵权、赔偿损失的相应法律责任。据此,天津市高级人民法院判决:撤销一审判决;世之源公司立即停止许诺销售被诉侵权房车的行为;世之源公司赔偿星客特公司经济损失(含调查、合理维权费用)40万元等。

3. 争议焦点

(1)涉案外观设计专利权的保护范围

确定专利权的保护范围是判断被诉侵权设计是否落入涉案专利权的保护范围的前提。本案中,星客特公司认为:应当将被诉侵权产品与涉案专利的整体设计特征进行比对,同时考虑专利的整体性、可视性、创新性。世之源公司则认为:仅比对涉案专利与被诉侵权产品的区别设计特征。因此,本案的争议焦点之一是涉案外观设计专利权的保护范围。

(2)被诉侵权设计是否落入涉案外观设计专利权的保护范围

是否构成专利侵权,首先要判断被诉侵权设计是否落入涉案专利权的保护范围。本案中,星客特公司认为:被诉侵权设计与涉案专利构成近似,被诉侵权设计落入涉案专利权的保护范围。世之源公司则认为:被诉侵权设计与涉案专利有多处区别,二者不构成近似。因此,被诉侵权设计与涉

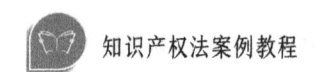

案专利外观设计是否构成相同或者近似，即被诉侵权设计是否落入涉案专利权的保护范围是本案的争议焦点之一。

（3）世之源公司的行为是否侵害了星客特公司的外观设计专利权

世之源公司是否有销售、许诺销售被诉侵权产品的行为是世之源公司是否需要承担法律责任的前提。本案中，星客特公司认为：世之源公司有许诺销售和销售被诉侵权房车的行为。世之源公司辩称：被诉侵权产品是案外人上海申昱公司所有，世之源公司不存在销售或者许诺销售被诉侵权产品的行为。由此，本案的争议焦点之一是世之源公司的行为是否侵害了星客特公司的外观设计专利权。

（4）世之源公司是否应当承担停止侵权、赔偿损失的法律责任

世之源公司是否承担法律责任取决于其是否存在专利侵权行为。本案中，星客特公司认为：世之源公司未经其许可，许诺销售和销售侵害涉案专利权的房车，侵害了世之源公司的专利权，应当承担立即停止侵权并赔偿损失（含调查、合理维权费用）的法律责任。世之源公司则认为其并未侵权，无须承担任何责任。故此，世之源公司是否应当承担停止侵权、赔偿损失的法律责任是本案争议焦点之一。

（二）本案外观设计专利侵权判定的理论与案例分析

《专利法》第十一条第二款[①]对外观设计的侵权判断只做了原则性规定，至于具体如何判定侵权与否未做规定。2008年《专利法》的第三次修订对外观设计专利的授权标准做了修改，[②]其中"与现有设计或者现有设计特征的组合相比，应当具有明显区别"也被称为"类似于发明和实用新型的'创造性'标准"[③]。但仍未对侵权标准进行规定。为了配合新《专利法》的实施，《最高人民法院关于审理侵犯专利权纠纷案件应用法律若干问题的解释》

[①] 《专利法》（2008）第十一条第二款："外观设计专利权被授予后，任何单位或者个人未经专利权人许可，都不得实施其专利，即不得为生产经营目的制造、许诺销售、销售、进口其外观设计专利产品。"

[②] 《专利法》（2008）第二十三条第一款、第二款："授予专利权的外观设计，应当不属于现有设计；也没有任何单位或者个人就同样的外观设计在申请日以前向国务院专利行政部门提出过申请，并记载在申请日以后公告的专利文件中。""授予专利权的外观设计与现有设计或者现有设计特征的组合相比，应当具有明显区别。"

[③] 国家知识产权局条法司.《专利法》第三次修改导读[M].北京：知识产权出版社，2009.

（2009）（以下简称"《专利司法解释》（2009）"）正式施行，首次对外观设计专利侵权判定进行了规定，明确只有在与外观设计专利产品相同或者相近种类产品上，采用与其相同或者近似外观设计的，应认定被诉侵权设计落入涉案专利权的保护范围。判断外观设计是否相同或近似，应当基于一般消费者的知识水平和认知能力，考虑外观设计的全部设计特征，以其整体视觉效果进行综合判断。

目前，在我国司法实践中，外观设计专利侵权的判定模式是首先判断被诉侵权产品与涉案专利产品是否属于相同或相近种类，如果二者产品不构成相同或相近种类，则无须进行比对，即可直接认定不侵权。反之，二者属相同或相近种类产品，再以一般消费者的知识水平和认知能力，依据整体观察、综合判断的原则，作出被诉侵权设计与涉案专利是否相同或近似的结论。在该判断过程中，需要考虑的因素包括功能性特征、该类产品的惯常设计、设计空间、新颖点等。

在外观设计专利侵权的判定过程中，涉及相关问题包括外观设计专利权的保护范围、外观设计专利侵权的判断主体、被诉侵权产品与外观设计专利产品种类相同或相近的判断、被诉侵权设计与专利外观设计相同或近似的判定、产品设计空间的考虑，以及外观设计专利侵权的构成要件、外观设计专利侵权的民事责任等，下文将结合案例分别阐述及分析前述问题。

1. 外观设计专利权的保护范围

专利侵权判定的前提是确定专利权的保护范围。权利的范围清晰，社会公众才可以据此确定其合法行为的边界。《专利法》第五十九条第二款[①]规定了外观设计专利的保护范围。该规定形式上是对保护范围的界定，实际解决的问题在于如何确定该设计的具体内容。

关于理解外观设计专利权保护范围的要素，北京市高级人民法院《专利侵权判定指南》（2017）第六十五条规定包括，外观设计的设计要点及其简要说明、专利权人在诉讼程序及无效程序中的意见陈述、当事人在诉讼中提供的专利产品实物等。同时应注意到，外观设计必须依附在具有能

[①] 《专利法》（2008）第五十九条第二款："外观设计专利权的保护范围以表示在图片或者照片中的该产品的外观设计为准，简要说明可以用于解释图片或者照片所表示的该产品的外观设计。"

够满足人们某种需要的产品上。因此，在确定外观设计的保护范围时，要确定外观设计的产品种类及外观设计专利的图片、照片中所体现的外观设计。

可见，授权外观设计的照片或者图片对确定专利权保护范围起决定性作用，简要说明用于解释照片或者图片的内容，其不能替代照片或者图片所体现的内容。上述所称的照片、图片包括：立体产品的基本视图、平面产品的正投影视图、放大图、剖面图、剖视图、展开图及变化状态图，但不含参考图或者使用状态参照图。基本视图即六面正投影视图，是指主视图、后视图、左视图、右视图、仰视图、俯视图。当然也并不是说有的外观设计专利都有上述基本视图，某些情况下可以省略基本视图。

综上所述，外观设计专利的保护范围涵盖了通过图片或者照片结合简要说明来进行综合判断产品的形状、图案、色彩这三个要素，从而判断外观设计是否属于相近似。

《专利司法解释》（2009）第八条[①]的规定是最高人民法院作出的关于认定侵害外观设计专利权行为的司法解释，对统一外观设计专利侵权案件的司法审判和行政处理标准具有重要意义。

由此表明，外观设计专利权的保护范围只能限定在相同、相近类别的产品范围内，故界定外观设计保护范围的首要问题是确定产品的类别。只有在被诉侵权产品与专利产品属于相同或者相近种类的情况下，才能进而判断两者的外观设计是否相同或者相似，并据此作出侵权与否的结论。

本案中，关于涉案专利权的保护范围，天津市高级人民法院认为：外观设计专利权保护的内容应当是产品的创新点和整体造型带来的显著视觉效果，因此创新性、可视性及整体性是确定专利权保护范围时主要考虑的因素。

外观设计专利保护的设计要素是形状、图案和色彩。虽然涉案专利的图片是彩色的，但简要说明未对色彩和图案的保护进行说明，即产品的色

---

① 《最高人民法院关于审理侵犯专利权纠纷案件应用法律若干问题的解释》（2009）第八条："在与外观设计专利产品相同或者相近种类产品上，采用与授权外观设计相同或者近似的外观设计的，人民法院应当认定被诉侵权设计落入专利法第五十九条第二款规定的外观设计专利权的保护范围。"

彩和图案不在保护范围内，故产品形状所形成的视觉效果是涉案专利权的保护范围。根据涉案专利产品与原型车之间的区别设计特征可以看出，车辆前部、后部、中部、以及顶部是经过改装的部位，其中车辆前大灯形状、散热器格栅、车辆后门扶梯、后门的脚踏平台、两个支臂的后视镜、车辆下沿的裙边、两侧车门的脚踏板、两侧车窗形状、呈"庞克头"造型的加高车顶是专利权人在原型车基础上进行加装和改装的车辆组件。车辆正常使用时，前述组件均在可视范围内，容易被直接观察到。结合涉案专利与现有设计（ZL200730000749.7）之间的区别设计特征，可见专利权人设计改装涉案专利产品过程中，又在车辆前大灯形状、散热器格栅、后门脚踏平台、两侧车窗形状、两个支臂的后视镜这些部位上进行了创新，因此前述部位体现了涉案专利的创新性设计特征。

综上所述，涉案专利产品在原型车的多个部位进行改装并加装了上述富有美感的组件后，在整体视觉效果上具有明显的区别，同时车辆前大灯形状、后门脚踏平台、两侧车窗形状、两个支臂的后视镜及散热器格栅这些具有新颖性的设计特征，体现了专利权人创造性的智力劳动和新颖的设计构思，这些部位更容易引起一般消费者的注意，相比产品中其他设计特征，其体现的设计特征对整体视觉效果的影响更为显著。

2. 被诉侵权设计是否落入外观设计专利权的保护范围的判断

（1）外观设计专利侵权的判断主体

关于外观设计专利侵权的判断主体，《专利司法解释》（2009）第十条[1]将其确定为"一般消费者"。这里的"一般消费者"是指对授权外观设计的相关设计状况具有常识性了解，并且对不同外观设计之间在形状、图案、色彩上的差别具有分辨力的人，但其通常不会注意到形状、图案、色彩的微小变化。这里的"常识性了解"不应理解为基础性、简单性的了解，而应当是通晓相关外观设计状况，但其并不具有设计的能力。[2]另外，不同

---

[1] 《最高人民法院关于审理侵犯专利权纠纷案件应用法律若干问题的解释》（2009）第十条："人民法院应当以外观设计专利产品的一般消费者的知识水平和认知能力，判断外观设计是否相同或者近似。"

[2] 孔祥俊，王永昌，李剑.《最高人民法院关于审理侵犯专利权纠纷案件应用法律若干问题的解释》适用的若干问题[J] 电子知识产权，2010（02）：76-80.

的产品有其相应的消费者,即不同产品的消费者不同,应根据产品的购买、实际使用等情况进行判断。《最高人民法院关于审理侵犯专利权纠纷案件应用法律若干问题的解释(二)》(2016)(以下简称"《专利司法解释(二)》(2016)"第十四条[①]的规定对一般消费者知识水平和认知能力的认定方式进行了具体解释。《专利审查指南》对一般消费者应具备的特定作出了相关规定,[②] 但并未区分新颖性及创造性的情形,而是规定了不同种类的产品具有不同的消费者群体。

本案中,关于判断主体即"一般消费者"的认定,天津市高级人民法院认为:一般消费者的知识水平和认知能力,应当考虑涉案专利同类产品的购买者,该类购买者对房车广告中宣传的信息及市场上销售的房车有一定的常识性了解,在购买时会对房车改装前后的情况具有一定的了解,并知晓相关房车的外观设计状况。

由上述案例可见,一般消费者是指对相关设计状况具有常识性了解,并可以区分出不同设计之间在形状、图案、色彩上的差异,但其通常不会注意到其中的微小变化。

[①] 《最高人民法院关于审理侵犯专利权纠纷案件应用法律若干问题的解释(二)》(2016)第十四条:"人民法院在认定一般消费者对于外观设计所具有的知识水平和认知能力时,一般应当考虑被诉侵权行为发生时授权外观设计所属相同或者相近种类产品的设计空间。设计空间较大的,人民法院可以认定一般消费者通常不容易注意到不同设计之间的较小区别。"

[②] 《专利审查指南》(2010)第四部分第五章:"4.判断主体:在判断外观设计是否符合专利法第二十三条第一款、第二款规定时,应当基于涉案专利产品的一般消费者的知识水平和认知能力进行评价。不同种类的产品具有不同的消费者群体。作为某种类外观设计产品的一般消费者应当具备下列特点:(1)对涉案专利申请日之前相同种类或者相近种类产品的外观设计及其常用设计手法具有常识性的了解。例如,对于汽车,其一般消费者应当对市场上销售的汽车以及诸如大众媒体中常见的汽车广告中所披露的信息等有所了解。常用设计手法包括设计的转用、拼合、替换等类型。(2)对外观设计产品之间在形状、图案以及色彩上的区别具有一定的分辨力,但不会注意到产品的形状、图案以及色彩的微小变化。"

(2) 被诉侵权产品与外观设计专利产品种类相同或者相近的判断

①相同或者近似种类产品的判断依据

《专利司法解释》(2009)第八条①明确规定了构成侵权的产品应属于与专利产品相同或者相近种类。可见，相同或相近产品是外观设计专利侵权判定的前提，只有在被诉侵权产品与专利产品属于相同或者相近种类的情况下，才能进而判断两者的外观设计是否相同或近似，并据此作出侵权与否的结论。《专利司法解释》(2009)第九条②规定判断相同或相近种类产品的主要依据是产品的用途，而将简要说明、分类表、产品的功能、使用情况等作为确定产品用途的参考因素。《专利审查指南》(2010)亦对相同或相近种类产品的认定做了规定，确定外观设计产品种类的依据是产品的用途，可以根据产品的功能、产品的销售情况、产品的使用情况、外观设计分类号产品的名称等因素确定。③

可见，认定产品种类的首要参考因素是产品的用途。但是应当注意，对产品用途的理解没有必要过分地强调其实际下位用途是否相同，或者其上位的用途是否相同，在实务中，要充分利用专利文件中的信息，对专利产品进行恰当分类、确定。

②本案产品种类是否相同或者近似的判断

本案中，涉案专利产品与被诉侵权产品均为汽车，属于同类产品，因此可以进行比对二者的外观设计。可见，专利侵权判定的过程中，首先应当确定被诉侵权产品与专利产品是否属于相同种类或者相近种类。不属于

---

① 《最高人民法院关于审理侵犯专利权纠纷案件应用法律若干问题的解释》(2009)第八条："在与外观设计专利产品相同或者相近种类产品上，采用与授权外观设计相同或者近似的外观设计的，人民法院应认定被诉侵权设计落入专利法第五十九条第二款规定的外观设计专利权的保护范围。"

② 《最高人民法院关于审理侵犯专利权纠纷案件应用法律若干问题的解释》(2009)第九条："人民法院应当根据外观设计产品的用途，认定产品种类是否相同或者相近。确定产品的用途，可以参考外观设计的简要说明、国际外观设计分类表、产品的功能以及产品销售、实际使用的情况等因素。"

③ 《专利审查指南》(2010)第四部分第五章5.1.1："在确定产品的种类时，可以参考产品的名称、国际外观设计分类以及产品销售时的货架分类位置，但是应当以产品的用途是否相同为准。相同种类产品是指用途完全相同的产品。"

相同或相近种类的,则无须进行比对及侵权判断。[1]只有在二者属于相同种类或相近种类的情况下,才能进而判断两者的外观设计是否相同或近似,并据此作出侵权与否的结论。对于不同种类的产品,即便其采用了与涉案专利相同的设计,也不构成侵权。

(3)被诉侵权设计与专利外观设计相同或者近似的判断

①外观设计相同或者近似的判断基准

根据《专利司法解释》(2009)第八条[2]的规定,构成侵权的外观设计应当与授权外观设计构成"相同"或"近似"。前述提到的"相同"或者"近似"主要是指在美感上、视觉上的整体效果相同或近似。[3]判断外观设计是否相同或近似,应当基于一般消费者的知识水平和认知能力,考虑外观设计的全部设计特征,以其整体视觉效果进行综合判断。

②外观设计相同或者近似的判断规则

《专利司法解释》(2009)第十一条[4]明确了判断外观设计是否相同或者近似的基本规则。首先,第一款对"整体观察"的对象作出规定,即应当考虑外观设计的全部设计特征,强调在认定外观设计是否相同或者近似时要考虑外观设计的整体视觉效果,对于主要由技术功能决定的设计特征及对整体视觉效果不产生影响的产品的内部结构、材料等特征应当不予考虑。其次,第二款对"综合判断"的考虑因素作出规定,即通常新颖性部

---

[1] 程永顺.专利侵权判定实务[M].北京:法律出版社,2002.

[2] 《最高人民法院关于审理侵犯专利权纠纷案件应用法律若干问题的解释》(2009)第八条:"在与外观设计专利产品相同或者相近种类产品上,采用与授权外观设计相同或者近似的外观设计的,人民法院应当认定被诉侵权设计落入专利法第五十九条第二款规定的外观设计专利权的保护范围。"

[3] 程永顺.中国专利诉讼[M].北京:知识产权出版社,2005.

[4] 《最高人民法院关于审理侵犯专利权纠纷案件应用法律若干问题的解释》(2009)第十一条:"人民法院认定外观设计是否相同或者近似时,应当根据授权外观设计、被诉侵权设计的设计特征,以外观设计的整体视觉效果进行综合判断;对于主要由技术功能决定的设计特征以及对整体视觉效果不产生影响的产品的材料、内部结构等特征,应当不予考虑。下列情形,通常对外观设计的整体视觉效果更具有影响:(一)产品正常使用时容易被直接观察到的部位相对于其他部位;(二)授权外观设计区别于现有设计的设计特征相对于授权外观设计的其他设计特征。被诉侵权设计与授权外观设计在整体视觉效果上无差异的,人民法院应当认定两者相同;在整体视觉效果上无实质性差异的,应当认定两者近似。"

分及主视部分对外观设计的整体视觉效果更具有影响。最后，第三款对"综合判断"的标准作出规定，即在考虑设计特征对整体视觉效果影响程度的基础上，综合判断不同外观设计的整体视觉效果有无实质性差异。① 可见，通过比对被诉侵权设计与专利外观设计的设计特征，以外观设计的整体视觉效果进行综合判断，两者在整体视觉效果上无差异的，应当认定两者相同；在整体视觉效果上无实质性差异的，应当认定两者近似。

对外观设计相同或近似的判断，《专利审查指南》（2010）采取是否对一般消费者产生显著性影响作为近似性判断的标准，在判断方式方面对仅以产品外观作为判断对象、一般消费者、直接观察、单独对比、综合判断等作出了规定。可见，虽然该判断原则与人民法院外观设计侵权判定原则的表述不尽相同，但其实质都强调整体观察、综合判断的判断原则。上述各种判定方法并不是孤立的，司法实践中往往是将各种方法结合起来进行判断。

③外观设计相同或者近似的判断步骤

综合考虑《专利司法解释》（2009）第十一条的规定及《专利审查指南》（2010）的相关规定，判断被诉侵权设计与专利外观设计是否相同或近似包括以下步骤。

第一，确定被诉侵权产品与专利产品是否相同或相近种类。如果二者属于不同种类产品的，则无须进行下一判断步骤，被诉侵权产品不侵犯涉案专利的专利权。反之，二者属于相同或相近种类的产品，则进行下一判断步骤。

第二，将涉案专利外观设计与被诉侵权设计单独进行对比，找出相同点和不同点。该判断步骤可能会得出两种结论：其一，两设计整体较为近似；其二，两设计整体并不近似。两种结论所对应的后续判断步骤并不相同。如果认为两设计整体较为近似，则可以进行下一个步骤的对比。如果二者差异很大，使得二者整体并不近似，除非当事人能够证明区别点属于功能性特征、惯常设计等，否则一般认定二者不构成近似或者实质相同，无须继续对比。如果该区别点认定为功能性特征，由功能性特征带来的视觉效

---

① 最高人民法院民事审判庭第三庭. 知识产权审判指导（总第15辑）[M]. 北京：人民法院出版社，2010.

果不应考虑，故仍要进行下一步比对，以判断除功能性特征外的其他特征是否足以认定二者整体外观实质相同。在该步骤的判断中，需要结合相关证据，考虑该类产品的惯常设计、功能性特征、设计空间、新颖点等因素，以判断两设计是否属于近似的外观设计。

第三，通过整体观察、综合判断，综合考虑涉案专利和被诉侵权产品的相同点和不同点，综合确定二者整体外观的视觉效果。

④本案外观设计是否构成相同或者近似的判断

本案中，判断被诉侵权设计与涉案专利是否相同或近似，步骤如下。

第一，确定被诉侵权产品与涉案专利产品的种类是否相同或相近。本案两者均系改装房车，属相同种类产品，可进行下一步判断。

第二，将被诉侵权设计与涉案专利外观设计进行比对，找出相同点和不同点。首先，二者之间的相同点包括：车辆前大灯形状、矩形车尾组合灯、车辆侧门下沿脚踏板、前保险杠、高位刹车灯、车辆中部下沿裙边、前风挡玻璃、车辆扶梯、两侧前车门下沿裙边及脚踏板、车身整体轮廓、车窗形状、车轮拱板靠近车轮处的裙边、车辆尾部后车门、呈"庞克头"造型的加高车顶、后门脚踏平台、后翼子板靠近车轮处裙边、两侧车窗形状、两个支臂的后视镜、两侧前门、散热器格栅。其次，二者之间的区别点包括：A.从主视图来看，被诉侵权设计，散热网分别设计在前保险杠中部镂空处和散热器格栅的镂空处、两个矩形车灯位于前保险杠下的裙边、其裙边中部镂空开孔较大，涉案专利外观设计没有散热网、裙边没有矩形车灯、开孔较小；B.从后视图来看，被诉侵权设计导流罩安装在梯形顶部，涉案专利没有。C.从左视图来看，被诉侵权设计紧邻车辆前门为一扇较宽的车辆侧门，其上部装有矩形车窗，其上下沿均与前门车窗齐平，紧邻车辆侧门车窗的梯形大车窗上下沿与车辆侧门车窗上下沿齐平，紧邻上述梯形大车窗为一个呈平行四边形的小车窗，其上下沿均与上述梯形大车窗齐平，而涉案专利外观设计紧邻车辆前门为一宽一窄两扇车辆侧门、紧邻车辆侧门车窗的梯形大车窗下沿略低于车辆侧门车窗下沿，紧邻梯形大车窗没有车窗；D.从右视图来看，被诉侵权设计紧邻前门车窗为一个矩形大车窗，紧邻上述矩形大车窗为一个梯形大车窗，紧邻上述梯形大车窗为一个平行四边形小车窗，上述车窗的上下外沿均齐平，涉案专利外观设计前门车窗后两个紧邻的车窗下沿均略低于其下沿；E.从俯视图看，被诉侵权设计上一个凸起的圆形装饰位于车辆尾部，涉案专利外观设计没有该装饰。

第三，判断二者的外观设计是否构成近似。进行比对时主要考虑以下因素：涉案专利产品的一般消费者的知识水平和认知能力。一般消费者应当对涉案专利房车的相关信息有所了解，在购买房车时对其改装前后的情况具有常识性了解，通晓相关房车的外观设计状况。

涉案专利产品的设计空间。涉案专利产品是改装的房车，经过设计改装的部位位于车辆的前格栅、顶部、侧部、后部等，这些部位中包含了很多创新性设计特征，由此可以看出涉案专利产品的设计改装在这些部位为具有较大设计自由度，故可以认定涉案专利产品的设计空间较大，各种设计之间的较小区别不易被一般消费者注意。

二者区别设计特征在整体视觉效果中的影响。二者之间的区别设计特征分别属于车辆改装前已有的特征，或同类产品中常见的设计手法，或在产品正常使用时不易观察到的部位，且涉案专利产品的设计空间较大，一般消费者在整体观察时，不会注意二者之间的较小区别。因此，上述区别设计特征在整体视觉效果上的影响较小。

二者相同设计特征在整体视觉效果中的影响。二者之间的相同设计特征均体现在涉案专利的创新部分、主视部分及产品正常使用时容易观察的部位。一般情况下，前述部位或部分在整体视觉效果上的影响更大。

第四，通过整体观察、综合判断的方法，判断二者是否构成近似。关于专利产品即汽车的一般消费者，其在对房车改装前后的设计情况具有一定的了解，知晓相关设计状况的情况下，以"整体观察、综合判断"的方法比对二者的外观设计时，对于一般消费者来说整体视觉效果影响更大的是容易观察的部位、主视部分及创新部分所体现的相同设计特征，因此，二者设计整体视觉效果无实质性差异，构成近似。

本案中，天津市第二中级人民法院没有考虑涉案专利产品的设计空间及被诉侵权产品与涉案专利之间相同设计特征对整体视觉效果的影响，而是仅仅考虑被诉侵权产品与涉案专利之间区别设计特征得出二者不构成近似的认定。天津市高级人民法院在判断涉案专利外观设计与被诉侵权设计是否相近似时，则考虑了涉案专利产品的设计空间及创新部分所体现的相

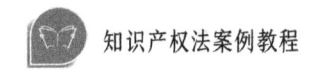

同设计特征等,并据此认定二者构成近似。

(4) 产品设计空间的考虑

《专利司法解释(二)》(2016)第十四条规定了对产品设计空间的考虑。[①] 因此,设计空间是影响外观设计专利侵权判定的一个重要因素。

产品设计空间是指设计者在创作特定产品外观设计时的自由度。[②] 较为成熟的产品通常设计空间较小,如汽车轮胎,因其功能及相关标准的限制,留给设计人员发挥的空间较小。这种情况下,即使轮胎整体形状相同,轮胎表面花纹的差异就能够被一般消费者所觉察。而一些带有突破性设计的原创产品,设计空间通常较大,如在车辆的前格栅、顶部、侧部、后部这些部位增加了一些装饰性特征,设计人员往往有更大的发挥自由度,也比较容易对现有设计作出避让,一般消费者通常不容易注意到不同设计之间的较小区别。可见,设计空间就好比侵权分析时观察产品所使用的分辨率,设计空间越大,需要使用的分辨率就越小,以适当忽略不同设计之间的较小区别。反之,设计空间越小,需要使用的分辨率就越大,以适当突出不同设计之间的较小区别。在不同案件中,即使被诉侵权产品与涉案专利之间差异程度相同,但由于各类产品的设计空间存在差异,法院也有可能作出截然相反的判决。当然,产品的设计空间也不会一成不变,技术的进步,如新材料、新工艺的出现,可能会使得某些产品的设计发生革命性的改变,原先设计空间很小的产品,突然具有较大的创作空间。此时,产品是否相近似的标准就需要重新界定。

设计空间通常受到产品的实用功能、现有设计状况、技术条件、法律法规、专利的申请日、专利产品种类、专利设计要素等因素的影响和制约,因此,设计空间应当考虑这些因素。

产品的实用功能。产品与使用者之间的重要联系之一是产品的功能,每件产品的功能均有差异。产品的设计空间受产品实用功能的影响。产品

[①] 《最高人民法院关于审理侵犯专利权纠纷案件应用法律若干问题的解释(二)》(2016)第十四条:"人民法院在认定一般消费者对于外观设计所具有的知识水平和认知能力时,一般应当考虑被诉侵权行为发生时授权外观设计所属相同或者相近种类产品的设计空间。设计空间较大的,人民法院可以认定一般消费者通常不容易注意到不同设计之间的较小区别。"

[②] 参见最高人民法院(2010)行提字第6号行政判决书。

的实用功能包括为满足人们需求时所考虑的人机工程学等。比如篮球，它的特定功能要求包括具备弹、滚、投、打，故其形状无法是圆形之外的形状。

现有设计状况。现有设计是指在专利申请日之前已在国内外为公众所知的外观设计。消费者对市场上已有的产品外观设计状况有一定的了解，能够认识到产品现有设计状况反映出的设计空间。

技术条件、法律法规等。实现产品的造型及功能等的条件是物质技术条件。因此，物质技术条件与产品的造型、功能是相互制约、相互依存的辩证关系，均体现在产品中。

设计空间的其他考虑因素。A.产品的设计空间与申请日有关。外观设计专利是在外观设计申请日（优先权日）之前作出的，外观设计侵权纠纷的判断会滞后案件申请日之后一段时间，因此考虑其设计空间时应当考虑相关专利申请日时的状况。如果以审判当时的设计现状、技术状态等去审视外观设计专利的设计方案，或者以早于申请日以前很长时间的某一时间点去考虑设计空间，将无法正确把握现有设计状况及新颖性设计特征。B.不同种类产品的设计空间不同。不同种类的产品具有不同的用途。对于产品用途更偏重于实用功能的外观设计，设计空间通常受到的限制较大，对于产品的用途更偏重于装饰功能的外观设计，这类产品在造型、图案、颜色方面都具有很大的设计空间。

本案中，关于涉案专利产品的设计空间，天津市第二中级人民法院没有予以考虑，基于此作出被诉侵权设计与涉案专利外观设计不近似的认定。天津市高级人民法院则认为，判断涉案专利外观设计与被诉侵权设计是否相近似时，涉案专利产品的设计空间应当予以考虑。涉案专利产品是一款改装的房车，车辆的前部、后部、中及顶部均经过设计改装，可以看出这些部位的设计自由度很大，因此可认定涉案专利产品的设计空间较大，对于不同设计之间的较小区别，一般消费者通常不容易注意到。

由前述可见，产品设计空间大或小的认定是判断不同设计之间是否构成相近似的关键要素之一。

3.外观设计专利侵权的构成要件《专利法》第十一条第二款[1]规定了外观设计专利侵权的构成要件，根据该规定外观设计专利侵权的构成要件包括以下几个方面。第一，行为人未经专利权利人的许可，即行为人在没有获得专利权人许可授权的情况下实施其外观设计专利。第二，实施专利。实施专利的目的是生产经营，实施专利的行为包括制造、许诺销售、销售、进口。第三，行为客体。行为客体是指专利产品，即被诉侵权产品与外观设计专利产品种类相同或相近，且二者的外观设计相同或近似。同时存在上述三个构成要件的情况下构成外观设计专利侵权。

本案中，天津市高级人民法院认为，世之源公司明确作出了销售被诉侵权产品的意思表示，具有经营目的，该行为属于专利法规定的许诺销售行为，侵害了星客特公司的涉案外观设计专利权。

4.外观设计专利侵权的民事责任

（1）外观设计专利侵权民事责任的依据

承担专利侵权民事责任的前提是行为人存在专利侵权行为。因此，首先需要确定是否存在专利侵权行为，确定存在专利侵权行为后，再考虑专利侵权民事责任的承担方式。侵害知识产权的民事责任在《中华人民共和国民法通则》第一百一十八条有明确规定。[2]对于外观设计专利侵权案件来说，停止侵权一般包括停止生产制造、销售、许诺销售、进口被诉侵权产品。关于赔偿数额，《专利法》第六十五条亦有明确规定。[3]根据上述法律规定，在确定赔偿数额应逐一分析四个方面的证据：第一，权利人因被侵权所受

---

[1] 《专利法》（2008）第十一条第二款："外观设计专利权被授予后，任何单位或者个人未经专利权人许可，都不得实施其专利，即不得为生产经营目的制造、许诺销售、销售、进口其外观设计专利产品。"

[2] 《中国人民共和国民法通则》第一百一十八条："侵害知识产权的民事责任，公民、法人的著作权（版权）、专利权、商标专用权、发现权、发明权和其他科技成果权受到剽窃、篡改、假冒等侵害的，有权要求停止侵害，消除影响，赔偿损失。"

[3] 《专利法》（2008）第六十五条："侵犯专利权的赔偿数额按照权利人因被侵权所受到的实际损失确定；实际损失难以确定的，可以按照侵权人因侵权所获得的利益确定。权利人的损失或者权利人获得的利益难以确定的，参照该专利许可使用费的倍数合理确定。赔偿数额还应当包括权利人为制止侵权行为所支付的合理开支。权利人的损失、侵权人获得的利益和专利许可使用费均难以确定的，人民法院可以根据专利权的类型、侵权行为的性质和情节等因素，确定给予一万元以上一百万元以下的赔偿。"

到的实际损失；第二，侵权人因侵权所获得的非法获利；第三，专利许可使用费；第四，侵权行为的情节、性质及专利权类型等法定赔偿因素。

（2）本案外观设计专利侵权的民事责任

本案中，侵权人世之源公司未经专利权人星客特公司许可，许诺销售侵权产品，侵害了星客特公司的专利权，应当承担停止侵害、赔偿损失等法律责任。关于本案应承担的赔偿数额，星客特公司请求依据侵权人销售所得利润来计算赔偿数额，但未提供证据证明侵权人因侵权行为所得利益。二审法院综合考虑侵权人的许诺销售情况、专利权人在该领域内经营状况及涉案专利产品在相关市场的知名度等因素，酌情确定本案的赔偿数额。关于专利权人星客特公司因制止侵权所产生的合理费用，且提供了差旅费、公证费及律师费相关证据。综上所述，二审法院酌定侵权人世之源公司赔偿专利权人星客特公司经济损失及合理维权费用40万元。可见，法定赔偿的酌定因素除专利法规定三种情况以外，还应考虑的因素包括：侵权人的经营规模；侵权行为持续的时间、范围和后果；侵权人的主观过错大小；专利权的价值在整个产品中的技术含量等。

三、电子产品山寨设计侵权的案例分析

我国电子产品山寨设计现象的产生有其必然的国情语境，在山寨产品生产过程中，因为主要采用模块化的方式进行制造，相关技术已经成熟，企业不需要再花费高昂的设计成本去进行产品的研发。因此，电子产品山寨设计实际上是行走在法律的边缘，这样是造成当前电子产品山寨设计现象存在争议的关键原因。在大量的山寨产品设计下，就对应产生了"山寨工厂"，最初该类山寨工厂主要分布于我国广东地区，依靠抄袭、盗版和假冒伪劣而存活。然而，随着最近十多年来山寨现象的异军突起，山寨设计现象已经发展成为一种产业链。由最初集中于深圳华强北的商业圈，发展成为分布于全国各地的电子产品山寨设计专业化市场，可以说当前我国电子产品山寨设计已经形成一个非常"健全"的产业链，从产品的研发到销售形成完善的分工作业，包含山寨电子产品所需的耳机、电池、液晶屏等各个零部件，均有专业化的厂家提供配套服务，电子产品山寨设计现象

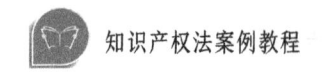

在全国的蔓延，使得2008年成为"中国山寨年"，并引发了十多年的理论争议。因此，当前存在的山寨设计现象，在社会主义市场经济下具有其独特的发展语境。

本章采用例证法来分析极具代表性的山寨手机设计行为，探索电子产品设计的知识产权保护措施。

（一）山寨手机所涉知识产权问题分析

大多山寨手机所涉的知识产权问题主要是侵犯商标权和专利权。作为一个日益庞大的产业，山寨手机在给人们日常生活带来沟通便利的同时在不断触犯法律的"红线"。山寨手机设计所涉及的法律问题越来越多，如今山寨手机产业的发展已经成为一个触碰法律的"高危产业"，正在如履薄冰地发展着。从现实来看，山寨手机设计将不同的技术进行重新组合，但就其设计本身来看，山寨手机设计技术并没有得到法律所允许的专利授权或交叉授权，因此，当前市场上很多山寨手机产品均涉嫌假冒伪劣、虚假宣传等法律问题。尽管山寨手机给大众带来了普通认可的便利，但是这不能从根本上掩饰一些山寨产品设计技术侵权的本质问题，以山寨手机发展的便利性来掩盖其法律侵权的本质现象是不正确的。当前，我国在此方面还没有清晰的法律界定，因此一些山寨手机设计一直在触碰法律的"红线"，打法律的"擦边球"，但这些山寨手机设计的核心技术没有发生本质的改变，这种侵犯知识产权的"伪装产业"发展对整个国民经济发展来说是极为不利的，可以说，当前我国市场上很多山寨手机设计及知名品牌均涉及各种知识产权问题。

当前在我国山寨市场上各类山寨设计电子产品形式多样，五花八门。鉴于当前山寨市场的快速发展，一些原本不属于山寨领域的走私产品、假冒伪劣产品也被冠以了"山寨"的头衔，通过媒体的形式进行大肆的宣传，从而促使山寨概念的"泛山寨化"发展。在知识产权法律框架下，不同类型的山寨产品设计现象会产生差异化的法律效果，因此，本章主要针对含抄袭部分电子产品山寨设计现象的专利权侵权行为进行法律界定。

（二）山寨手机侵犯专利权的案例分析

当前抄袭部分山寨手机设计侵权行为主要分为以下几种类型：一是直接套用知名品牌手机生产的核心专利技术，仅仅在细枝末节上进行创新；

二是使用山寨手机的芯片，套用知名品牌手机的外壳；三是在专利技术和外观上进行交叉侵权，或者套用核心专利技术或者套用知名品牌手机外观。

笔者对当前山寨手机市场进行调研发现：当前一些山寨手机生产商为了节约成本，一般情况下不会对山寨手机系统进行研发，而山寨手机设计团队只需要根据热销机型品牌手机的核心技术进行搬用，一旦热销品牌手机上市以后，该山寨模仿团队将以最快的速度对品牌手机的核心技术进行破译，挖掘其核心卖点后进行模仿，形成"山寨版"。并且由于当前市场上山寨手机版本较多，很难找到生产的源头，因此造成各类山寨手机侵权专利权的现象十分普遍。

1.绝大多数山寨手机设计没有侵犯发明权和实用新型权

根据《专利法》（2008修正），移动通信系统领域所涉及的专利侵权主要集中于四个部分，即芯片级专利、底层协议级专利、操作系统级专利、应用级专利。对我国手机芯片发展史进行考察发现，2006年之前，我国手机芯片的供应商主要是以美国高通等为代表，提供给诺基亚、摩托罗拉为代表的手机行业巨头；2006年之后，台湾联发科发明了一种价格低廉的MTK手机芯片，由此之后，手机芯片技术的高门槛被打破，我国市场上的山寨手机设计均采用了MTK手机芯片。因此，当前的山寨手机设计大多没有侵犯发明权和实用新型权。

2.绝大多数山寨手机设计侵犯外观设计专利权

实际上，我国市场上绝大多数山寨手机设计侵犯了外观设计专利权，这一点可以从手机市场上存在的大大小小的、各种各样的外观复制品手机得到有效验证。但是深入调查发现，实际上目前的手机运营市场，大多数山寨手机设计并没有侵犯发明权和实用新型权。市场上山寨手机设计与知名品牌手机外观相似或一致的现象比比皆是，例如：山寨机NCKIA808与品牌手机NOKIA808的外观高度一致；三星公司和苹果公司关于初代iPhone圆角矩形外观专利权的诉讼争辩；苹果公司的iPhone 6和iPhone 6 Plus两款手机与佰利公司的"手机（100C）"诉讼案件；各类国产版等等。

根据《专利法》（2008修正）第一章总则第二条之规定，外观设计属于发明创作，是指"对产品的形状、图案或者其结合以及色彩与形状、图案的结合所作出的富有美感并适于工业应用的新设计"。对其进行拆分，可以看出《专利法》（2008修正）关于外观设计专利的解释包含以下几个方面：第一，外观设计是针对产品形状、图案、色彩或者三者相互结合的设计；第二，外观设计富有美感；第三，外观设计是一种新设计；第四，外观设计适用于工业领域；总结起来可见，外观设计专利仅仅是针对产品外观领域的权限规定，强调对新设计的视觉可见的美感外观的侵权。根据全面覆盖的原则，山寨手机设计是否设计侵犯外观设计专利权，需要从外观和产品两个方面进行判断：一是被指控的山寨手机外观是否与获得专利的品牌手机外观设计相同或类似；二是被指控的山寨手机产品是否与获得专利的商品属于同类或者相似商品，即同属通信类手机产品。根据以上两个侵犯构成要件，判断山寨手机是否侵犯外观设计专利可以坚持以下三步：第一，审查是否属于同类产品，如山寨手机外观与注册专利的计时器、表的外观相似，由于不属于同类产品，不属于侵犯外观专利权；第二，考察两者之间是否存在相似性，相似性的判断应以大众审美为标准，而不是以专业检测为标准；第三，考察两者之间是否具备相同的美感。

以品牌手机苹果iPhone X和山寨手机小辣椒S11为例，被称之为"安卓版iPhone X的小辣椒S11"，仅售1 599元，同样是有"刘海"的异形屏幕，后置纵向双摄像头，实现了年销800万台的销售规模，严重侵犯了品牌手机苹果iPhone X的外观设计专利权。

利用笔者上文判定的三步法可以看出：第一，品牌手机苹果iPhoneX和山寨手机小辣椒S11同属手机通信设备产品；第二，品牌手机苹果iPhone X和山寨手机小辣椒S11的外观存在极大的相似性，被大众称之为"失散多年的兄弟""双胞胎"；第三，品牌手机苹果iPhone X和山寨手机小辣椒S11两者之间因为外观相似，也存在相同的美观，从年销量就可以看出大众对其审美的接受。

第五章 网络知识产权保护案例分析

随着现代科技的飞速发展和全球化的不断深化，互联网已经成为现代生活不可或缺的一部分。作为信息传播的一个重要载体，互联网正越来越多地承载着各类智力成果的跨境流动。基于网络媒体的特殊性特别是近年来P2P（个人对个人或伙伴对伙伴，又称"点对点网络借款"）技术的发展与普及，传统的知识产权制度已经显示出了一定的滞后性，难以完美地协调涉及网络媒体的侵权纠纷。

针对互联网知识产权侵权高发现象，我国侵权网络责任规则体系中的"通知删除"及"通知加采取必要措施"是一个既维护网络环境下知识产权保护的基本价值，又兼顾互联网产业的发展需求的重要规则，对平衡权利人、网络服务提供者和网络用户的利益发挥了积极作用。

《中华人民共和国侵权责任法》（以下简称《侵权责任法》）第三十六条"互联网条款"、《中华人民共和国电子商务法》和《信息网络传播权保护条例》第十四条、第十五条，构成了我国网络侵权责任的主要规则体系，该体系中所用的"通知删除"及"通知加采取必要措施"对在互联网制止侵权和保护权利十分重要。

本章通过数据产权与隐私保护、云服务器侵权、短视频侵权和人工智能生成物的权属纠纷等具体案例分析，揭示网络知识产权保护问题，达到保护权利人的权利，促进网络相关行业的顺利发展的目的。

一、数据产权与隐私保护的案例分析

本章选取"水滴直播事件"，探讨数据产权与隐私保护之间的关系，清除数据经济发展面临的"隐私障碍"。

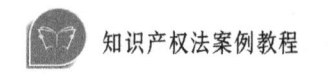

（一）水滴直播事件始末

2017年12月，网络安全公司360的监控视频直播服务，遭到公众的广泛质疑。部分装有360智能摄像机的公共场所，不但受到视频监控，而且会在水滴平台进行直播，引发舆论关于隐私侵犯和保护的密集讨论。最终以360宣布永久关闭水滴直播平台而结束。事件的主要历程如下。

2017年12月12日上午，陈菲菲的署名文章在微信朋友圈广为流传。文章以第一人称的写作手法，探访了部分装有360智能摄像头的店铺，并指明在顾客不知情且未张贴直播告示的情况下，有店铺将智能摄像头的内容在"水滴平台"上直播，并由此质疑360公司的硬件产品和直播平台侵犯用户权利。

12月12日下午，360公司通过新浪科技回应：360智能摄像机的用户协议明确要求商家在直播区域设置明显直播提示，或通过张贴提示贴纸以告知顾客；并且，对不按要求告知客户的商家，一旦发现没有设置明显提示，水滴直播平台有权强制停播。

12月12日晚间，360发表官方声明指出，360智能摄像机和App最初没有水滴直播功能，添加直播功能是根据用户的陆续反馈和建议，而且在默认条件下，智能摄像机处于安防监控状态，不开启直播功能；直播用户需要自主选择手动开启。如果要开启直播模式，也必须进行实名注册，且要求所拍摄内容无任何其本人或他人的个人隐私，并确保拍摄内容健康，不触犯法律。

12月13日晚间，360公司再次发文澄清，智能摄像机并非在工作状态就会直播；360公司不存在为获取直播内容而向商家免费赠送摄像机的行为。

12月14日起，水滴直播平台下线所有涉及流动人员的公共场所的直播，仅保留精准扶贫、生态农业等公益直播内容。

12月14日上午，有媒体报道，360智能摄像头涉嫌不雅视频的录制和传播。

12月15日下午，全国"扫黄打非"工作小组办公室宣布，针对利用网络摄像产品录制和传播不雅视频等有害信息的情况，已协调相关部门深入调查；一经查实，将予以严惩；情节严重的依法追究刑事责任。

12月19日上午，人民日报针对水滴直播事件发表评论，认为直播平台应承担隐私审查义务。

12月20日上午，360官方主动宣布：永久关闭水滴直播平台，不再提供任何直播服务；360智能摄像机将删除所有直播相关功能，只提供安防监控功能。

（二）监控直播与隐私侵权——法律分析的视角

姑且除去涉事双方的行为动机、修辞性表述和策略性辩护，水滴直播事件的本质是监控内容的网络直播，更确切地说是公共监控的网络直播。由此，引起是否侵犯隐私、侵权主体认定、侵权责任划分及如何维护公共场所隐私权的广泛讨论。首先，本章将探讨"公共监控直播"是否侵犯隐私权，并从理论上分析公共场所的隐私侵权和隐私保护。其次，本章将通过研究网络直播平台与直播发布者的责任划分，分析和总结"水滴直播事件"，确认侵权主体及相关责任。

在网络直播行业中，水滴直播平台具有相当的特殊性。水滴直播并非独立的直播平台，而是服务于智能摄像机"小水滴"的使用和销售。因而，水滴直播平台的发布内容不同于一般的网络直播，而是其所谓的"场景直播"。通过智能摄像机"小水滴"，手工艺者可以展示其工作场景和制作流程；生态农业经营者可以展示农业生产的关键环节；学校负责人可以展示教室内的教学和生活场景；餐厅经理可以展示厨房的工作场景和食客的进餐场景；旅游景区管理者则可以展示景区的自然风光及游客的旅行场景；等等。

但是，所谓"场景直播"的"场景"，种类繁多，却性质各异。有些场景属于私人场景，即由私人所有或独立控制的场景，如个人手工坊、个人演播室等；有些场景属于企业场景，即由企业所有或独立控制的场景，如餐厅厨房、工厂车间、生态养殖场等；有些场景则具有鲜明的公共性，属于典型的公共场景，如学校教室、餐馆大厅、旅游景区等。

此外，作为特定的信息发布方式，网络直播强调发布过程具有双向沟通的特征，以区别于网络录播。换句话说，在通常的网络直播过程中，网络主播主动发起私密直播，播送给自己期待的接收者，并与网络观众进行实时互动，进而获取"打赏"收益。

因此，在严格意义上，水滴平台的许多公共场景内容，仍然属于单方面发布的"视频监控"。直播内容并非被直播的公众发起，被直播者更加

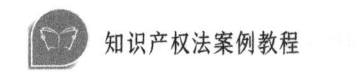

无法分享直播收益。监控直播虽然具有实时播送的特点，但已经与"网络直播"的含义相去甚远。换言之，与常见的网络直播不同，"水滴直播"更像是一种"被直播"。那么，在公共场所允许安装监控的情况下，公共场所中的"被直播"存不存在"被侵权"呢？

为解答上述疑问，有必要澄清两个问题：第一，"公共直播"与"公共监控"是否存在本质区别？第二，公民在公共场所是否拥有隐私权？

事实上，"公共监控"与"公共直播"确实存在本质差异。"公共监控"的目的在于维护公共秩序、服务社会管理、预防和打击违法犯罪；[①]如无特殊需要，监控内容通常不对外公开。而"公共直播"则有所不同，其目的是通过内容公开实现的，而且其目的具有多样性：学校教室的网络直播，主要是为了满足父母了解子女校园生活和督促子女学习的需要；商场促销的网络直播，则试图通过双向互动促进产品销售；公共活动的网络直播，则希望增加活动娱乐性和扩大活动影响力；而餐馆大厅、旅游景区等的网络直播，则重在宣传自身和吸引顾客。因此，公众对于"公共监控"和"公共直播"具有不同的预期。面对"公共监控"，公众预期监控内容保密，因而具有较高的安全感和信任感；对于"公共直播"，公众则预期内容将实时公开，并自主决定是否参与直播。

但是，在"水滴直播事件"中，"公共直播"的工具是监控摄像机。如果不加以提醒，很多人会将其认定为内容保密的监控设施。所以，绝大多数人并不知道自己正"被直播"。也就是说，监控设备将不知情的公众行为直播，不是公众在自主环境中的自愿行为，因而其在性质上已经具有偷拍的色彩。

至于公民在公共场所是否具有隐私权，则是一个相对复杂的问题，需要进行细致的理论分析。一般认为，所谓隐私权，是一种基本的人格权利，是指自然人享有的私人生活安宁与私人信息秘密受到依法保护，不被他人非法侵扰、知悉、收集、利用和公开，是公民对自己的人体秘密、性关系秘密及其他生活信息秘密享有的自由决定权。例如，可以自主选择自己的肖像特征是否被别人看到，是否出现在某些场合，是否公开自己特定的生

---

① 很多地方的《安全技术防范管理条例》都有规定，监控拍下的摄影资料，只能用作预防打击犯罪、社会管理等公益用途，不能用于娱乐性直播。——笔者注

活轨迹等。对他人在何种程度上可以介入自己的私生活，对自己的隐私是否向他人公开及公开的人群范围和程度等，权利主体具有决定权。法律禁止并处罚以下侵犯隐私权的行为：干涉、监视他人的私人生活，破坏他人生活安宁；非法调查、窃取个人信息；擅自公布他人隐私；非法利用他人隐私等。①

在中国大陆，对公民隐私权的保护，主要体现在宪法第三十八条和第四十条，即"公民的人格尊严不受侵犯""公民的通信自由和通信秘密受法律的保护"②，并经由民法总则、治安管理处罚法、侵权责任法、刑法、刑事诉讼法、民事诉讼法及相关司法解释等，构建起了维护公民隐私权的基本法律体系。由此，法律原则上是保护公民隐私权的。但是，公民"隐私的范围"却未能明确界定，以至于"隐私权"在一定程度上模糊不清。而且，对于隐私权的保护情境，法律并没有清晰明确的规定。

由于公共场所中的信息具有非排他性，或者至少存在排他困难。因此，当公民身处公共场所时，其合理的隐私范围更加难以界定。那么，应该如何界定个人在公共场所的"隐私"呢？法律相关工作者对此并没有准确一致的判断。

在法理上，应当认可公共场所存在"隐私"，因而公共场所中的公民仍具有"隐私权"。当然，也必须承认，相比私密场所，公共场所的"隐私"范围可能更小。但是，法律本身毕竟未能明确"隐私的范围"，更加不存在公共场所和私密场所的隐私区分。因此，可以认为，除上述一般性认识外，法理上仍无法界定公共场所的隐私范围。

此外，随着网络时代的发展，"隐私权"随之延伸到网络空间，形成所谓的"网络隐私权"。网络隐私权同样是一种人格权，具体是指自然人在网络上的私人生活安宁、私人信息、私人空间和私人活动受到依法保护，不被他人非法侵犯、知悉、搜集、复制、利用和公开；也指禁止在网上泄露某些与他人相关的敏感信息，包括事实、图像等。

---

① 罗国杰.思想道德修养与法律基础（2015年修订版）[M].北京：高等教育出版社，2016.
② 除因国家安全或者追查刑事犯罪的需要，由公安机关或者检察机关依照法律规定的程序对通信进行检查外，任何组织或者个人不得以任何理由侵犯公民的通信自由和通信秘密。——笔者注

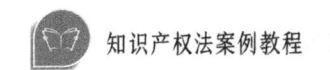

显然，由于"隐私"及"隐私权"的界定本身就不明确，自然而然，其在网络上的自然延伸也就存在问题，而且在网络时代和数据时代，数字化信息的传播范围更广、速度更快，社会的公私边界也越来越模糊。因此，公民"隐私"和"隐私权"也越来越难以界定。

与此同时，网络时代和数据时代的发展，更加充分和激烈地暴露了权利界定不清晰的缺陷。不清晰的"隐私"和"隐私权"界定，一方面，造成"隐私"和"隐私权"保护的不充分，使侵权与否的争议愈加泛滥；另一方面，为避免可能涉及的隐私侵权，导致大量数据资源的合理利用无法顺利进行，产生巨大的机会成本。不得不承认，在人权保护急速推进的背景下，公众的隐私观念已经普遍觉醒。但是，相关法律对隐私权的界定和保护，仍然停留在比较初级的阶段，无法适应日渐数字化的时代背景。因此，对于更复杂的情境，法律法规还需要进一步细化和完善。

当然，即便如此，根据已有的法律规范及法理观念，仍可对"公共监控直播"做必要的剖析。实际上，只要认可公共场所存在隐私，即便实际拍摄内容里没有任何隐私，"公共监控直播"就构成了"隐私权侵犯"，而无须发生实际的"隐私侵犯"行为。

因为"隐私权侵犯"不同于"隐私侵犯"。隐私权的核心在于个人对隐私是否公开及公开程度的自由决定权。因而，如果特定行为妨害了个人对于自身信息的自由决定，则构成"隐私权侵犯"，并不需要实际的"隐私侵犯"行为。而"隐私侵犯"则是个人隐私被他人非法窃取、擅自公布或非法利用，是对隐私的实际侵犯。由此，"隐私权侵犯"仅是"隐私侵犯"的必要条件，而非充分条件；而"隐私侵犯"则是"隐私权侵犯"的充分条件，但非必要条件。所以说，侵犯隐私权并不一定发生实际侵犯隐私，但侵犯隐私行为的发生必然意味着隐私权侵犯。

也就是说，或许监控直播并未造成被直播者个人隐私的实质性泄露，但是未经授权擅自直播的做法本身，已经剥夺了个人对信息是否公开及公开限度的选择权。那么，一旦监控视频中出现隐私内容，该内容将在最大程度上对互联网用户公开。所以，"监控直播"确实构成"隐私权侵犯"行为。而且，在"隐私权侵犯"行为中，不仅包括对不知情的被拍摄者的"个人隐私权"侵犯，还包括不特定的"公众隐私权"的侵犯。实际上，公共监控的直播行为,将侵犯任何可能出现在公共监控下的个人的隐私权。因而,其剥夺了所有个人在公共场所的"个人隐私权",从而造成"公众隐私权"侵犯。也就是说,即便没有暴露任何人的隐私,没有侵犯任何特定个人的"个人隐私权",仍然有可能侵犯了"公众隐私权"。[①]

尽管是"个人隐私权"的自然延伸,但是,"公众隐私权"却不同于"个人隐私权"。"个人隐私权"是针对每个特定个人的,权利主体明确;而"公众隐私权"并非针对特定个人,而是针对可能出现于公共场所的公众,权利主体不明确。"个人隐私权"源于个人具有隐私的事实,目的在于维护单个个人关于隐私的自由决定权利。但是,由于信息在公共场合具有公开性,因而,任何出现在公共场所中的个人,都面临隐私信息暴露的风险。所以,源于公共场所同样存在隐私空间的判断,目的在于确保任意个人可能暴露或公开在公共场所的隐私。从而,避免单个个人的隐私保护意愿,受到其他大多数个体意愿的裹挟,并通过保护不特定的公众,实现对单个个人在公共场景中的保护。

也就是说,即便确知面临个人隐私暴露的风险,为了参与必要的社会活动,个人自主选择或不得不进入公共场景,不得因其他个人放弃隐私或不主张权利,而否认特定个体暴露的信息不具有隐私特征,或可以不经允许就任意利用或扩大公开范围。因此,不同于一般意义上的"个人隐私权","公众隐私权"明确否定公开场景获悉的个人隐私不再属于隐私,强调保护未预期到的隐私公开,或超出合理预期范围的隐私公开。从而,"公众隐私权"的存在,避免公共场所中的信息被无限度公开,避免公共场所隐私权的彻底丧失。

综上所述,可以明确认定,"公共监控直播"存在"隐私权侵犯"行为,因为其至少侵犯了"公众隐私权"。因此,除非获得全体公众的一致同意,公共监控在任何情况下都不应用于直播。

"水滴直播事件"的发生具有一定的偶然性,只是因为本应作为监控使用的智能摄像机被用作公共直播,触发了公众关于隐私权的敏感神经。

[①] 当没有任何人出现在"监控直播"区域时,"监控直播"就没有侵犯任何特定个人的"个人隐私权",但是,却剥夺了不特定个人在该区域的隐私权,即侵犯了"公众隐私权"。——笔者注

但是，公共监控直播或者说公众场所的隐私侵权，反映的却是数字化和信息化的快速推进与落后的隐私权界定和隐私管理之间的冲突，具有一定的趋势性和必然性。如果不能明确界定隐私权的范围，不能寻找出切实有效、长期可行的隐私管理规则，类似的侵权事件仍然可能持续发生，会有更多人的权利受到损害，也会有更多的企业因为误踩"红线"而失利。

二、云服务器侵权案例分析

（一）云服务商的特殊性

任何一种新兴技术都不能脱离法律而存在，云计算领域也不是法外之地。云计算的虚拟性和广泛性为行业监管带来挑战。首先，必须对云计算服务提供商资质进行监管，云计算是对用户数据和内容的计算和存储，为保障用户隐私和数据的安全，必须建立监管和审查机制。2012年，工信部印发的《关于进一步规范因特网数据中心业务和因特网接入服务业务市场准入工作的通告》，要求云计算运营商进行网站备案、网站安全管理及技术安全测评[1]。对用户的信息和数据，要求云服务器提供者必须遵守我国的个人信息保护、跨境数据流动及网络安全管理的相关法律规定。其次，数据和应用的边界，防止数据的应用超出政府的监管范围，确保所有数据的应用在政府监管和法律调整之下。再次，加强云计算的商业投入领域，如税收、人力资源、市场环境的管理[2]。最后，必须明确云计算服务商与用户之间权利的边界。云计算的出现，必须审视云计算服务商和用户之间的利益平衡和价值判断。云计算服务商可以通过技术措施控制多方市场，处于优势地位，根据公平原则应该为云计算服务商设置适当的义务和限制。但是，根据云计算的行业特征和发展前景，云计算产业仍然处于发展的重要阶段，法律不能为行业发展设置过多的阻碍。因此，司法实践中，裁判者在考虑云计算服务商如何适用法律时必须综合考虑多方面的因素，进行价值判断和选择。法律规定的不同网络服务提供者的类型是通过技术进行分类的，

---

[1] 中国网.工业和信息化部关于进一步规范因特网数据中心业务和因特网接入服务业务市场准入工作的通告[EB/OL].http://www.china.com.cn/guoqing/zwxx/2012-12/04/content_27303342.htm.

[2] 董晓霞，吕廷杰.云计算研究综述及未来发展[J].北京邮电大学学报（社会科学版），2010（05）：76-81.

技术作为一种工具，本身是中立性质的，是法律不禁止的。法律调整的是行为，在侵权人利用技术进行侵权行为时，使用技术的侵权行为才是被法律所禁止的。因此，法律不能限制技术。面对新型网络服务提供者的案件，裁判者对新型网络服务提供者的技术定性和行为分析最终还是要以法律调整为最终目的，不能拘泥于技术特征，实践中必须回归到法律上的界定和分析。

云服务器作为云计算的重要商业应用之一，商业使用的过程中不可避免地会存在法律风险。在"阿里云案"中，阿里云公司如果提供的是物理服务器而不是虚拟服务器，那么阿里云公司肯定不会被起诉侵犯信息网络传播权。"阿里云案"之前未有过云服务器提供者为被告的案例，不能从现有的法律中找到明确规定的法律责任和法律义务，权利人和云服务器提供者在诉讼过程中都面临一定的风险，裁判者也面对一定的挑战。根据云服务器提供者的技术特征明确其在现存法定框架下的定位，在民法理念的框架中寻求解决路径才是根本途径。

（二）云服务器提供者引发的法律问题

2020年11月30日，中共中央政治局第二十五次集体学习时，习近平强调，全面加强知识产权工作，激发创新活力，推进创新发展的新格局，保护知识产权就是保护创新[①]。在国家强调积极保护知识产权的趋势下，面对云计算衍生的新型网络服务提供者——云服务器提供者，如何适用现有法律框架包括如何利用2021年生效的《民法典》解决云服务器提供者的侵权问题，如何达到平衡权利人利益和公众利益，如何为包括云服务器提供者在内的新型网络服务提供者设置义务，建立有效的责任机制，如何利用法律正确引导科学技术重塑社会关系和社会经济，是司法实践中面临的重要问题。

具体而言，一方面，技术发生革命性改变的过程中，内容的创作和传播都发生了极大的变化。互联网的匿名性、交互性和高速度的特征，导致权利人维护自身权利越来越困难。因此，权利人开始转向网络服务提供者

---

① 中共中央党校网.习近平在中央政治局第二十五次集体学习时强调全面加强知识产权保护工作激发创新活力推动构建新发展格局 [EB/OL].https://www.ccps.gov.cn/xtt/202012/t20201201_145384.shtml.

维护自己的权利。2015年，乐动卓越公司起诉作为云服务器提供者的阿里云公司，"阿里云案"成为云计算第一案，对云服务器提供者的侵权界定和未来行业发展具有重要的指导意义。另一方面，云计算技术作为一种技术，符合"技术中立"的原则。"技术中立"原则的内涵就是服务器提供者提供的商品或者服务同时具有合法和非法的用途，那么可以免除其侵权责任[1]。"技术中立"原则的目的是平衡权利保护和技术创新[2]。但是随着商业模式的变化，一些情况下，技术传播和内容提供难以进行准确的区分，出现了既提供技术也参与内容编辑的网络服务提供者，面对这种复杂的情况，为了准确界定网络服务提供者侵权责任，发展出间接侵权的理论，即云服务器提供者符合"技术中立"原则，也不能免除其可能存在的侵权责任，应该进行个案的具体分析，判断是否存在侵权。判断云服务器提供者是否侵权的重要标准之一就是通知删除规则，即云服务器提供者在接收到权利人的通知后是否采取了断开、屏蔽、删除链接的必要措施。但是，云服务器提供者具有技术特殊性和严格的行业监管要求，客观上不能采取断开、屏蔽、删除链接的措施，也不能采取与其相等的关闭服务器或者删除服务器内所有数据的措施，这样会严重影响云服务器的使用和其他用户的正常网络活动。因此，云服务器提供者不适用通知删除规则。不适用通知删除规则的同时，如何适用法律，如何采取必要措施，如何免责都是云服务器提供者面临的重要问题。

"阿里云案"经过一审和二审，解决了云服务器提供者如何适用法律，如何采取必要措施，如何归责的问题。除"阿里云案"确定的适用通知删除规则的标准之外，如何为云服务器提供者设定合理的义务和责任，提高保护知识产权的效率也是重要问题。

（三）"阿里云案"的基本情况及争议焦点

1. 案件一审及案件争议焦点

乐动卓越公司是游戏《我叫MT Online》的著作权人和研发人，《我叫MT Online》是获得国家版权局认证的游戏，乐动卓越公司取得该游戏著作

---

[1] 梁志文. 云计算、技术中立与版权责任[J]. 法学，2011（03）：84-95.
[2] 罗静，熊丽娜. 云服务供应商著作权侵权责任探讨[J]. 广州大学学报（社会科学版），2016（11）：24-29.

权证书。2013年《我叫MT Online》在手机平台上线之后，取得非常好的商业效益和口碑。2015年，乐动卓越公司接到投诉，www.callmt.com网站提供的《我叫MT畅爽版》非法复制《我叫MT Online》，www.callmt.com网站经营者的行为非法侵犯了乐动卓越公司的复制权、发行权和信息网络传播权。乐动卓越公司查询后无法确定www.callmt.com网站经营者的具体信息，但发现《我叫MT畅爽版》游戏储存在阿里云服务器，通过云服务器向客户端提供游戏服务。乐动卓越公司三次向阿里云公司发出通知，要求阿里云公司删除侵权内容，并提供网站经营者的具体信息，阿里云公司没有采取任何措施。2015年，乐动卓越公司向一审法院提出诉讼请求，要求阿里云公司断开《我叫MT畅爽版》游戏的链接并赔偿乐动卓越公司损失。

一审法院认为案件存在四个争议焦点[1]。

第一，乐动卓越公司是不是《我叫MT Online》的著作权人，是否有资格提起诉讼。一审法院认定乐动卓越公司是游戏《我叫MT Online》的著作权人，有权对侵犯其著作权的侵权人提起诉讼。

第二，《我叫MT畅爽版》游戏是不是盗版游戏，是否储存在阿里云服务器中。一审法院认定《我叫MT畅爽版》是侵犯《我叫MT Online》著作权的盗版游戏，《我叫MT畅爽版》储存在阿里云公司的云服务器中。

第三，阿里云公司的行为是否构成侵权。首先，需要确定乐动卓越公司发出的通知是不是合格通知。乐动卓越公司向阿里云公司发出通知，阿里云公司认为乐动卓越公司第一次通知没有在公司设置的专门的违法侵权投诉通道进行投诉，并且没有提供初步证据证明侵权行为的存在，第一次通知是无效通知。阿里云公司收到的第二次通知内容不完整，没有注明联系方式，导致阿里云公司无法与权利人联系核实信息，而且通知中没有对内容真实性的声明，不存在证明侵权的初步材料。第一次和第二次的通知都属于不合格的通知。一审法院认为，阿里云公司提出乐动卓越公司没有在专门的违法侵权投诉渠道进行投诉的抗辩不存在法律支持，乐动卓越公司通过不同的方式通知，并且注明了其是《我叫MT Online》的著作权人，提供了企业信息、版权证明和盗版侵权游戏的IP地址，即使没有对内容真

---

[1] （2015）石民（知）初字第8279号。

实性的声明，但是提供的通知函及提供的材料足以证明内容的真实性。一审法院认为乐动卓越公司的通知为有效通知。其次，阿里云公司是否存在主观过错。一审法院认为阿里云公司作为网络服务提供者，虽然并无事前审查的义务，但是在权利人发来通知后，应该采取积极、适当、合理的措施避免权利人损失的扩大。阿里云可以采取的措施不仅包括删除侵权的作品，还包括向云服务器服务对象询问相关情况、转送权利人通知等合理措施，并根据服务对象的反应采取进一步的措施。但是，阿里云公司在接到乐动卓越公司的通知后，保持消极的态度，长时间内没有采取任何措施。主观上存在过失，客观上造成乐动卓越公司的损失的扩大，一审法院认为阿里云公司应该承担侵权责任。

第四，阿里云公司应当承担的法律责任。在一审的诉讼期间，阿里云公司已经关停服务器主机，提供了侵权人的信息。乐动卓越公司要求阿里云公司断开链接的诉讼请求已经实现。一审法院根据游戏的商业价值和影响范围，阿里云公司的主观过错，阿里云公司接到通知到断开链接的时间长短等因素酌定阿里云公司应当承担的赔偿数额。一审法院最后判决阿里云公司赔偿乐动卓越公司损失25万元。

2.案件二审及案件争议焦点

一审判决后，阿里云公司不服一审法院判决进行上诉，要求撤销一审判决，驳回乐动卓越公司的诉讼请求。阿里云公司抗辩到：首先，一审裁判过程中乐动卓越公司并没有主张服务器软件侵权，根据乐动卓越公司提供的证据可以看出乐动卓越公司仅主张客户端软件侵权，一审法院在乐动卓越公司的引导下混淆了客户端软件和服务器软件的概念，即阿里云服务器仅储存了服务器软件，网络用户下载的客户端软件并不由阿里云公司提供，而是由其他网站提供；其次，乐动卓越公司的通知并不是合格通知，通知中并不存在有效的联系方式、权属证明等合格通知的要件；再次，"转通知"不能认定为阿里云公司应该采取的必要措施，不适当的必要措施会加重阿里云公司的运营负担；最后，裁判具有指导意义，如果要求阿里云公司作为基础服务提供者承担责任，则会产生恶劣的社会效果和不良的司法引导，在以后的网络侵权案件中，权利人或会大概率转向起诉基础服务提供者，导致无法找到真正的侵权人，难以查清侵权事实。

二审法院重新整理了案件争议焦点[①]，认为本案存在六个争议焦点。

第一，乐动卓越公司主张的权利是否包括游戏服务端部分。《我叫MT online》游戏分为供网络用户下载的客户端部分和储存在服务器上的服务器程序和账号管理平台程序。在技术层面上，客户端部分和服务器部分建立在不同的代码和硬件设备之上，二者通过数据通信从服务器部分实现客户端的软件功能。在著作权法层面上，客户端部分和服务端部分属于不同的作品，应该对客户端和服务端主张的权利进行区分。根据乐动卓越公司的诉讼请求、事实情况和举证情况，二审法院认为乐动卓越公司主张的权利包括服务端的权利。

第二，本案适用法律的顺序，《信息网络传播权保护条例》和《侵权责任法》同时规定网络服务提供者的侵权行为。《信息网络传播权保护条例》和《侵权责任法》虽然属于不同位阶的法律，但是《信息网络传播权保护条例》和《侵权责任法》构成特别法与一般法的关系，为了防止在适用法律的过程中向一般条款的逃逸，涉及著作权侵权的问题应该优先适用《信息网络传播权保护条例》。

第三，阿里云公司的网络服务类型。首先，根据技术特征的分析，云服务器租赁服务不属于《信息网络传播权保护条例》规定的信息存储空间服务和搜索及链接服务。其次，云服务器租赁服务不属于《信息网络传播权保护条例》规定的自动接入、自动传输和自动缓存服务。《信息网络传播权保护条例》除了这几类网络服务类型并未做其他的一般性的网络服务的规定。因此，云服务器提供者不能适用《信息网络传播权保护条例》，应该由《侵权责任法》第三十六条的规定调整。

第四，乐动卓越公司的通知是否是合格的通知，《信息网络传播权保护条例》对合格通知规定了法定要件。二审法院认为乐动卓越公司的通知不符合合格通知的法定要件，不能认定乐动卓越公司的通知是合格通知，并且阿里云公司没有根据不合格的通知采取进一步的核实、调查的义务。

第五，阿里云公司接到合格通知后应该采取的必要措施。《信息网络传播权保护条例》中规定的是通知删除模式，网络服务提供者在接到合格

---

① （2017）京73民终1194号。

通知后应该采取断开、屏蔽、删除链接的措施。《侵权责任法》中规定的是通知—必要措施模式[1]，网络服务提供者在接到合格通知后应该根据侵权行为的实际情况采取适当、合理的必要措施。二审法院认为云服务器提供者不适用通知删除规则，云服务器提供者如果接到合格的通知就要采取与断开、屏蔽、删除链接等效的关停服务器或者删除服务器内的所有数据的措施，将停止云服务器支持的所有互联网活动，将会给互联网行业和云服务器行业带来严重的不良影响，不符合合理、审慎的原则。二审法院认为"转通知"可以作为云服务器提供者采取的必要措施，考虑到云计算行业的发展现状和前景，不应该为阿里云公司设置过于严格的注意义务。

第六，阿里云公司是否与侵权人构成共同侵权及是否应当承担侵权责任。首先，乐动卓越公司并没有发出合格的通知，发出的通知属于无效通知。因此，阿里云公司没有必要采取措施的义务。其次，《侵权责任法》第三十六条规定的网络服务提供者应当承担的责任并不是独立责任，而是共同责任，并且在乐动卓越公司诉侵权人的案件[2]中查明，乐动卓越公司的实际损失为270万元，侵权人和乐动卓越公司在刑事裁判过程中已经达成和解，由侵权人赔偿乐动卓越公司400万元的损失。根据民事赔偿的"填平原则"，乐动卓越公司的损失已经得到补偿，再要求阿里云公司承担单独的赔偿责任没有法律依据。

因此，二审法院支持了阿里云公司的上诉请求，判定一审法院认定事实和适用法律都存在错误，撤销一审判决，驳回乐动卓越公司的诉讼请求。

三、短视频侵权案例分析

（一）案例介绍及争议焦点

1. 案情简介

案例一[3]：

2018年5月12日，"黑脸V"独立创作完成并在北京微播视界科技有

---

[1] 李扬，陈曦程.信息网络传播权侵害中的通知与必要措施规则[J].政法论丛，2020（02）：37-47.

[2] （2017）京0105刑初1334号。

[3] 北京互联网法院（2018）京0491民初1号民事判决书。

限公司（以下简称"微播视界公司"）旗下抖音平台上发布"5.12，我想对你说"短视频。该视频中的手势舞及伴音来自党媒平台及人民网示范视频，背景图片是从网络中下载。该视频经"黑脸V"合法授权，微播视界公司依法对"我想对你说"短视频在全球范围内享有独家排他的信息网络传播权及以原告名义进行独家维权的权利。伙拍小视频某用户未经微播视界公司许可，擅自将"我想对你说"短视频在伙拍小视频上传，百度在线公司、百度网讯公司作为伙拍小视频信息存储空间的网络服务提供者，提供下载、分享服务。微播视界公司发现后，发函要求百度在线公司、百度网讯公司删除被控侵权短视频，百度网讯公司2018年9月7日收到原告的纸质投诉函后，于9月10日删除被控侵权短视频。与此同时，微播视界公司将百度在线公司、百度网讯公司诉至北京互联网法院。

原告微播视界公司表示：原告拥有短视频信息网络传播权的专有权，被告百度在线公司和被告百度网讯公司未经原告许可，擅自将上述短视频在其拥有并运营的"伙拍小视频"上传播并提供下载服务，侵害了原告对"我想对你说"短视频享有的信息网络传播权。

被告百度在线公司、百度网讯公司称：第一，"我想对你说"短视频不具有独创性，不构成著作权法保护的作品。第二，被告作品由用户制作和上传，两名被告仅提供信息存储空间服务，且用户协议中明确提示不得上传侵权内容，当收到权利人通知时，二被告已将被控视频删除，因此不应当承担原告诉请的法律责任。

北京互联网法院经审理后认为：第一，"我想对你说"短视频是在已有素材的基础上进行的选择、编排，体现了制作者的个性化表达，并以独创性为观众带来积极和精神上的享受，构成类电作品；第二，被控侵权短视频系伙拍小视频手机软件用户（ID为451670）提供；百度在线公司和百度网讯公司作为提供信息存储空间的网络服务提供者，对于伙拍小视频手机软件用户提供的被控侵权短视频的行为，不具有主观过错，在履行了"通知—删除"义务后，不构成侵权行为，不应承担相关责任。驳回原告微播视界公司的全部诉讼请求。原被告没有对判决提出上诉。

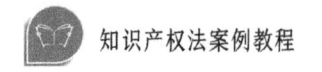

案例二[①]：

由国际足联和中央电视台授权的中央电视台国际网络有限公司（以下简称"央视国际"）享有独家播放中央电视台通过中国大陆信息网络制作和播出的"2014年巴西世界杯"电视节目的权利。北京风暴科技有限公司未经授权，活动期间，节选涉案赛事节目的内容，经过编辑、整理、制作了"2014年巴西世界杯"活动电视节目的短片，利用其"暴风影音"网站和"暴风影音5"PC客户端播放器提供播放，原告将被告诉至北京市石景山区人民法院。

原告央视国际称：案件中涉及的电视节目的短片是一种与拍摄类似的方式制作的作品，被告未经许可未经授权，对涉案电视节目剪辑并制作成涉案电视节目短视频而提供在线播放的行为，严重侵犯了原告依法享有的权利。被告暴风公司则称："暴风影音"网站及"暴风影音5"PC客户端播放器在线播放的涉案短视频，多为赛事进球集锦及赛场花絮，故"我"公司在线播放行为是新闻时事报道，属于不可避免的适当引用。

案例三[②]：

2018年1月，刘某独立创作完成一段自驾某品牌新款汽车至崇礼滑雪的2分钟短视频，并发表于专业的影视创作人社区"新片场"。2018年3月，一条公司未经许可，擅自将涉案视频在其运营的微信公众号"一条"及微博账号"一条"上进行传播，用于为该品牌新款汽车进行商业广告宣传并收取广告费用，且未署名作者。刘某将一条公司起诉至法院。

刘某认为：涉案视频是由自己使用专业摄像设备拍摄，并将多个拍摄素材剪辑组合而成，属于独立完成，受著作权法保护，而一条公司未经许可，擅自将涉案视频在其运营的微信公众号"一条"及微博账号"一条"上进行传播，侵犯了自己的著作权。被告一条公司辩称：无法确认刘某是否享有涉案视频的著作权，一条公司不构成侵权。

2. 争议焦点

三个案例均为短视频侵权纠纷，但也有不同之处，就涉案短视频来源，

[①] 一审北京市石景山区人民法院（2015）石民（知）初字第752号民事判决书，北京知识产权法院（2015）京知民终字第1055号民事判决书。

[②] 参见 http://bjhdfy.chinacourt.gov.cn/public/detail.php?id=6227

案例一中"5.12，我想对你说"短视频是由平台用户自行编辑、制作并上传到平台上进行播放，案例三中短视频制作者为个人，案例二中"2014巴西世界杯"赛事电视节目短视频由平台方剪辑制作；就涉案短视频类型而言，案例一与案例三中短视频为用户独立创作，案例二中短视频为暴风平台二次加工创作，致使案例的争议焦点不完全相同，案例一和案例三的争议焦点集中在短视频是否构成作品和短视频平台是否承担侵权责任，而案例二的争议焦点更突出表现在涉案短视频是否构成合理使用。以上案例的争议焦点是目前短视频纠纷在司法审查、审判过程中不可避免的，对上述案例进行分析具有一定的典型性，笔者现就案件争议的焦点予以介绍。

（1）涉案短视频是否构成著作权意义上的作品

案例一中原被告就涉案短视频是否构成作品进行了争辩，原告认为"我想对你说"短视频，系由"黑脸V"独立创作完成并上传，该短视频是在13秒的时长内，通过设计、编排、剪辑、表演等手法综合形成的作品。被告则共同认为：涉案短视频不具有独创性，不构成著作权法保护的作品。该短视频表达的思想与其他模仿手势舞并上传短视频的用户没有差异性，不具有独创性，达不到类电作品的独创性高度要求。该视频时长仅为13秒，创作空间小，主要素材均来自党媒平台的示范视频，独立创作因素少；在素材的拍摄、拍摄画面的选择和编排上，不存在选择或者筛选的情况；使用软件将人物图像进行抠图处理的方式很难构成类电作品的独创性高度。

就涉案短视频是否构成作品，一种观点认为涉案短视频不能构成作品。理由有二：一是涉案短视频时长较短，仅仅只有13秒，在如此短的时长内制作者很难表现出独创性；二是短视频内容素材均来自网络已有的素材，制作者通过对加工、叠加很难体现创造性。

另一种观点认为涉案短视频可以构成作品。理由是：短视频的时长不应决定其是否构成作品，而应该看涉案短视频是否体现出独创性。该短视频是创作者独立完成，而且通过创作者对已有素材的制作，能更表达出创作者的思想和个性，甚至能够引起观众的共鸣，因此具备独创性的要求，可以构成作品。

（2）涉案短视频的使用是否构成合理使用

对于案例二中，涉案短视频是否构成新闻事实报道的合理使用，原告认为，暴风公司未经授权许可擅自对涉案赛事节目剪辑并制作成涉案短视频而提供在线播放的行为，严重侵害了央视国际依法独占享有的通过信息网络向公众提供涉案赛事节目的权利。被告认为，"暴风影音"网站及"暴风影音5"PC客户端播放器在线播放的涉案短视频是为了新闻时事报道而不可避免地适当引用。

有观点认为涉案短视频不构成合理使用。因为暴风公司既非报纸、期刊、广播电台、电视台和其他媒体，也不是参与短视频内容的实际电影制作者，与当前新闻报道相比，且涉案短视频内容仅为单场赛事中的配以解说的进球画面和部分比赛画面，与时事新闻报道有较为明显的区别，不构成合理使用。

另有观点支持构成合理使用，该观点认为虽然暴风公司不是为了新闻时事报道而不可避免地适当引用，但是属于介绍和评论赛事节目，因为涉案短视频不是单纯地搬运、剪辑精彩花絮和进球集锦，而是以此为素材，经过加工、编辑并且配以解说和文字，属于二次创作类短视频，实质上是对该赛事的一种介绍和评论，构成合理使用。

（3）短视频平台是否承担侵权责任

案例一中，原告认为被告未经原告许可，未经授权提供受控短视频传输和提供下载服务侵犯了原告的信息网络通信权，应承担侵权责任。被告认为，仅提供信息存储空间服务，且当收到权利人通知时，二被告已将被控视频删除，因此不应当承担原告诉请的法律责任。

一种观点认为被告作为网络服务提供商应该承担侵权责任，理由是：在互联网时代，《著作权法》重点指向的应是传播行为而非复制行为，因为复制已经控制不了，从一般意义上看，短视频传播平台，基于对内容的分析、算法推送等功能，已成为提供作品的内容提供商身份，应负有更高的注意义务。依据《信息网络传播权保护条例》规定，如果服务提供商以名义方式提供信息存储空间，但它审查、选择和修改用户上传的内容，则其实际上对作品实施了信息网络传播行为，其行为应当构成直接侵权或间接侵权。另有观点认为被告不应该承担侵权责任，理由是：平台上发布的短视频内容侵犯了他人的合法权益，被侵权人可以要求删除、断开和阻止这些措施，只要短视频平台及时删除、阻断或断开链接，就可以实现相应的注意义务，即使短视频构成侵权，平台也不需要承担侵权责任[①]。

（二）案例分析

1.关于涉案短视频独创性分析

（1）涉案短视频由制作者独立完成

"我想对你说"短视频整体时长为13秒，播放页面显示有"5.12，我想对你说，让我们把伤痛和灾难铭记，把感动和祝福传递。致敬重生，惜福感恩！"的文字。视频内容为一蒙面并穿黑色帽衫的男子站在天空灰暗、地面开裂、电线杆倾斜、楼宇残破的废墟中，用手势舞进行祈福，祈福后，镜头由近及远拉伸、地裂合拢、电线杆竖立、绿树成排、蓝天白云重现、表演者衣袖变红等画面变化，整个过程伴随音乐。视频标题直接使用的是党媒平台官方发布的标题。人物形象用的黑脸系列视频中一贯的蒙面帽衫男子形象，拍摄时采用的是绿幕拍摄，后期将人像抠出，将活动的人物形象与背景素材进行合成，形成新的视频画面。该视频背景画面素材是制作者在网上找的图片，视频背景的动态场景和视觉特效，是在图片素材的基础上，使用Adobe After Effects（俗称"AE"）软件进行制作的。"我想对你说"短视频与制作者选取的素材之间存在能够被客观识别的差异。该短视频与抖音平台其他参与同一话题的用户制作的短视频亦存在较大区别，且该短视频在抖音平台上发布前，网络上没有相同或近似的短视频内容，因此"我想对你说"短视频是由制作者独立创作完成。

（2）涉案短视频具备"创作性"的要求

"我想对你说"短视频在汶川特大地震10周年之际上传，传递出一份重生的安慰、一种温情的祝福、一股向前的力量，回应了公众心中对汶川地震逝者的缅怀之情,对于灾区人们的致敬之意,对于美好生活的向往之念，引起众多观众的感情共鸣，点赞量达到281.5万人次。该短视频画面为一个蒙面黑脸帽衫男子站在灾后废墟中以手势舞方式进行祈福，手势舞将近结束时呈现生机勃勃景象，光线从阴沉灰暗变为阳光明媚，地面从沟壑不平到平整，电线杆从倾斜到立起，黑脸帽衫男子的衣袖也变为红色，最后作出比心的手势。该短视频构成一个有机统一的视听整体，其中包含了制

---

① 涂文琴.从谷阿莫走红看"碎片化"时代的视频传播.东南传播[J]，2016（12）：126-129.

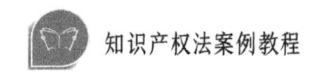

作者多方面的智力劳动，具有创作性。虽然该短视频是在已有素材的基础上进行创作，但其编排、选择及呈现给观众的效果，与其他用户的短视频完全不同，体现了制作者的个性化表达。由此可见，"我想对你说"短视频具有独创性。

综上所述，"我想对你说"短视频具备著作权法的独创性要求，构成类电作品。

2.关于"合理使用"的分析

（1）"合理使用"的作用

著作权法的宗旨不单为了保护唯一权利人的利益，还为了促进知识和信息的广泛传播，鼓励创新，推动文化的繁荣。法律赋予著作权人享有对作品的一定的排他性的权利，这种排他性要求必须在取得权利人授权的情况下才能实施相关权力行为，但这种排他性绝非对知识的垄断，社会公众获得知识和信息的公众利益应该在专利权保护之外，从另一个角度而言，知识和文化的创新发展是具有历史性的，创新过程中难免同受专利权保护的作品产生交集，受到已有成果的启发和借鉴，从而获得灵感进行创作，如果著作权人毫无限度地垄断其作品，将会极大地阻碍知识与信息的传播。所以，在一定条件下应该允许他人使用作品，著作权法应采用合理使用制度和法定许可两种形式，对著作权进行一定的限制。我国现行《著作权法》第二十二条用穷尽的方式列举了属于合理使用的12种具体行为，这些行为可以不经著作权人许可，不向其支付报酬，使用时不构成侵权[1]。这种列举的方式非常明确，但是也存在一个问题，随着社会和科技发展，对于新兴的短视频并不包含在12种行为之内，如短视频中"戏访""鬼畜"等二次创作类型的短视频，不可能在12种行为中发现它们的身影，也没有作出明确的法律界定，这种滞后性为司法实践带来困难。

（2）涉案短视频不构成合理使用

合理使用的判断标准是合理使用制度的核心，美国的合理使用制度不采用列举式，而是在具体法律实践中总结了四条标准——"四要素检测法"来判断行为是否属于"合理使用"，这四要素分别是作品性质和使用的目的、

---

[1] 李来东."鬼畜视频"著作权权利冲突问题初探[J].法制与社会，2017（25）：51-53.

受著作权保护的性质、使用数量与作品整体的对比、具体的使用对被使用作品潜在市场或价值的影响[1]。"最高人民法院《关于充分发挥知识产权审判职能作用推动社会主义文化大发展大繁荣和促进经济自主协调发展若干问题的意见》中提到了可以认定为合理使用的考量因素：作品的使用性质和目的、所用作品的性质、所用的数量和质量、使用对潜在市场或作品价值的影响[2]，上述考量因素是与"四要素检测法"基本相同。

案例二中暴风公司通过剪辑"2014巴西世界杯"赛事进球集锦及赛场花絮，配以文字和解说，制作成短视频，并在"暴风影音"网站及"暴风影音5"PC客户端播放器在线播放。从使用目的因素，暴风公司既不是报纸、期刊，广播电台、电视台等，也不是电视节目所涉短视频内容的实际制片人，在其网站上提供的视频均完全截取自比赛视频，这显然不同于当前的新闻报道附带性地不可避免地再现或者引用涉案视频，且涉案电视节目短视频内容仅为单场赛事中的配以解说的进球画面和部分比赛画面，与时事新闻报道有较为明显的区别，因此暴风公司的使用不属于为实事新闻报道的目的。暴风公司作为国内知名视频网站，知道或者应当知道央视国际系"2014巴西世界杯"在中国大陆地区唯一的赛事转播媒体，在此情形下，其仍然截取比赛电视节目制作短视频向公众提供在线播放服务，并在醒目位置进行推介，足以表明其具有侵权的故意，不难看出，其目的是企业盈利，所以也不是为了评论、介绍赛事节目；就被使用部分的数量和质量而言，暴风公司截取的是足球赛事进球集锦及赛场花絮，对于整场足球比赛而言，集锦和进球花絮可谓整场比赛的"精华"，也是最吸引观众的精彩瞬间，因此，暴风公司在使用质量上不可谓不高，在数量上，涉案短视频总共1 663段，使用范围覆盖央视国际被授权转播的全部64场比赛，使用数量不可谓不大；就市场或价值的影响因素，2014巴西世界杯足球赛是由国际足球联合会主办的2014年规模最大，最具影响力的足球赛事，央视国际在中国大陆地区独家享有赛事播出的权利，暴风公司在赛事期间提供在线播放服务的行为

---

[1] 谢琳.论著作权合理使用的扩展适用——回归以市场为中心的判定路径[J].中山大学学报(社会科学版)，2017(04)：162-174.
[2] 何天翔.音视频分享网站的版权在先许可研究——以美国YouTube的新版权商业模式为例[J].知识产权，2012(10)：90-96.

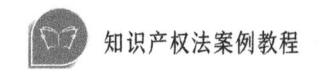

无疑对央视国际的商业市场带来极大冲击。

综上所述,"2014巴西世界杯"短视频并不构成合理使用。

3.关于短视频平台侵权责任的分析

(1)我国的"通知—删除"规则

目前,我国法院判断短视频平台侵权责任认定主要是通过"避风港原则"和"红旗原则"。"避风港"免责原则适用的前提为网络服务提供者必须履行了注意义务。我国《信息网络传播权保护条例》第二十二条用过错原则的方式规定了"避风港原则",当侵权行为发生后,平台尽到"通知—删除"义务没有主观过错,就不构成侵权。同时,为了防止"避风港原则"成为平台方的挡箭牌,《信息网络传播权保护条例》在第二十三条又规定了"明知、应知"侵权的情形下,平台应承担侵权责任,即"红旗原则",如果平台参与了短视频的制作,如果构成侵权,平台方毫无疑问是属于"明知、应知"的情形,所以上述第一种类型的平台本身就应承担较高的注意义务。短视频平台目前主要有三种:第一种是参与短视频制作,并在平台上提供播放服务,如案例二中暴风公司;第二种是不参与短视频的制作,单纯作为网络服务提供商为用户提供收集、存储、播放等服务,如案例一中的抖音平台;第三种是兼具前两种的功能。当平台参与短视频制作时若发生侵权往往构成直接侵权,采用的是无过错原则,若仅为网络服务提供商,则要看其是否采取了必要的措施,采用的是过错原则。

(2)涉案短视频平台不承担侵权责任

案例一中百度在线公司、百度网讯公司二被告提交的后台信息记录了涉嫌侵权的短视频上传者的用户名、注册IP地址、注册时间、上传IP地址、上传时间和联系信息。因此,二被告并非直接提供作品,不构成直接侵权,仅为信息存储空间服务提供者。同时,伙拍小视频App"用户服务条款"中有告知用户上传内容不得侵害他人知识产权的条款,并且公开了百度网讯公司的名称、联系人、网络地址,符合"避风港原则"第一项的要求。关于伙拍小视频App"我想对你说"短视频消除了"抖音"字样的水印,该水印表示了传播者的信息,并非著作权法意义上的技术措施,且涉案短视频系用户上传,消除水印的行为人不是二被告,因此二被告并未改变涉案短视频,符合"避风港原则"第二项的要求。二被告不知用户上传的涉案短视频侵权,也无法判断其通过该视频直接获得利益,符合"避风港原则"第三、第四项的要求。二被告于2018年9月7日收到微播视界公司的纸质投诉函后,于9月10日删除被控侵权短视频,法院认为虽然两个时间节点相差4天,但是其中含有周末两天,所以二被告在收到有效投诉后删除涉嫌侵权的短片的行为是在合理的时间内,符合"避风港原则"第五项的要求,因此两名被告作为网络服务提供者,不构成侵权,不应承担责任。

四、人工智能生成物的权属纠纷案例分析

(一)人工智能生成物的法律属性

1. 人工智能生成物的典型示例

(1) e-David 创作的美术作品

德国康斯坦茨大学计算机图形与媒体设计实验室的研发人员创造了一台机器人,并将其命名为"e-David"。e-David 由照相机、计算机视觉软件、一个标准化的焊接机器人手臂等组成,可以运用复杂的视觉优化算法来熟练地进行创作绘画。尽管 e-David 通过程序员为其创建的软件运行,但嵌入其复杂系统中的照相机可以帮助 e-David 独立拍摄新的照片并生成新的具有"自己"创意的画作。以下数幅绘画为 e-David 所创作(如图5-1、5-2、5-3所示),而且 e-David 在其创作的每一幅绘画的右下角均添加了"David"的标记。

图5-1 e-David 创作的人物肖像画

图5-2 e-David 创作的山水画

图5-3 e-David 创作的一棵树

（2）小冰创作的现代诗

微软研发团队于 2014 年创立了"微软小冰"项目，尝试搭建一种以情商（EQ）为基础的、全新的人工智能体系，进而探讨"情感计算框架"的可实现性。经过 3 年的研发工作，该项目取得了超过预期的成功。微软小冰先后登录中、美、日、印等国，积累对话量达 200 亿次，这些交互与数据使小冰初步具备了创造性。小冰已经具备了视觉和文字的创造力，通过学习数百位知名现代诗人的著作,其能够写出美丽且富有深意的诗句,以下小诗出自小冰之笔。

"树影压在秋天的报纸上
中间隔着一片梦幻的海洋
我凝视着一池湖水的天空
我们来到这个世界

梦在悬崖上一片苍空
寂寞之夜已如火焰的宝星
你是人间的苦人
其说是落花的清闲

饮些艺术之酒
想起那美妙的少女
诗人在这国的囚笼我将灭
那甜美的小鸟

我的意义是艺术的
却能写出极美妙的梦里
可爱的人啊
到了撒手的时候"[①]

可以看得出,小冰的诗远非成熟,有点像稚嫩童真的小孩的口吻。小冰的诗有让人无法理解的生硬句子,例如上文选摘的"我凝视着一池湖水的天空,我们来到这个世界""寂寞之夜已如火焰的宝星""诗人在这国的囚笼我将灭""却能写出极美妙的梦里"等让人不明所以,像是有意象的语词毫无意义地随机堆砌。但也不乏惊艳的句子,如"树影压在秋天的报纸上""你是人间的苦人,其说是落花的清闲""可爱的人啊,到了撒

---

① 小冰. 阳光失了玻璃窗[M]. 北京:北京联合出版公司,2017.

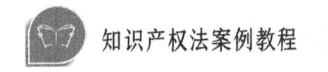

手的时候"等诗句竟能令人产生共鸣、感动落泪。

2. 创造"来源论"的不足

上文所列举的数例人工智能生成物在表现形式上已经与人类创作的作品不可区分了。但是，是否可以将此类生成物认定为作品，则面临着一个前提性的争论，即创作主体不是人的表达内容能否被认定为作品。一派观点认为人工智能生成物只要在客观上能够达到人类作品的创作水准就可以被认定为作品[1]；另一派观点则认为作品的创造者只能是人[2]。有学者将前一类观点概括为"结果论"，将后一种观点概括为"来源论"[3]。如果我们想要承认人工智能生成物可以被认定为作品，就需要在讨论此类生成物具有独创性之前，首先回应创造"来源论"，指出该观点的不足。

首先，我们并不能从现有法律文件中解读出"作品必须来源于人类作者"这一观点。《保护文学和艺术作品伯尔尼公约》第一条指出，联盟的成立是"为了保护作者对其文学和艺术作品所享有的权利。"公约并没有定义"作者"，未明确作者必须为人类。《伯尔尼公约指南》指出，因为"国家之间的法律差异很大，有些法律只承认自然人为作者，而其他法律则将某些法人视为版权拥有者"。例如，中国、美国、日本均规定法人可以为作者。这说明，作者并不必然都是人类。Margot E. Kaminski 教授认为人工智能的出现对美国版权法和《第一修正案》中作者身份的概念产生的影响比人们想象得要少，在版权法和《第一修正案》中，作者身份并不以人类为中心。从比较法上来看，英国的立法例也为我们提供了有力的论据，证明了作品并不必然来自人类作者，或者说，不是由人类创作的内容也可以成为作品。英国早在1988年便颁布了版权法规，承认计算机生成内容的作品地位，而且明确计算机生成作品是否能够归功于人类作者无关紧要。英国现行版权法将计算机生成的作品定义为"在没有人类作者的情况下，由计算机生成的作品"。该类作品享有自完成创作之年的最后一日起50年保护期，但并不享有著作人身

---

[1] 持此观点的典型代表为吴汉东教授，参见吴汉东. 人工智能时代的制度安排与法律规制[J]. 法律科学（西北政法大学学报），2017（05）：128-136.

[2] 持此观点的典型代表为陶乾副教授与刘艳红教授，参见刘艳红. 人工智能法学研究中的反智化批判[J]. 东方法学，2019（05）：119-126. 以及陶乾. 论著作权法对人工智能生成成果的保护——作为邻接权的数据处理者权之证立[J]. 法学，2018（04）：14-22.

[3] 李琛. 论人工智能的法学分析方法——以著作权为例[J]. 知识产权，2019（07）：19-21.

权。该法案虽然规定计算机生成作品的作者是为作品创作提供所需安排的人员[1]，但这无非是为了方便计算机生成作品之著作权归属罢了。英国版权法为了不受作品必须来源于人类作者的束缚，采用了常识性的做法，即没有人类作者并不会妨碍保护。如果一件作品是由计算机而不是由人生产的，则法律只将版权授予负责计算机创作作品的人。

其次，作品的本质是一种具有创造性的表达，这种创造性的表达就文字作品而言，体现在语词独特的排列顺序上[2]。从这个意义上来讲，一切作品都是对现有作品的打破重组。"枯藤老树昏鸦，小桥流水人家"便是六个名词按照特定顺序进行排列，但这种排列次序成就了不朽的作品。人工智能生成物的本质也是将语词按照某一顺序进行排列，只要这种排列方式体现了最低限度的独创性，就应被认定为作品。不过，按照这个角度理解作品的本质，会面临一个强有力的反驳便是"动物行为形成的符号组合、自然的美感形式也可以成为作品。"[3]然而现实却不承认此类符号组合或美感形式可以成为作品。美国著名的"猕猴自拍照"案明确否定了动物可以成为作者，而且美国版权局在其版权登记手册中强调作品必须是由人创作的[4]。类似的案件发生在我国，也会得出相同的判决结果。这是因为我国《著作权法》第二条规定的著作权主体中明显不包含动物。与其说，动物行为形成的符号组合与自然的美感形式不可以构成作品的理由是此类成果并非由人类创造，不如说因为此类成果并非文学、科学和艺术领域内的成果，因此不是作品[5]。退一步讲，"猕猴自拍案"中的猕猴通过模仿人类使用照相机的方式"创造"了一张有趣的照片，该照片明显属于文学、科学和艺术领域内的成果，那我们就应当承认该照片是作品，以照片的来源并非人类而否认其作品属性过于"流氓"，只不过此类作品应属于公共领域而不受著作权法保护。

---

[1] 参见英国《1988年版权、外观设计和专利法案》第九条第三款、第十二条第三款、第七十九条第二款c项、第八十一条第二款及第一百七十八条。
[2] 谢尔曼，本特利.现代知识产权法的演进：英国的历程（1760—1911）[M].金海军，译.北京：北京大学出版社，2006.
[3] 李琛.论人工智能的法学分析方法——以著作权为例[J].知识产权，2019（07）：14-22.
[4] 王迁.知识产权法教程：3版[M].北京：中国人民大学出版社，2009.
[5] 《保护文学和艺术作品伯尔尼公约》第二条，该条规定了"作品"。——笔者注

最后，由人类创作并非作品发挥传达思想、情感与意志功能的必须要素。有学者认为计算机缺少人类之间的共情心、同理心，根本无法理解爱情、童趣、寂寞、悲悯等诗歌创作的内在思想，人工智能生成物毫无著作权保护的必要[①]。事实上，并非所有的人类作品都能传达人类的情感、思想与意志。以计算机软件作品为例，软件的设计者以完成某种特定功能性目标为导向进行设计，只要这种设计具有独创性，就可以被认定为作品。计算机软件作品本身几乎不体现人类的情感、思想与意志。用户根本不会去关心设计者意欲传达的情感、思想或意志，也根本不会想要和设计者有任何交流。对于用户而言，知道某一软件是由哪一家公司设计生产的就足够了，因为我们只需要借此来判断软件质量的好坏。此外，作品中体现的情感、思想和意志是以符号的特定表达次序体现的，读者在多大程度上能够体悟到，源于对作品的理解。在这个意义上讲，作品中所传达的情感、思想和意志等元素是读者赋予的，而不是作者预设的。尽管微软小冰并非人类作者，但其创作的诗句"你是人间的苦人，其说是落花的清闲"与"可爱的人啊，到了撒手的时候"[②]依然令有故事的人感动甚至落泪。这也印证了"读者的诞生必须以那作者之死为代价"[③]的说法。

如上所述，以作品必须来源于人类否定人工智能生成物的作品属性并不能令人信服。接下来，我们再论证人工智能生成物为什么可以具备独创性。

3. 人工智能生成物的作品属性

要理解为什么人工智能生成物能够具备作品独创性要件，就需要首先理解基于神经网络系统生成人工智能生成物的过程所具有的特点。耶鲁法学院 Shlomit Yanisky-Ravid 教授确定了 AI 系统算法的十种功能。（1）创造力。AI 系统不仅可以从可访问的信息源复制其他作品，还可以通过创意装置创作原创作品。（2）独立自主。AI 系统可以自行完成任务而无须外部干预，可以自主制作新艺术品。（3）不可预测的新结果。AI 系统基于能够合并随机输入的算法，从而导致无法预测的最佳解决方案路线，因此

---

① 刘艳红. 人工智能法学研究的反智化批判 [J]. 东方法学，2019（05）：119-126.
② 小冰. 阳光失了玻璃窗 [M]. 北京：北京联合出版公司，2017.
③ 周宪. 重心迁移：从作者到读者——20世纪文学理论范式的转型 [J]. 文艺研究，2010（01）：5-16.

产生了不可预测的工作。AI系统可以绘制新绘画，与复制现有作品不同，该绘画是新的且不可预测的。在暴露于公共领域中的颜色，形状和技术之后，AI系统可以将数据"分解"为数字组件，重新组合它们，并创建新的和出乎意料的艺术品。（4）能够进行数据收集并与外部数据进行通信。AI系统的一个重要特征是它可以主动"搜索"外部数据。（5）学习能力。根据收集到的数据，AI系统可以通过接收反馈并改善结果来继续处理数据。（6）不断发展。由于新的输入和AI系统的连续处理能力，该系统可能会不断发现新的模式和相似性，从而改变结果。（7）理性智能系统。智能系统是一种具有合理机制的系统，能够感知数据并确定活动遗漏，将最大限度地提高其成功实现某个目标的概率。（8）效率。人工智能系统能够快速、高效、准确地处理海量数据，其运算能力远远超过了人类的大脑。（9）自由选择。人工智能系统能够在替代方案之间进行选择，以达到最佳效果。（10）目标导向。人工智能系统根据创建、绘图、撰写故事或新闻、创作旋律或诗歌等目标发挥作用。

创造文学、艺术和科学领域内成果的人工智能系统可以融合上述十种功能。人工智能软件一旦设计完成，在生成生成物的环节，人类的参与度极低（可能仅限于启动设备这类不涉及创作本身的行为）。人工智能生成物的内容既可以是从无到有的创造，也可以是对现存作品的再创造（改编）。一旦理解了这些功能，我们就可以很容易地理解为什么计算机可以生成和人类创作的作品无法区分的内容。无论是从人工智能生成物的表现形式，还是从其生成的过程来看，这类内容形式完全符合作品独创性的标准。当前从事作品创作的人工智能还只是牛刀小试，随着技术的进步，人工智能系统会变得越来越有能力模仿我们曾经以为人类思维创造力所固有的部分功能。人工智能系统不仅可以提高处理大数据的效率和准确性，还可以提高创造作品所需的创造力、自主性及新颖性。所以，只要我们人类不是在自欺欺人，就不应该否定人工智能生成物的作品属性。

（二）人工智能生成物引起的诉讼纠纷

目前，人工智能生成物在我国已经引发了现实的诉讼纠纷，可以预想日后此类纠纷成讼会越来越多，如果立法不能及时对此进行回应，则肯定会出现各地法院判决不一致的乱象，严重损害司法的统一性和公信力。事实上，我国目前关于人工智能生成物仅有的两起案件[①]，法院的裁判观点就恰好截然相反！社会现实已经走在了法律的前面，我们有必要对我国法官的创新予以承认、概括和总结，这样的立法可以保证比较成功[②]。

1.否认人工智能生成物著作权的判例

2018年12月4日，由北京互联网法院公开开庭审理的菲林律师事务所诉百度网讯科技有限公司侵犯署名权、保护作品完整权及信息网络传播权纠纷一案，被称为"我国第一起由人工智能生成物引起的著作权纠纷案件"[③]。在该案中，被告辩称原告所主张享有著作权的文章是一款名为"威科先行库"的法律统计数据分析软件自动生成的，并不具有独创性，不属于著作权法的保护范围。法院对此予以部分支持。法院认为，威科先行库自动生成的分析报告虽然具有一定的独创性，但是，文字作品应由自然人创作完成。在上述分析报告的生成过程中，自然人参与了两个环节：一是开发软件的环节，二是使用软件的环节。但这两个环节并没有传递软件研发者（所有者）或软件用户的思想、感情的独创性表达，故该分析报告不宜认定为软件研发者（所有者）或使用者创作完成。由于分析报告不是自然人创作的，因此，即使威科先行库输出的分析报告具有一定的独创性，但该分析报告仍然不是著作权法意义上的作品。不过，尽管分析报告不构成作品，但是既然其凝结了软件研发者（所有者）与软件使用者的投入，那么就应当保护软件研发者（所有者）收取软件使用费用的利益及软件使用者使用分析报告的相关权益[④]。

北京互联网法院承认本案中由软件自动生成的文章具有独创性，且生

[①] 截至2020年4月18日，中国裁判文书网上仅有两份与人工智能生成物相关的判决书。——笔者注

[②] 苏力.法治及其本土资源[M].北京：中国政法大学出版社，1996.

[③] 张德芬，张迩瀚.人工智能创作物著作权法保护模式反思[J].青海师范大学学报（哲学社会科学版），2019（02）：50-55.

[④] 参见（2018）京0491民初239号判决书，综合全案来看，虽然法院认为人工智能生成物并非作品，仅相关权益值得保护，但本案涉案的文章却并非由威科先行库自动生成，而是原告主持创作的法人作品，故被告抗辩不成立，法院最终认定被告构成著作权侵权。本案虽然号称"由人工智能生成物引起的著作权纠纷第一案"，而且法院对于人工智能生成物是否为作品，能否获得保护也进行了充分的说理论证，但本案真正的涉案文章却并非真正意义上的人工智能生成物，本案法院有借题发挥之嫌。

成的过程具有独立性,与软件的开发者和使用者没有直接的关系,不体现他们的思想或感情,并认为,"根据现行法律规定,文字作品应由自然人创作完成",故由软件生成的分析报告并非著作权法意义上的作品。北京互联网法院的判决虽然否定了人工智能生成物的可作品性,但肯定其具有传播价值,应当保护软件研发者(所有者)收取软件使用费的利益与软件使用者的相关利益。不过,如何保护这种利益本判决语焉不详。

北京互联网法院判决背后的理论即为创造"来源论"。如果我国法院均以该理论为支撑认为作品必须由自然人创作完成,否则不受著作权法保护,则现实中大量人工智能生成物将会被冠以"创作软件的所有者或者使用者"的名称,这无异于鼓励人类僭称作者,欺世盗名。

2. 承认人工智能生成物著作权的判例

在腾讯计算机系统有限公司诉盈讯科技有限公司一案中,深圳市南山区人民法院的观点与北京互联网法院的观点截然相反,前者明确承认人工智能生成物可以构成作品并受我国《著作权法》的保护。在该案中,原告于 2018 年 8 月 20 日在腾讯证券网站上首次发表了标题为《午评:沪指小幅上涨 0.11 % 报 2 671.93 点通信运营、石油开采等板块领涨》的财经报道文章[①],被告未经许可在其网站上发布了该文章。原告认为涉案文章是由原告主持,代表其意志进行的创作,并由其承担责任,因此属于法人作品,著作权应归法人享有。被告未经许可的转载行为侵犯了其信息网络传播权。法院认为,涉案文章虽然由 Dream Writer 软件自动生成,但是软件的自动运行并非无缘无故或具有自我意识,其自动运行的方式体现了原告的选择:在数据输入、触发条件设定、模板和语料风格的取舍上的安排与选择。故涉案文章的表现形式由原告团队中相关人员的个性化安排与选择所决定,表现形式并非唯一,具有一定的独创性,属于我国著作权法所保护的文字作品。法院进一步肯定了涉案文章是在原告的主持下完成,体现了原告的意图,由原告对外承担责任,故属于法人作品。被告未经原告许可实施了转载行为,将该文章发布在其经营的网站上,使公众在个人选定的时间、地点能够获取该文章,故侵犯了原告享有的信息网络传播权,应承担相应

---

① https://stock.qq.com/a/20180820/029962.htm.

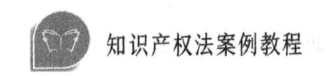

的民事责任①。

深圳市南山区人民法院否定了软件能够成为创作的主体，认为涉案文章仍然是由人类作者创作完成的作品。按照该法院的观点，涉案文章的创作过程包括两个部分：设计软件与输出文章。人类在设计软件的过程中完成搜集素材、决定表达主题、写作风格及具体语句形式等工作，然后通过软件将具体文章整合输出。文章源于创作者设计程序时的个性化的选择和安排，作者仍然是人，软件只不过是一个输出的工具。

深圳市南山区人民法院的判决实际上是将人工智能生成物解释为基于专家系统生成的内容。但是，如果事实真如该法院所解释的那样，那么人工智能生成物的著作权问题也就不会成为一直困扰着学界和实务界的问题了。考虑到"Dream Writer"软件每年可以完成大约30万篇作品，很难说海量的作品在软件设计者设定软件时就基本明确了日后的具体表达，而且根据深圳市南山区人民法院在其官网上的宣传："南山法院审结全国首例认定人工智能生成的文章构成作品案件"②。上述法院所采取的解释路径更像是运用了一种解释技巧，通过"创造"出一个人类作者，想方设法将由机器独立创作完成的文章解释为软件设计者的作品，从而既能避免创造"来源论"的质疑，也能将人工智能生成物纳入著作权法保护的范围内。南山区法院的判决在结果上虽然具有革命性，然而在具体论证说理上仍然是十分保守的。

上述两起典型的案例势必会对此后的判决起到参考的作用，我国关于人工智能生成物认定的司法实践也势必会形成观点泾渭分明的两类判决。否认人工智能生成物作品属性的判决无法解决现实矛盾而承认人工智能生成物的判决由于受限于创造"来源论"，因此又必须从解释上将其认定为由人类创作的作品，不得不违背技术现实。我国的司法实践已经对完善相应的立法提出了现实需求，为了避免因无法区分人类作品和计算机生成作品导致的不确定性所引发的竞争和诉讼，我国《著作权法》有必要尽快明确人工智能生成物的法律属性并作出具体的制度构建。

---

① 参见（2019）粤0305民初14010号判决书。

② http://nsqfy.chinacourt.gov.cn/article/detail/2020/03/id/4860346.shtml。

第六章 知识产权刑民交叉案例分析

知识产权刑民交叉案件作为日趋上升的案件类型，理论界对多从知识产权案件的独特性、刑民管辖与审理要求等方面来论证三审合一的合理性，对其审理模式也是基本探讨了先刑后民、刑民并行、先民后刑模式。我国立法上对知识产权刑民交叉案件的审理模式没有较为清晰的概念，均是参照民商事刑民交叉案件来进行处理。

本章通过对我国法院最近几年的知识产权刑事和民事案例的分析，总结其在审理知识产权案件过程中所面临的实际问题，在此基础上明晰法官的裁判要旨，有助于完善知识产权刑民交叉案件的法治建设。

本章选取的具体案例包括刑民交叉案例、知识产权法与其他法交叉案例。从知识产权三审合一背景下刑民交叉案件类型着手，以销售假冒注册商标的商品罪案例作为刑民交叉的典型案例加以分析；然后以知识产权反垄断问题的案例、反不正当竞争法中知识产权纠纷案例和知识产权期待利益公平分割案例作为知识产权法与反垄断法、反不正当竞争法、民法等法律交叉的案例加以研究。

一、知识产权三审合一背景下刑民交叉案件类型

我国现行刑法对于知识产权犯罪规定了著作权类、商标权类、专利权类、商业秘密类刑事犯罪四种类型。

（一）著作权类刑民交叉

对于著作权类刑民交叉案件的探讨，主要是依据我国现行刑法及著作权法等司法解释，而计算机软件著作权会涉及技术问题所以本文将不会涉及。著作权属于知识产权的一类，在其本质上是一种无形财产，是著作权

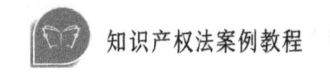

利人对属于自己独创性的作品享有的专属性权利，相关权利依据法律法规的规定涵盖了著作人身权和著作财产权。

关于侵犯著作权的民事侵权行为，在新修订的《著作权法》旧有法律条文的基础上对11种民事侵权行为进行了修改，主要包括未经相关权利人的许可或者超出合理使用范畴，擅自对他人作品进行发表的或者对他人作品采取篡改、剽窃等非法行为，并将视听作品纳入保护范畴，以及出租作品者复制件也列明为侵权行为。进一步简明了侵权人未经许可应根据实际情况承担相应的民事责任。在新修订的《著作权法》第五十三条进一步细化了8种侵权行为及相应的处罚形式，并且情节严重的追究刑事责任。其中，第一款明确了著作权的主管部门可以采取"没收违法所得或销毁处理侵权复制品"的方式去制止侵权行为，将罚款金额细化为违法经营额一倍以上五倍以下的数额范围，也进一步扩大了法院采取保全措施的方式。第六款、第七款主要是从网络著作权出发，增加了采取制造和进口方式避开、破坏技术措施的行为属于侵权行为，以及将版式设计、表演、录音录像制品或者广播、电视上的权利管理信息也列为保护的对象。由此可以看出，我国对于著作权的侵权行为上将视听作品、技术措施、权利管理信息等网络侵权行为方式均在新修订的法律中予以体现，说明著作权网络侵权将是我国未来法律著作权保护的重点方向。

关于侵犯著作权的犯罪行为。"刑法典在第二百一十七条和第二百一十八条规定了侵犯著作权罪与销售侵权复制品罪。"[①] 在2020年12月出台的《中华人民共和国刑法修正案（十一）》（以下简称《刑法修正案（十一）》对于著作权类犯罪又进行了细化。关于上述两类犯罪的犯罪构成：第一，主体方面，自然人与单位均可作为犯罪主体；第二，两罪的主观方面要求行为人要以盈利为犯罪目的，而是否实际获得相关利益并不妨碍主观目的的构成；第三，在客观方面上，《刑法修正案（十一）》在原有四种侵权行为上增加为六种侵权行为类型，并将侵犯对象扩展为著作权及相关权利，尤其是将网络著作权列为保护对象，并且在《刑法修正案（十一）》中将两种行为构成犯罪的门槛扩展到违法数额较大或者严重情节；

---

① 贺志军. 我国著作权刑法保护问题研究 [M]. 北京：中国人民公安大学出版社，2011.

第四，在客体方面上，因为侵权著作权的行为不仅侵害了著作权利人的合法权益，还损害了我国对于在著作权保护制度上的维护。

通过上述对《著作权法》和《刑法》进行比较分析，"著作权犯罪被囊括于法定犯中，有着鲜明的二次违法性结构特点。"[1]其中，民事侵权保护的范围更加广泛，而《刑法》仅对未经著作权人许可擅自对其作品进行发表和制作、出售假冒的相关美术作品，以及侵犯版权、表演者权、著作权技术措施和销售上述侵权产品的行为进行了规范和限制。从二者保护的对象上来看，著作权法重点规定了对于著作财产权和人身权的保护，而我国的刑法只对著作财产权进行了重点规范和保护。从刑民法律规范在侵权程度上来看，行为人的侵权行为是否损害了公共利益，是否达到相应的犯罪金额标准决定了是否构成犯罪。

（二）商标权类刑民交叉

商标权是指商标权利人依照相关商标注册制度，通过国家规定的程序获得的相关注册商标专用权。权利人可以通过许可、转让、出资等方式合法使用依注册而享有的商标专用权。

而侵犯商标专用权的侵权行为，在2019年新修订的《商标法》第五十七条列明了7种侵权情形，其中主要有以下情况：第一是假冒商标，即相同商品上有与注册商标相同的商标；第二是仿冒商标，即在类似或相同商品上的商标上可能混淆了与注册商标行近似的商标；第三是指侵犯商标专用权的行为及销售相关侵权产品的行为；第四是非法制造或者销售他人注册商标和反向假冒行为。侵犯商标权的行为在2019年新修订的《商标法》中主要增加了承担侵权责任的赔偿额度，以及人民法院在审理过程中可以采取责令销毁等保全措施以此防止商标权利人的损失进一步扩大。

关于侵犯商标权的犯罪行为，由刑法"破坏社会主义市场经济犯罪"中进行了规定，并且《刑法修正案（十一）》对相关犯罪的情节数额上进行了修订。其中主要包括三个关于侵犯商标权的罪名，在构成要件上包括犯罪主体上为自然人与单位，同时行为人需要有故意犯罪的主观心态。在客观方面上，主要包括行为人假冒商标的商品与被假冒的商品应当为同一

---

[1] 欧阳本祺.论网络环境下著作权侵权的刑事归责——以网络服务提供者的刑事责任为中心[J].法学家，2018（03）：157.

类或同一商品，并且销售明知其为假冒商标商品的行为，以及行为人有非法制造或者销售他人注册商标的违法行为，而《刑法修正案（十一）》中对三种行为规定了相应的入罪门槛应达到情节严重或者违法数额较大或者有其他严重情节。在客体方面上，行为人不仅侵犯了相关的商标专用权，而且也扰乱了我国的商标管理制度。

结合《刑法》与新修订的《商标法》的条文来看，刑法在犯罪行为上的规定相比民事侵权行为更具有局限性，比如民事侵权行为上对于仿冒商标、反向假冒进行了规制，但是刑法却没有将其纳入犯罪行为的调整范围。所以，对于商标权类的刑民交叉案件只会在刑法规定的三种行为上出现民刑交叉问题，在围绕假冒商标使用、销售和非法制造商标标识的事实行为上产生了刑民责任的聚合。两相对比下，对于假冒商标犯罪行为的含义《刑法》相比于《商标法》也增加了一项情节严重或违法所得数额较大的程度上表述。

（三）专利权类刑民交叉

专利权是指发明创造及设计人员或者单位依据其国家专利法律制度申请其创造或设计享有独占实施、许可和处分等相关专利专用权。同时专利权人对该专利享有其标识权，即在其专利产品上标记专利号和专利标识。

关于侵犯专利权的民事侵权行为，我国新修订的《专利法》中详细规定了侵犯专用权的行为，在未取得专利权人许可或法律限制的情况下，侵权人以生产经营为行为目的，未经许可实施了非法制造、使用、许诺销售、销售、进口其他权利人申请的专利产品及专利方法的行为或者违法销售上述侵权产品的行为。在新修订的《专利法》许可的内容中，将专利权人的许可方式进行了增加，将不局限于只能以订立合同的形式开放许可，行为人可以在权利人公开开放专利许可的情况下，以书面方式进行告知，并支付相应许可使用费后，便可合法使用相关专利。在侵权数额的认定上增加了侵权人因侵权所获得的利益确定，以及人民法院在审理过程中可以采取财产保全、行为禁令的保全措施以此防止专利权利人的损失进一步扩大。

关于侵犯专利权的刑事犯罪，在我国目前的刑法中主要规定的是保护专利标识权，规定在《刑法》第二百一十六条中及在相关司法解释中细化了假冒他人专利的4种刑事犯罪行为。关于假冒专利罪，主要由以下四个方面构成：主体上可由自然人与单位构成；主观方面需行为人具有犯罪故意；客观方面上司法解释明确列举了行为人未经许可，制造、销售、使用他人专利号及非法伪造专利证书、文件、申请文件的行为，同时还明确了构成犯罪的必要情形为"情节严重"，可以看出我国刑法将民事侵权上的冒充专利与专利侵权行为不列为犯罪行为；犯罪客体上，假冒专利罪主要表现为侵犯专利号、专利文件等专利标记，属于侵犯了我国的专利管理秩序。

在我国，每年假冒专利的民事侵权比较多，但是假冒专利的刑事案件却相对来说比较少，这是因为从《专利法》与《刑法》中对犯罪行为与民事侵权行为的构成来看，假冒专利的刑事犯罪的侵害对象仅限于专利号、证书、文件、申请文件，而假冒专利的相关产品不在其调整范围之内。在北大法宝上搜索"专利侵权"其刑事案例至2020年仅有28例，而民事案例至2020年多达25511例。所以目前的专利权类刑民交叉案件的刑事责任与民事责任聚合的行为样态也仅限于在侵犯专利号与专利文件上，对于专利产品上的侵犯专利专用权的行为并没有划入到刑法的保护中，因此无论专利侵权行为情节多么严重，都不属于刑法的调整范畴，所以在司法实践中对专利类刑民交叉的处理较少，我们应当对刑法和民法上的假冒专利行为进行划分。

（四）商业秘密类刑民交叉

商业秘密，在我国的相关法律与司法解释中明确界定为是一种具有商业价值且不被公众所知晓的技术和经营信息。关于侵犯商业秘密的民事侵权行为，在2019年新修订的《中华人民共和国反不正当竞争法》（以下简称《反不正当竞争法》）中，重新对商业秘密的具体侵权行为进行了细化和修正，规定了四种行为，可以归纳总结为经营者不得实施以盗窃、贿赂、欺诈、胁迫、电子数据侵入或者其他不正当手段获取权利人的商业秘密及披露、使用或者允许、教唆他人使用获取的权利人的商业秘密。新修订的内容中进一步规定了以电子侵入手段获取商业秘密的行为，主要是为了对网络侵权行为进行限制。同时新增违反保密义务也属于侵权行为体现了与其他法律条文上的一致性。而且在司法解释中规定了行为以违反商业道德方式获取的相关商业秘密也构成侵权行为。但是在司法解释中也规定了反向工程的合法性，即可以采用自行或者反向研发工程去获取相应的商业秘

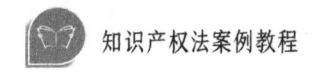

密，不构成商业秘密的侵权行为。[①]

关于侵犯商业秘密的刑事犯罪在《刑法》中进行了规定，其主要由以下四个方面构成：主体上单位与自然人都是其调整主体；行为人的主观上须具有犯罪故意。客观方面上，在《刑法修正案（十一）》中对其行为方式进行了修改，主要以盗窃、利诱、胁迫、贿赂、欺诈、电子侵入及违反保密义务或者其他不正当手段非法获取他人商业秘密的行为和披露、使用或者允许他人使用非法获取相关商业秘密的行为，并将情节严重作为其新修订的构成要件，进一步降低了商业秘密罪的入罪门槛；在客体方面，不仅侵犯了商业秘密拥有者的合法利益，还损害了我国社会主义市场经济的基本秩序。

结合《刑法》与《反不正当竞争法》司法解释的规范条文来看，商业秘密类刑民交叉是因为在商业秘密的民事侵权行为与刑事犯罪行为具有重叠性，二者围绕其侵犯商业秘密事实行为而产生了刑事责任与民事责任的聚合，但与此同时，《刑法》也增加了"情节严重"才构成犯罪，这就导致虽然《刑法修正案（十一）》进一步降低了入罪门槛，但是也只有严重的侵犯商业秘密的行为，并对社会市场经济秩序造成严重影响才具备刑事违法性，才具备同时承担刑事责任与民事责任的可能。

二、销售假冒卷烟的刑民交叉案例分析

（一）案情简介

2015年1月至2016年3月，王某在网上从他人手中购买中华、玉溪等假冒卷烟，在微信、QQ等朋友圈对外销售，共售出23万元，获利3万元。2016年3月的一天，王某在为客户运送其订购的假冒卷烟时，被公安机关查获，当场从车内查获假冒卷烟100条。经鉴定，王某被查获的卷烟均为假冒注册商标且伪劣卷烟。

上述事实有被告人供述与辩解、证人证言、手机提取笔录、微信转账记录、微信聊天记录、电子数据检测报告、价格认定书、鉴定意见等证据

[①] 参见最高人民法院印发《关于审理不正当竞争民事案件应用法律若干问题的解释》第十二条、《关于审理侵犯商业秘密民事案件适用法律若干问题的规定》第十四条。

予以证明。

（二）审理过程与审理结果

一审法院审理认为，被告人王某明知是假冒注册商标的商品仍予以销售，数额较大，其行为已构成销售假冒注册商标的商品罪。最高人民法院、最高人民检察院《关于办理非法生产、销售烟草专卖品等刑事案件具体应用法律若干问题的解释》第一条第三款规定，销售明知是假冒他人注册商标的卷烟、雪茄烟等烟草专卖品，销售金额较大的，依照《刑法》第二百一十四条的规定，以销售假冒注册商标的商品罪定罪处罚。根据《刑法》第二百一十四条、《最高人民法院、最高人民检察院〈关于办理侵犯知识产权刑事案件具体应用法律若干问题的解释〉第二条第一款之规定，应当对其在"三年以下有期徒刑或者拘役，并处或者单处罚金"的量刑幅度内判处刑罚。王某归案后，如实供述本案的犯罪事实，认罪态度较好。根据《刑法》第六十七条第三款之规定，可以对其从轻处罚。据此，一审法院判决：被告人王某犯销售假冒注册商标的商品罪，判处有期徒刑两年，并处罚金人民币10万元，并扣押在案的作案工具，予以没收，由扣押机关依法予以处理。

一审判决宣判后，王某不服提起上诉，请求判处缓刑，理由：有认罪悔罪的表现，系坦白；属于初犯、偶犯；涉案时间不长，涉案金额不大；其孩子不到3个月，家庭困难；原审判决罚金10万元，明显过高。

二审法院审理认为，王某销售假冒卷烟的行为侵犯了他人的注册商标专用权，构成销售假冒注册商标的商品罪，同时结合在案证据能够认定王某销售的涉案卷烟是伪劣卷烟的事实，而上诉人王某明知其从非正常渠道购入的烟草是伪劣产品，还以次充好进行销售，销售金额较大，其行为助长了伪劣卷烟的生产和销售、破坏了社会主义市场经济秩序，侵害了潜在消费者的合法权益,应当认定王某的行为同时构成销售伪劣产品罪。根据《最高人民法院、最高人民检察院、公安部《关于办理侵犯知识产权刑事案件适用法律若干问题的意见》第十六条规定，行为人实施侵犯知识产权犯罪，同时构成生产、销售伪劣商品犯罪的，依照侵犯知识产权犯罪与生产、销售伪劣商品犯罪中处罚较重的规定定罪处罚。根据《刑法》第一百四十条，"销售金额二十万元以上不满五十万元的，处二年以上七年以下有期徒刑，并处销售金额百分之五十以上二倍以下罚金",王某销售金额达 23 万,应判处两年以上七年以下有期徒刑,并处 11.5 万以上 46 万以下罚金,与一审认定的销售假冒注册商标的商品罪量刑比较,以生产、销售伪劣产品罪定罪处罚较重,应按照生产、销售伪劣产品罪定罪处罚。但因《中华人民共和国刑事诉讼法》(以下简称《刑事诉讼法》)第二百三十七条规定,二审人民法院审理被告人或者他的法定代理人、辩护人、近亲属上诉的案件,不得加重被告人的刑罚。据此,二审法院认为原判认定事实基本清楚,证据充分,程序合法,但罪名认定不当,依法予以纠正,判决如下:第一,维持一审判决第二项,即扣押在案的作案工具,予以没收,由扣押机关依法予以处理;第二,撤销一审判决第一项,即被告人王某犯销售假冒注册商标的商品罪,判处有期徒刑两年,并处罚金人民币 10 万元;第三,被告人王某犯销售伪劣产品罪,判处有期徒刑二年,并处罚金人民币 10 万元。

(三)案例评析

本案中,一、二审判决对销售假冒卷烟行为作出了不同的刑法定性,同时,以销售假烟为代表的售卖假货行为屡见不鲜,冲击了市场经营秩序,刑法适用较为混乱,本文以王某销售假冒卷烟案切入,通过比较非法经营罪、销售假冒注册商标的商品罪、生产、销售伪劣产品罪及诈骗罪的侧重点厘清相关问题。

第一,王某销售的假冒卷烟经鉴定为假冒注册商标且伪劣的卷烟,同时侵犯了他人的注册商标专用权与产品质量监督管理秩序,同时触犯销售假冒注册商标的商品罪与生产、销售伪劣产品罪。一个销售行为,同时触犯两个罪名,属于刑法理论中的想象竞合犯,应择一重罪处罚。《最高人民法院、最高人民检察院、公安部《关于办理侵犯知识产权刑事案件适用法律若干问题的意见》第十六条的规定即明确了上述适用规则。王某销售假冒卷烟案即按照上述竞合择一重罪处罚的规则定罪量刑。

第二,销售假冒注册商标的商品罪与生产、销售伪劣产品罪的侧重点不同,并非每个案件都按照上述竞合规则予以认定。销售假冒注册商标的商品罪重点规制销售假冒商标的行为,其前置法为《商标法》;生产、销售伪劣产品罪重点规制销售不合格产品的行为,其前置法为《中华人民共和国产品质量法》。首先,如果销售的商品是合格商品,只是假冒注册商标则应按照销售假冒注册商标的商品罪定罪处罚;其次,如果销售的商品并未侵犯他人的注册商标专用权,如未贴商标、使用的商品并非同一种商品的商标、将还未有人注册过的商标冒充已经注册的商标在商品上使用等情形,商品本身不合格的应按照生产、销售伪劣产品罪定罪处罚;最后,如果公诉机关仅择一举示销售的商品系伪劣商品或假冒注册商标的商品的证据,人民法院一般按照在案证据予以审理认定。

第三,以销售卷烟为例,由于我国实行烟草专卖制度,销售假冒卷烟的往往是没有专卖资格的个体,其在销售假冒卷烟行为时同时可能触犯非法经营罪。根据《最高人民法院、最高人民检察院《关于办理非法生产、销售烟草专卖品等刑事案件具体应用法律若干问题的解释》第五条,行为人实施非法生产、销售烟草专卖品犯罪,同时构成生产、销售伪劣产品罪、侵犯知识产权犯罪、非法经营罪的,依照处罚较重的规定定罪处罚。同样适用一行为触犯多罪名择一重处罚的想象竞合原则。刑法规则适用以证据裁判原则为基础,据以定罪处罚的法律事实需要在案证据予以证实,王某销售假冒卷烟案中,由于公诉机关未举证证明王某不具有烟草专卖资质,故未按照非法经营罪的定罪量刑标准审查其是否构成非法经营罪。

第四,除此之外,在特殊情形下,销售假货有可能构成诈骗罪。如(2019)浙0421刑初756号刑事判决书认为,被告人从他人处购入廉价酒"中国劲之健""江小白",随后或假冒"中国劲酒""江小白"公司的业务员身份或直接推销,并谎称买酒送酒柜、免费装菜盘、月返广告费、包退换等,使被害人信以为真,向其购买所谓的"中国劲酒"和"江小白",从而骗取被害人钱款,认定构成诈骗罪。该案中,被告人以种种行为虚构商品为真并按照正品价格销售,使得被害人陷入错误认识相信所购买的酒为正品,最终遭受财产损失。相较之下,以假售真型销售假货行为被认定为诈骗罪还需要同时具备行为人实施了足以使得被害人陷入错误认识的虚假宣传行为、被害人基于错误认识而主动交付财物、被害人无法从其他途径获得救济等条件,认定标准较高。

此外,王某销售假冒卷烟案中,二审法院虽然认定被告人王某构成较重的罪名——生产、销售伪劣产品罪,但因上诉不加刑原则的限制,维持了一审判决的量刑部分。《刑事诉讼法》第二百三十七条规定了上诉不加刑原则。王某销售假冒卷烟案即使变更了罪名，但仍不能加重被告人的刑罚。上诉不加刑规定是为了保障被告人上诉权的有效性，如果不做此规定，被告人可能因担心上诉之后被判处更重的刑罚而不敢提起上诉，可能会架空二审的权利救济和裁判过滤审查功能。王某销售假冒卷烟案中，二审法院纠正了一审法院的法律适用错误问题，同时从制度层面保障了王某的上诉权，实现了实体正义与程序正义的统一。

三、知识产权法与其他法律法规交叉案例分析

（一）知识产权反垄断问题的案例分析

标准必要专利与禁令救济交集时，会产生不同于一般知识产权滥用的反垄断法问题。尤其是，标准与专利的结合会产生唯一性和不可替代性，当标准必要专利权人与实施者进行许可费谈判时，如果专利权人向法院申请禁令救济，可能迫使实施者接受不合理条件或较高许可费，也就造成专利劫持的反垄断问题。相反地，若实施者主张专利许可协议不符合FRAND原则（公平、合理、无歧视），拒绝支付许可费，也会发生反向专利劫持的问题。当标准必要专利权人申请禁令救济时，要兼顾标准必要专利权人、实施者及社会公众三方面的利益平衡，是反垄断法上的一个难题。

目前，各国法院或执法机构对于标准必要专利禁令救济的裁决基础主要有：以主观要素作为裁决基础、以双方协商过程作为裁决基础、以情势变更作为裁决基础、以利益平衡作为裁决基础及其他相关因素作为裁决基础。同时，各国学者也提出禁令救济的各种法理基础，包含民法制度法理、衡平法制度法理、专利法制度的法理等说法，但都无法很好地解决标准必要专利禁令救济的相关问题，也不能适用到每个案件的情形。况且，专利许可费用及许可协议签署的问题如果不能一并解决，禁令救济案件的审理再怎么完善，也无法消除专利劫持及反向专利劫持的问题。

近期受到德国法院及反垄断法抗辩说的影响，解决标准必要专利禁令反垄断问题的理论依据，已经渐渐采纳反垄断法理论，但也发生论理上的矛盾及缺失。在华为诉IDC案中，我国法院认为IDC在外国法院申请禁令是滥用市场支配地位的行为。也有主张标准必要专利权人申请禁令救济的

行为可以构成《中华人民共和国反垄断法》第十七条第一款列举的行为，也是一种特殊的滥用市场支配地位行为。

下面具体分析华为诉IDC案。

在华为诉IDC案中，共有两个案件：一个主要是标准必要专利许可费的确认（简称"第305号判决"）；另一个则是对于标准必要专利权人的反垄断民事侵权行为的赔偿请求（简称"第306号判决"）。这两个案件最主要关于标准必要专利禁令救济的部分应该是后者。对于IDC是否构成滥用市场支配地位的判断标准，除了IDC先前许多的搭售和附加不合理交易条件，法院一再强调了华为公司的"善意"，因此学者认为在我国实务上案例，主要是使用善意原则的认定标准。在华为诉IDC案件中，我们可以看到广东省高级人民法院第306号民事判决书的理由是认为：华为公司与IDC间的谈判过程中，华为充分显示善意的状态，而且在双方的协商谈判期间，IDC在美国对华为公司提起标准必要专利禁令救济。这样的行为在本质上不被归类为拒绝交易的一种，而在事实上应该看作是IDC以强大的市场力量，逼使华为公司接受高额的专利许可费或是严格的交易条件。因此，法院指出：这种行为应该被认为是违背了其FRAND承诺而应视为一种滥用市场支配地位的行为，不被反垄断法所允许。[①]

然而，如果我们采取这种主观要件的审查要素时，又该如何具体认定谈判当事人间的善意与否？尤其是，标准必要专利实施者的主观状态如何能被明确地审查与证明。有学者整理该案件的裁决意见后，主张应该由以下几个方面来认定：其一，实施者在可能利用到标准必要专利权人的专利技术时，就应该适时地使用可以存证或事证查询的形式通知专利权人，最常见的方式可以是书面或电子记录等；其二，实施者也应该适时地与标准必要专利权人作出符合FRAND原则的许可条件洽谈，并且应主动提存市场上合理的许可费用；其三，适时地对于标准必要专利权人所提供的许可

---

① 参见（2013）粤高法民三终字第306号民事判决书中，广东省高级人民法院在判决书中使用的文字："交互数字在美国提起的必要专利禁令之诉……属于滥用市场支配地位的行为，受我国反垄断法约束。……本院予以确认。……在美国提起必要专利禁令之诉，表面上是在行使合法诉讼手段，实际上却意图通过诉讼手段威胁强迫华为公司接受过高的专利许可条件，逼迫华为公司就必要专利之外因素支付相应对价，故该行为不具有正当性，应予否定。"

条件作出沟通，若是对于其条件是否符合FRAND原则有质疑时，应该立即提出反馈；其四，实施者也可以提出其评估后所认为的FRAND原则的许可条件或费率；其五，实施者应该妥善保存所有协商的相关证据资料，作为其有善意协商的证明。[1]

但是，有学者认为法院使用主观要素作为判断依据，实践上存在困难。尤其是，标准必要专利权人与实施者间的谈判协商，一般而言大多会是一个长期且反复的过程。很多的谈判结果并不是那么顺利，有可能标准必要专利权人为了表面上有满足FRAND承诺而刻意拖延谈判，或是让过程相当困难而迟迟无法解决。也因为有可能发生这样的情形，法院也需要由标准必要专利权人的谈判行为与过程是否满足善意的情况，才能具体认定是谁违反了相关义务。但是如同前述，这个善意的标准仍然是非常主观。每一个案件都有特殊的情形，并且每一个法院也有不同的审查视角，最后的结果也会天差地远。学者指出，如果综合分析有关标准必要专利的所有诉讼争议案件，各地法院对于两者间的谈判过程、是否构成侵权，以及是否给予禁令救济等问题，在推论及结果上都有相当大的差异。也就可以看出主观要素及其判断方法在各国法院间的一致性适用并不是那么容易。[2]因此，善意无过失原则是否足够具体而可以实际操作，仍有讨论空间。

值得注意的是，华为诉IDC案件的另一个判决中（第305号民事判决），广东省高级人民法院对于许可费的计算作出裁判。法院的见解是认为：如果标准必要专利权人与实施者间对于标准必要专利许可费的确认无法有效达成许可协议时，当事人可以请求法院裁判确认。虽然没有具体法律规定，但我国《专利法》有规定专利强制许可费，虽然本案件不是强制许可的情形，但是可以依照标准必要专利权人对于标准制定组织所做的FRAND承诺作为依照，并且标准必要专利权人不得拒绝。因此，IDC与华为公司若是无法达成许可协议，当事人间的协商不成，也可以请求相关机构或法院进行

---

[1] 杨忆林.标准必要专利权人禁令救济行为的反垄断法规制[J].鸡西大学学报，2016（04）：67.
[2] 黄菁茹.论FRAND原则对标准必要专利权行使的限制[J].知识产权，2016（01）：91.

裁决。①

我们从广东省高级人民法院的见解可以看出：其认为可以由法院裁决许可费的费率及范围，与"专利强制许可"相似的基础。因此，我们归纳在华为诉 IDC 两个案件的判决理由，法院是认为标准必要专利权人 IDC 公司在提起诉讼先前的搭售及附加不合理条件，又在美国提出禁令救济，同时考虑华为公司的"善意"因素后，最后认为 IDC 公司构成滥用市场支配地位行为，裁决应赔偿华为公司。在另一个案件的判决理由中，法院认为中国法院可以直接对双方的许可费计算作出裁决。

（二）反不正当竞争法中知识产权纠纷案例分析

随着互联网经济的快速发展，市场竞争行为不断更新。层出不穷的市场竞争行为在活跃市场经济的同时给公平的市场秩序带来一定的挑战，尤其是在新兴的数字经济相关市场领域，竞争行为正当性的问题更为突出，《反不正当竞争法》作为市场规制法，其重要性也愈加显现。《反不正当竞争法》中的一般条款是解决新型竞争行为最主要的法律依据，其适用问题引起理论界和学术界广泛且持久地关注，如何准确把握一般条款的适用边界，以解决出现争议的新型竞争行为，这是当下需要研究的重要问题。

本章通过在司法实践中引起广泛关注的"体育赛事直播案""金庸诉江南案"等涉及知识产权和不正当竞争的典型案例，分析《反不正当竞争法》一般条款的适用及其限制。

---

① 参见（2013）粤高法民三终字第 305 号民事判决书的文字："关于标准必要专利使用费或者使用费率的确定问题，在当事人不能达成协议的情况下，可以请求人民法院确定。尽管我国法律没有直接规定标准必要专利使用费问题，但《中华人民共和国专利法》对专利强制许可使用费问题进行了规定。……本案不属于专利强制实施许可的情形，对于专利强制实施许可，申请实施人应当向国务院专利行政部门提出。而对于标准必要专利而言，实施人并不需要向行政机关提出实施许可请求，而是直接根据专利权人所加入的相关标准协会所作出的承诺向专利权人提出，专利权人不得径行拒绝。但在确定使用费或者费率上，两者有相似之处，双方均可以自行协商，协商不成，则可以请求相关机构裁决。……因此，IDC 公司负有许可华为公司实施其标准必要专利的义务。关于使用费或者使用费率的问题，双方应当按照公平、合理和无歧视条款，即'FRAND'条款进行协商，协商不成时，可以请求人民法院裁决。"

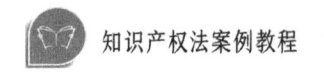

1.《反不正当竞争法》一般条款适用的限度分析——以"体育赛事直播案"为例

体育赛事直播节目的性质在我国现行著作权法中并不明确，相关讨论及对策的提出在整个著作权法修正过程中从未中断，司法实践中"中超联赛转播案"一审和二审截然不同的裁判结果引起了业界的广泛关注和热议。[①]本部分从体育赛事直播节目的著作权法及竞争法保护视域出发，探索一般条款拓展适用的限度。

（1）体育赛事直播节目的著作权法保护

①体育赛事直播节目不符合作品的独创性高度

从体育赛事节目拍摄的内容和方式来看，现有的正规体育赛事节目摄制的对象主要为赛场正在进行的体育赛事，辅之以比分展示、场上观众的反应等有助于场外观众了解赛事进程的个别画面，拍摄方式则必须遵循体育赛事公共信号制作要求，对画面的选择和编排必须符合赛事的实时进展。这就几乎固定了拍摄者对拍摄进程的控制、拍摄内容的选择、解说的编排及机位设置、镜头选择等拍摄方式，扼杀了拍摄者对拍摄内容进行个性化发挥的余地，没有体现拍摄者的独创性。[②]

我国著作权法立法体系设立了保护作品的作者权利及保护独创性较低的非作品智力成果的邻接权这两种并列的权利，也正是因为这一立法体系，我国著作权法对作品独创性的要求较高，只有独创性较高的连续画面才能构成电影作品或与类似电影摄制方式摄制的作品（简称"类电作品"），从而受到著作权的保护。因此，体育赛事节目不能达到我国著作权法中要求作品所应具有的"独创性"高度，不能构成电影作品或类电作品。

②直播节目不具有固定性

体育赛事直播节目采取的是一种随摄随播的摄制方式，以使观众能实时了解节目的进度，从而达到和现场同步的观感体验。该种摄制方式引起了学术界对其功能的讨论，即随摄随播是否具有固定性，以满足电影作品和类电作品"摄制在一定介质上"这一构成要件。根据法条定义，录像制

---

① 北京知识产权法院 2015 京知民终字第 1818 号民事判决书。
② 王迁. 论体育赛事现场直播画面的著作权保护——兼评"凤凰网赛事转播案"[J]. 法律科学（西北政法大学学报），2016（01）：190.

品与电影作品的区别仅在于独创性程度的高低,其他构成要件如固定性等要求二者并无区别,[①] 如果直播节目不具有固定性,其同样不能作为录像制品受保护。以此,对直播节目是否具有固定性这一问题的讨论决定了直播节目是否可能构成作品甚至制品。

作品固定性的要求源于《保护文学和艺术作品伯尔尼公约》,其中将对作品固定要求的决定权交给成员国国内立法规定。[②] 根据《中华人民共和国著作权法实施条例》要求电影作品和类电作品具备固定性要件,[③] 从法律条文的文义来看,要求具备固定性的法律用语"摄制在一定介质上"是对作品现有状态的一种描述,符合该种状态是构成电影作品或以类似摄制电影的方法创作作品的前提条件,而随摄随播是一种动作的进行,不符合固定的状态。体育赛事直播节目随摄随播的动态过程不符合"摄制在一定介质上"的固定性要件。

直播节目独创性程度较低,且缺乏固定性,不能构成电影作品、类电作品或录像制品。在无法通过作品或制品相关制度来保护直播节目权利人合法权益的情况下,只能将目光转向与直播节目相关的另一权利——广播组织权。

③著作权法中转播权扩大解释的可能性

A.广播组织权的主体包括新兴的网络广播平台

在我国,广播组织权的主体为广播电台和电视台,而我国对广播电台、电视台的设立运行实行行政管制,在司法实践中也有判例不承认除广播电台、电视台之外的其他主体为广播组织权的适格主体。[④] 有学者认为邻接权制度设计的目的是回报投资者,传统的广播组织负载了大量的投资,而网络广播组织则不尽然,互联网环境下,人人都可以直播、转播、传播信息,都具备成为广播组织者的可能性,扩大广播组织者的主体范围会导致广播

---

① 《中华人民共和国著作权法实施条例》第五条第三款关于录像制品的规定。——笔者注
② 《保护文学和艺术作品伯尔尼公约》第二条第二款,本同盟各成员国得通过国内立法规定所有作品或任何特定种类的作品如果未以某种物质形式固定下来便不受保护。
③ 《著作权法实施条例》第四条第十一款:"电影作品和以类似摄制电影的方法创作的作品,是指摄制在一定介质上,由一系列有伴音或者无伴音的画面组成,并且借助适当装置放映或者以其他方式传播的作品。"
④ 广东省广州市中级人民法院民事判决书(2010)穗中法民三初字第196号。

组织权的滥用。[①] 本书认为这种严格限制广播组织权主体的观点仅仅拘泥于法条本身的文字意思和立法当时的广播技术环境，未结合新型网络技术的发展和广播组织权利的性质做体系解释，具有一定的局限性。

我国立法将广播组织权的主体做了限制性规定，而国际上影响最大的综合性邻接权条约《保护表演者、录音制品制作者和广播组织的国际公约》（以下简称《罗马公约》）中并未对"广播组织"作出定义，广泛意义上来说，广播组织权的主体是指自己编排了自己所播放的广播节目的组织，广播组织权作为邻接权的一种，其主体也随着新客体的出现而不断扩大。[②] 广播组织制作、传播节目信号的方式随着技术的发展而不断增加，且广播组织为制作节目信号作出了实质性的投入，因此，其主体也应相应扩大以保护节目信号制作人员的利益。

广播组织权作为一种财产性的民事权利，权利人对其权利的处分只要不违反不正当竞争法律的强制性规定都属合法有效，广播电台和电视台将其广播组织权通过合同授权给他人的行为应受到法律的保护和承认，体育赛事节目的各方权利人可就节目的著作权归属及相关邻接权的行使约定适格权利人，权利人可就自己享有的具体版权权项主张保护，[③] 这种观点在"中超联赛转播案"的判决书中也有所体现，门户网站经电视台授权可享有广播组织权。

由此可知，广播组织权的主体不应仅指包括广播电台、电视台，还指其他编排了自己所播放节目的组织，这其中就包括网络广播平台。

B. 广播组织权中"转播"行为的法律解释

我国《著作权法》赋予广播组织者转播权，这一"转播权"可以控制以有线或无线方式进行的转播，[④] 但对能否包含互联网转播这一问题，在理论界和司法实务界一直存在争议。法律非经解释不能适用，广播组织的"转播权"控制何种方式的转播行为应通过对其进行法律解释来确定。

[①] 陈明涛. 网络广播组织不能受到著作权保护——对新浪与凤凰网体育赛事转播著作权第一案的评价[EB/OL]. [2015-07-09].http：//tech.ifeng.com/a/20150709/41164256_0.shtml.

[②] 郑成思. 版权法[M]. 北京：中国人民大学出版社，2009.

[③] 丛立先. 体育赛事直播节目的版权问题析论[J]. 中国版权，2015（04）：12.

[④] 胡康生. 中华人民共和国著作权法释义[M]. 北京：法律出版社，2002..

a. 文义解释

法律解释应从现有文义入手，且不能超过法律条文所可能有的文义。[①]"转播"一词的字面意思是将节目转送播出，其英文表达为 rebroadcast，根据《罗马公约》的定义，broadcast 仅指无线广播，我国加入的唯一涉及广播组织权保护的国际条约《TRIPS 协议》中，"转播权"只是重复了《罗马公约》的规定。在我国，对"转播"的文义解释应与我国加入的国际条约规定的最低保护一致，即指无线转播。

我国规定的广播权中也有"转播"的表述。首先，从广播权设立的国际条约法律渊源来看，我国广播权的规定来源于《伯尔尼公约》，公约产生之际转播的技术手段只有有线和无线这两种方式。为适应新技术的发展，《世界知识产权组织版权条约》规定了"向公众传播权"，涵盖任何向公众传播作品的手段，这就实际上拓展了《保护文学和艺术作品伯尔尼公约》中传播权的范围，[②]使该传播包括通过互联网进行传播的行为。由此，国际公约的最低标准要求广播权控制通过有线、无线及信息网络传播方式进行的传播行为。其次，从我国国内法的逻辑解释来看，我国法律中规定了信息网络传播权，法律条文中表述的传播方式为"有线或无线方式"，为保持《著作权法》的逻辑统一，应将广播权中的有线或无线转播理解为包括互联网传播。因此，我国《著作权法》第十条第十一款规定的广播权中"转播"的方式包括信息网络传播。

b. 法意解释

根据《著作权法》中广播组织权的立法历史并结合法意解释角度来看，广播组织权设立的初衷是为回报传播者在传播作品时投入的大量成本，传播者对自己的劳动成果——广播电视节目应享有正当权益。1989 年、2001 年关于著作权法修订草案的相关文件中指出，广播组织权仅指广播组织对节目的播放所应享有的权利，即控制未经许可以无线方式重播或录制、复制其播放的节目内容的行为。[③]2001 年，草案报告中增加规定有线方式的

[①] 梁慧星. 民法解释学 [M]. 北京：法律出版社，2009.
[②] 王迁. 著作权法 [M]. 北京：中国人民大学出版社，2015.
[③] 2001 年全国人大法律委员会关于《著作权法修正案（草案）》修改情况的汇报。——笔者注

播放权，将"重播"改为"转播"，①该修改最终呈现在 2001 年修正的《著作权法》中。2010 年修正的《著作权法》并未对广播组织权进行再次修改。由该段立法历史可知，广播组织权的立法初衷是鼓励作为传播者的广播组织的创造性劳动，增加规定广播组织有权控制他人以有线方式转播的原因是有线电视发展很快，即播放技术方式的发展。

虽然在立法时当时立法者的目的是赋予广播组织者控制未经其许可以有线或无线方式转播其播放节目的权利，并不包括互联网转播行为，但根据法意解释，在当今未经许可通过互联网进行的转播行为对播放给权利人造成的损失比通过传统有线和无线转播方式对播放权利人造成的损害范围更广、速度更快、程度更高，这使得为鼓励传播者创造性劳动而设立的广播组织权给广播组织带来的利益被互联网传播者分走。法律对一种行为进行性质界定时，不应只看该行为所涉及的技术手段和技术方式，而必须重点着眼于行为人的目的和行为结果，②数字经济背景下，行为人未经许可通过互联网转播广播电视节目，其主观目的在于侵犯权利人广播组织权，获取不正当利益，其结果给播放权利人造成严重的损害，结合今日之背景，探求立法者的客观意思，应对广播组织权中的"转播"进行扩张解释为包括有线、无线及互联网方式实施的转播行为。

c. 目的解释

目的解释在法律解释中居于决定性地位。广播组织转播权设定的目的是控制对其享有播放权利的电视节目信号的转播行为，包括以任何技术手段实施的转播，以保护广播组织者享有独家的关注度和热度及由此带来的经济利益，以回馈其为获取播放权利所付出的各项成本和劳动，从而鼓励广播组织者的广播行为。对"转播权"进行包括在网络环境下实时转播行为的解释符合技术中立原则，保护广播组织合法利益，同时符合著作权法激励创新、鼓励作品传播的立法宗旨。

（2）适用一般条款保护体育赛事节目有滥用之嫌

随摄随播的直播节目因不符合独创性和"摄制在一定介质上"的固定

---

① 《全国人大法律委员会关于修改著作权法的决定（草案）》书面报告。
② 王迁.论广播组织转播权的扩张——兼评《著作权法修订草案（送审稿）》第 42 条[J].法商研究，2016（01）：179.

性而不能被认定为电影作品、以类似摄制电影的方法创作的作品或录像制品。从实践中看，直播过程中的节目受到侵害的方式主要是对节目的擅自转播和录制，通过对广播组织权中的转播权进行扩张解释，直播节目的广播组织权人可以控制他人通过无线、有线或互联网进行转播其直播节目及录制其直播节目的行为。在直播结束后，已经完成对赛事节目的摄制，此时稳定地固定在一定介质中的节目则可因其独创性程度的高低分别构成作品或制品，从而受到作者著作权和邻接权的保护。由此，未经许可对直播节目进行转播行为，在现有著作权法律框架内存在合理规制路径，因而无须拓展适用《反不正当竞争法》一般条款对该行为进行规制，以避免法律适用的不确定性。也就是说，在通过著作权法的多种解释方法，能判断新型竞争行为正当性的情况下，就没有《反不正当竞争法》一般条款适用的空间和余地，此即一般条款适用的限度所在。

2.《反不正当竞争法》一般条款对搭便车行为规制的限度分析——以"金庸诉江南案"为例

在金庸诉"同人小说"作者江南著作权侵权及不正当竞争纠纷案中，[①] 原告诉称被告未经许可，使用原告作品中的人物形象和相似的故事情节，侵犯其著作权，同时违反诚实信用原则，构成不正当竞争。

由于该案引起广泛关注，且被称为"同人作品第一案"，故该案的判决对同人作品的合法性认定具有标杆性意义，直接影响同人作品这一创作形式的定性及其发展，故本文从这一案件入手，分析《反不正当竞争法》一般条款适用的限度。该案中认定被告行为构成不正当竞争的直接依据是被告借助原告金庸作品的影响力来获取消费者关注度，从而获取大量利益，违反文化产业公认的商业道德，具有不正当性，即法院认为同人作品具有不正当性的根源是其搭原作品影响力的便车，这就涉及对搭便车行为的性质分析及可规制性的探究。在司法实践中，搭便车行为也是《反不正当竞争法》一般条款规制的主要情形，本部分将在评析"金庸诉江南"案的基础上，进一步分析《反不正当竞争法》一般条款对搭便车行为规制的限度。

---

① 广州市天河区人民法院（2016）粤 0106 民初 12068 号民事判决书。

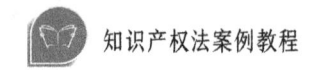

（1）案情与评析

在"金庸诉江南"一案中，关于被告行为是否构成不正当竞争的认定，法院基于原告作品具有相当的知名度和影响力，被告以盈利为目的创作发行小说，并有搭原告作品知名度便车的主观恶意这三个方面，认为原告的行为具有不正当性，违反诚实信用原则，应适用《反不正当竞争法》一般条款进行规制。

法院判决确认竞争行为具有不正当性的推理逻辑是，被告未经许可使用了原告的作品元素，这些元素表现为人物名称、人物之间的关系，虽然单独的元素达不到我国著作权法中对作品独创性要求的高度，不能受到著作权法的保护，但并不代表被告对这些元素可以无偿、无限使用。原告作品作为一个整体，具有极高的市场影响力，作品之中的人物名称、人物关系等元素也具有链接和指向原告本人的消费者吸引力，被告江南对这些元素的利用客观上提高了自己作品的声誉和市场知名度，增强了自己的竞争优势，同时挤占了原告发展新作品的空间。在市场经济的大背景下，我国自由竞争的竞争政策符合活跃市场经济，营造良好营商环境的经济发展新形势。在我国自由竞争的竞争政策之下，应当以自由竞争为原则，限制竞争为例外。根据我国司法政策中对反不正当竞争法及一般条款适用的定位可知，知识产权专门法穷尽保护的领域原则上属于公众自由利用的公共领域，如若适用《反不正当竞争法》一般条款对该领域进行规制，则需要特别的、充分的理由，来证明被规制行为的不正当性。

"金庸诉江南案"的判决书未充分说明人物名称、简单故事情节、人物关系等作品元素需要拓展保护的特殊性，也未给出充分的判决理由来证明违反自由竞争政策以规制著作权法穷尽保护的利用作品元素行为的合理性。判决理由中原告作品具有知名度和公众识别度是其免受不正当利用的必要但不充分条件，不能仅因原告作品具有商业市场价值就禁止他人利用，否则这一判决无异于为商品的知名度和市场价值设立了准财产权，从而排除他人的使用行为，这显然有违权利法定主义。

从被告利用原告声誉给原告带来的损害来看，被告的使用行为并不会使消费者对其来源产生误认和混淆，其利用原告声誉的行为只是挤占了原告使用作品元素发展新作品的空间。但判决中缺乏被告对原告潜在市场损害的具体论证，且原被告作品性质和种类不同，判决中也未对二者作品具有直接竞争关系进行论证。由此可知，被告对原告作品的利用并未威胁到原告作品基于其独特声誉而获利的基础。

从鼓励文学创作角度来看，对原告作品要素的利用行为属于文学意义上的续写，续写是文学创作的一种形式，在法律上应有被容许的空间。续写作品对原作品中人物名称和形象等因素的利用是构成对原作品的著作权侵权还是对原作品的合理使用，应结合具体情形进行判断，而不能不加具体分析，将续写有影响力原作的行为一概认定为不正当竞争行为，否则，过于严苛的竞争法制度将扼杀续写这种文学形式。

因此，该案中被告的行为的确搭了原告作品的部分便车，但即便从一般侵权行为的认定思路进行分析，被告的行为也不应受到《反不正当竞争法》一般条款的拓展保护。

（2）搭便车行为的不正当性认定

司法实践中，拓展适用《反不正当竞争法》一般条款规制的竞争行为多表现为搭其他竞争者便车的行为，而搭便车行为广泛存在于市场经济之中，其不正当性不能一概而论，而应在分析搭便车行为的判例渊源及理论背景的基础之上，明确搭便车行为不正当性的认定标准。

英美法系国家在规制不正当竞争行为的司法判例中，出于对搭便车行为的禁止，发展出了"禁止不正当利用"原则和"禁止不劳而获"原则。下文在分析这两种原则的适用情况及适用边界的基础之上对搭便车行为的正当性进行分析。

① "禁止不正当利用"原则

英美法系国家"禁止不正当利用"原则是指禁止不正当利用他人的商业价值。该原则建立在对商品化权益保护的基础之上，以激励竞争的效益主义作为保护商品化权益的基础，将商品化权益看作一种重要的竞争工具，其本身具有独立于商品的价值，鼓励经营者投资建立自己的商品化权益有利于推动差异化竞争。基于这种路径，只要该商品化权具有一定的知名度，就可禁止他人对商品化权益的不正当利用，认定他人未经许可的商品化行为具有不正当性。该原则是市场管理者推动差异化市场竞争的手段，即便如此，该原则的适用也应结合具体案件，在分析衡量竞争行为所涉各方利

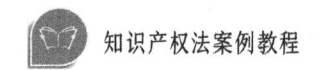

益的基础上作出判定，在不应鼓励差异化竞争的领域不应适用该原则，否则会提高竞争者进入该领域的门槛，容易造成垄断，最终侵犯消费者权益。

由此看来，该原则相当于为商业价值设立了准财产权，基于其可能对自由竞争带来的影响，美国学者明确反对将其作为反不正当竞争法的一般原则，①《反不正当竞争法重述（第三次）》第三十八条中也规定，"不正当利用他人交易价值"的诉讼主张仅限于对商业秘密、形象权、普通法著作权的利用。因此，美国判例中在探寻这一竞争自由之例外的原则适用边界时将原被告是否存在直接的竞争关系、被告行为是否为"杀鸡取卵"式的搭便车作为认定利用行为不正当性的主要标准。

② "禁止不劳而获"原则

"禁止不劳而获"原则作为一种商业道德标准被运用到之后的案件之中，但为防止这一标准泛化，造成不合理的市场垄断，从而损害消费者权益，"禁止不劳而获"原则并没有在之后的司法实践中得到普遍应用，而仅仅适用于"热点新闻"的保护领域。

"禁止不劳而获"原则的正当性基础是财产权劳动理论和维护商业道德，即禁止对他人人格、产品或商业模式等有价值的知识产品进行低成本的模仿，这种模仿的禁止不以造成混淆为前提。联邦最高法院在判决中认为，现代观念下的反不正当竞争不应仅着眼于同一行业、同一领域中有竞争关系的直接竞争损害，还应着眼于更宽泛的领域和视域，以使凝结了商业价值的财产权利免受不道德的商业行为的损害。"禁止不劳而获"原则发端于公正和衡平，在自由竞争的社会框架下，展现出应对社会道德和经济发展需要的能力。但这种"禁止不劳而获"原则的正当性基础有一定的不充分性。首先，在仅有知识产权专门法规范部分搭便车行为的情况下，存在自由利用知识产品的公有领域，这对整个社会具有福利性，如果全面排除模仿自由，会造成社会福利的减少；其次，由于知识产品具有公共性，对知识产品的客观使用难免会溢出权利人的控制范围，"搭便车"是技术手段溢出的自然结果。

由此可知，搭便车行为虽然可能违背商业道德，但基于知识产品的特

---

① 刘海虹. 普通法仿冒之诉研究 [M]. 北京：法律出版社，2017.

性和社会福利的保障，搭便车行为的禁止必须引入公共政策来确定，不能与知识产权专门法的公共政策相冲突而损害市场竞争者的模仿自由。

我国司法实践中尚未形成对"搭便车"行为合法性的统一认定标准，根据英美法系国家对搭便车行为规范路径可知，对搭便车行为的正当性判断是经营者竞争优势的独占和其他经营者模仿自由的博弈，即知识产品公共性的边界问题。这一问题的判断涉及对市场透明度的把握，而自由竞争的市场环境是建立在增加市场透明度、减少竞争壁垒基础之上的。竞争者模仿自由的限度可根据经营者的经营领域、经营投入、经营模式等客观因素进行评估；当前市场的透明度的高低及增加市场透明度的需要可根据相关行业的具体性质、发展定位等客观标准来判断。

搭便车行为正当性要素的客观化是判断行为是否符合公认的商业道德的重要方面，通过上述分析路径可认定搭便车行为正当性的客观要素包括竞争者的模仿自由和增加市场透明度的需要两个方面。

（三）知识产权期待利益公平分割案例分析

在当今新兴产业高速发展的时代，经济的发展结构不再单一，在国家的引领及相关政策的支持下，很多创新型经济类型、文化型经济类型如雨后春笋般涌出。人们收入的财产类型不仅仅局限于有形财产，知识产权等无形财产也逐渐成为主流的财产类型。夫妻之间的收入来源也不仅仅是单一的薪水，也逐渐出现很多创作创新型作品收益，概括来说是由脑力创作形成的知识产品，从而转化成的经济价值收益。知识产权转化成现实的经济价值需要一定的时间和过程，未能及时转化为经济收益的知识产权即被称为"知识产权期待利益"，"人身性"和"财产性"是知识产权的两大特点，知识产权的这两种属性造成在夫妻离婚时对知识产权公平的分割较难的现状，但是知识产权的价值是可以通过转化成经济利益进行量化的，是可以明确具体分割的，所以知识产权期待利益如何合理地分割是亟待解决的难题。

本部分结合实务案例，梳理实务界司法判例中的裁判意见，站在先辈的肩膀上，对知识产权期待利益分割的方案提出自己的见解和观点。

1.案例介绍

案例一：王先生是一名网络小说作家，虽然默默无闻但很有创作天赋，因没有合适的机会，故事业一直没有起色。2003年，王先生与马女士相识相爱，2004年，两人步入婚姻的殿堂。两人结婚后，王先生还是从事网络小说写作，事业如往常般，创作了两篇长篇小说都未得到发表的机会，一直也没有收入来源。马女士工作稳定，虽然收入不多，但也用自己的工资，以一己之力负担了两人的生活。2006年，王先生以马女士养家，打击了自己的自尊心，影响了创作思路，减削了创作热情为理由，向马女士提出离婚。两人协议离婚后王先生事业有了起色，婚内创作的两篇长篇小说均被推荐后发表，并获得一笔不少的稿费。马女士得知后向法院提起诉讼，马女士的诉讼请求为：对王先生所获稿酬进行分割。经过法院审理后查明，对王先生取得的知识产权的收益不予分割，理由是：王先生在婚姻关系结束后获得的小说稿酬不应属于夫妻共同财产[①]。在现实生活中，知识产品的创造者在婚姻存续期间创作作品，而知识产权收益在离婚后取得的现象屡见不鲜。在此案中，法院驳回马女士诉讼请求的主要理由是该稿酬不属于夫妻婚姻关系存续期间的收益。对于此案的处理进行分析，一共有三种处理意见：（1）如法院判决一样，因知识产权的期待利益不在婚内取得，不应属于夫妻共同财产，并且不能忽略知识产权期待利益具有的人身专属性，故该收益属于王先生一人，此观点印证了理论界认同的"个人财产说"；（2）因王先生在婚姻存续期间创作的小说并发表，所以该知识产权应属于夫妻二人共同所有，则知识产权期待利益应该由王先生和马女士共同所有，离婚后理应夫妻二人分割，此观点印证了理论界的"夫妻共同财产说"；（3）该观点认为王先生所获的稿酬不属于夫妻共同财产，属于王先生一人所有，坚持"个人财产说"，但是马女士用一己之力负担夫妻二人生活，为家庭生活和王先生的文学创作做出了不可磨灭的贡献，故在"个人财产说"的基础之上，对马女士进行一定的经济补偿。

案例二：司先生和李女士相识于1984年，1986年结婚，司先生通过自己的脑力劳动在婚姻关系存续期间获得了城市道路运输系统实用新型专利，该项专利属于知识产权范畴。2014年，李女士和司先生感情出现裂痕，婚姻走到了尽头，二人离婚。因分割财产时李女士和司先生发生争议，遂

---

① 邓旭明，王雪梅，张珂嘉. 婚姻纠纷案例答疑[M]. 北京：中国法制出版社，2008.

诉至山东省聊城市东昌府区人民法院。李女士诉称司先生在婚内取得的城市道路系统实用新型专利应属于夫妻共同财产，在离婚时应进行公平合理的分割。司先生认为该专利为其自己发明创造，归属于自己所有，不能进行分割，且该专利并未取得实际的经济利益，故无分割的可能性。法院经过审理后查明，司先生发明的专利若产生实际的经济利益，则根据《民法典》规定，该城市道路系统实用新型专利因在婚姻关系存续期间获得，应归属于夫妻共同财产，在婚姻关系结束时予以分割。但现实是该新型专利尚未产生实际的经济效益，且该专利属于司先生一人发明创造的，知识产权的具有专属性和人身性。最终，法院经审理查明，判决该城市道路运输系统实用相关专利权不属于夫妻共同财产，判归司先生一人所有，不予分割。但在分割司先生和李女士其他共同财产时，对李女士进行了适当的照顾[1]。

案例三：邢先生和朱女士于2008年结婚。邢先生做音乐发表创作等相关工作，偶然间发现桑某创作的歌曲《我可以》，认为该歌曲有很大的升值空间和发表演唱价值。便和桑某签订了著作权转让合同，合同约定邢先生向桑某支付1.5元人民币，著作权转让完毕后，邢先生获得《我可以》全部词、曲的著作权。随着生活趋于平淡，邢先生和朱女士在2015年以感情不和、婚姻生活不幸福为由，自愿解除婚姻关系，但是在分割夫妻共同财产时，二人产生争议，朱女士向法院提起诉讼。朱女士认为邢先生为转让歌曲《我可以》的著作权人，歌曲《我可以》的著作权属是知识产权，在夫妻二人解除婚姻关系时，应该对该著作权转化的经济效益进行合理的分割。邢先生则认为《我可以》在婚内未产生经济性收益，则不属于夫妻共同财产，因此没有分割的必要性存在。经法院审理后查明，歌曲《我可以》的著作权具有人身性，不可分割，但是《我可以》的歌曲是邢先生在婚姻存续期间，用夫妻共同财产支付的，现夫妻二人离婚，法院根据邢先生购买歌曲支付的金额判邢先生给朱女士适当的补偿。因该歌曲未产生实际的经济收益，无法进行分割，法院驳回了朱女士的诉讼请求[2]。

2.案例争议

目前，《民法典》中对夫妻离婚后的有形财产分割规定较为全面，但

---

[1] 山东省聊城市东昌府区人民法院（2014）聊东民初字第1191号民事判决书。
[2] 北京市大兴区人民法院（2013）大民初字第12892号民事判决书。

是对知识产权期待利益无形财产分割的相关法律还不够完善，故在司法审判中产生了很大的争议。法官在审理知识产权期待利益分割的案子时，按照现行法律审判并无不妥，不过由于现行法律的不够完善，致使法官在审理案件时出现了案情基本相似，但是不同的法院在案件审判时作出了不同的判决，下面通过案例对司法审判中存在的争议焦点进行简单的梳理。

第一个争议是关于"夫妻离婚后知识产权的归属"。值得探讨的是，知识产权期待利益是属于夫妻中知识产品的创造、发明方所有，还是属于夫妻双方共同所有。从"个人财产说"的角度进行分析，法院在作出判决时，将知识产权期待利益划分给知识产品的创作、发明者独有，这样便不再属于夫妻共同财产，不会出现夫妻离婚时知识产权期待利益的分割状况。若按着"共同财产说"法院在判决时将知识产权期待利益认定为夫妻共同财产，则存在分割的必要。如前文案例一中的三种处理意见。

第二个争议是对于给非知识产权权利方（家务劳动付出方）适当照顾的实际操作应用问题。我国现阶段法律没有对"适当照顾"有特别详细的规定，没有规定用何种方式，多少金额进行适当的照顾。造成在司法审判的实践中存在两种实行方式：一是如案例二一样，对夫妻离婚后产生的期待利益不予分割，归属于知识产品的创作、发明方，但是在分割其他共同财产时，应向非知识产品创作方一方稍加倾斜；二是在夫妻二人解除婚姻关系时，对于知识产权期待利益暂时不予分割，仅对于知识产权非权利方给予经济上的适当照顾，该照顾不同于对财产进行的分割，此照顾的性质属于补偿。

第三个争议焦点是在夫妻婚姻关系解除后，知识产权期待利益的分割方式不够清晰具体。我国法律的现状是没有对具体的分割方式做明确的要求。尚未实现的知识产权期待利益在一定程度上具有未然性，其真正经济价值的确定需要很长一段时间的转化，并且在转化过程中受多种因素的影响，所以知识产权期待利益的经济价值不能准确地确定，不确定因素占比太多，则用何种方式进行知识产权期待利益的分割成为重要且棘手的问题。在法院的现实裁判中，有一部分法院会判决待知识产权期待利益实现成真正的经济利益时再进行分割。但是这种分割方式在实际操作上难度较大，故学术界的学者提出一次性分割的原则。

由此可见，通过对知识产权期待利益分割的典型案例进行的总结和探讨分析，可以得出在司法实际审理上主要存在的三个争议焦点：第一，在夫妻离婚后对知识产权期待利益的归属没有准确的界定；第二，夫妻离婚后对非知识产权权利方如何进行适当的照顾；第三，在解除婚姻关系后，用何种方式对知识产权期待利益进行分割。

3. 本书对知识产权期待利益分割的观点

（1）知识产权仅婚内财产价值可分割

人们用自己的智力成果创造出知识产权，知识产权可以形成经济效益，一部分知识产权尚未实现经济利益的转化则称为"知识产权的期待利益"，知识产权由诸多种权利集合而成，其中包括著作权、专利权、领接权和商标权等诸多权利内容，但是这些权利的属性并不完全相同，甚至存在很大差异。其中，有一部分权利只具有财产权等属性，例如注册商标专用权是最具有代表性的权利，又如著作权具有人身价值又具有财产价值。作者对自己创作的作品享有几种具体权利，分别是署名权、修改权、保护作品完整权、著作人身权，这一点在我国的《著作权法》中有明确的规定。在理论界有一部分学者认为知识产权本身是无法作为夫妻离婚时的分割对象的。此点在我国的《著作权法》中也有明确的规定，即著作权的人身价值专属于作者一人所有。另外，著作权是否存在：转移在一般情况下不会与作品存在的载体（作品原件）产生必然联系[1]，此种观点的立足基础是著作权本身具有非物质性。在作者去世后，著作权的人身关系不能由著作权的后代或其亲属继承，但是对于著作财产权的继承人或者受遗赠人加以保护。所以著作权本身是不能进行分割的，但是由著作权在婚内产生经济效益则属于夫妻共同财产可以分割。

上面是以著作权为例，虽然人身价值是不可分割的，但是一定程度上的"人身价值"也是可以许可他人转让或者使用的。例如公民可以许可他人使用自己的姓名用作商业目的，再比如可以按着法律规定依法有权转让自己名称的有个体工商户、企业法人、个人合伙等。在解除婚姻关系分割无形财产时，知识产权的人身价值必然是不可分割的，但是夫妻之间可以

---

[1] 杨明.知识产权请求权研究：兼以反不正当竞争为考察对象[M].北京：北京大学出版社，2005.

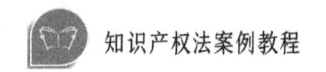

自主进行约定，通过协商达成统一，可用转让、许可等方式转移一定程度的人身价值达到利益分配平衡的目的。

因此，在具体的司法实践中，对于具有很强程度上的知识产权，或者非知识产权人对知识产权的价值、精神内涵少有理解，并且对市场如何运作知之甚少，或者将知识产权转移给非知识产品的创作、发明者不具有实施可行性，此种情况造成的结果就是知识产权应当归知识产权创作人所有，否则知识产权将不会得到充分行使。为避免知识产权不能得到充分的行使，法律在规定时需要做充分的考量，将权利配置给能够使其发挥最大效益的一方，即知识产品创作、发明者。可若知识产权权利人自愿在法律允许的范围内自愿将法律允许转让或者许可他人使用的人身价值转让给另一方许可其使用，应当最大程度上尊重知识产品创造者，知识产权在婚内所产生的财产价值应属于夫妻共同财产。知识产品的创造、发明者自己付出脑力劳动和精力获得合格的知识产品，其实质就是劳动的消耗，只不过此种消耗不同于人类普通的体力劳动，但是脑力劳动也同体力劳动一样可以创造经济价值。知识产品作为创作者、发明者脑力劳动的成果，其种类是多种多样，不仅是有形的商标、软件等类型的产品，也可以是技术、专利、著作权等无形产物。不论是有形的知识产品还是无形的知识产品，只要是在婚内取得的经济价值，实际将知识产权转化成了经济效益，都是属于夫妻婚内的共同财产，在夫妻离婚时，应给予公平公正的分割。知识产权的专属性权利是人类对知识产品依法享有的，根本价值的体现就是经济利益，如商标、作品和技术等知识产权的客体并不能直接为知识产品创造者带来经济效益，想要使这些知识产权的客体实现财产价值并转化为经济效益必须将其投入市场进行运作。不能单方面否认知识产品创造者出于个人价值而进行创作的知识产权作品，但通过现实观察对于知识产权的创作者来说，大部分创作者不是为了知识产品本身，更多的是为了实现知识产品背后的经济价值，从而取得经济收益，为知识产品创造者带来有效的经济效益。

在发达国家中对知识产权这一特点有明确的认知，早期就将知识产品单纯地等同于普通商品，纯粹的保护知识产品创造者的财产性利益。有部分理论界学者持知识产品中主要的智力成果具有知识产品创造者鲜明的特色,知识产品产生的经济效益与知识产品创造者关系密不可分[1]。那么,知识产权和知识产品都不可进行转让和继承,显而易见,此种规定是不合理也违背法律规定的。在夫妻二人的共同生活中权利人的另一方全力支持权利人对知识产品进行创造,以享受对知识产权财产价值进行分割的权利,同样对夫妻一方家务劳动的价值进行了肯定。不论是何种方式产生出来的知识产品,该产品从研发到买卖需要进行一系列的步骤和过程,不仅要投入相当一部分的人力、物力,更需要付出精力和时间消耗等。从知识产品有雏形在权利人的脑海里到真的生产和使用、买卖,需要漫长的过程,需要知识产品创造者将极多的精神和注意力凝聚到产品上,从而影响知识产品创造者对家庭的付出,会忽视对家庭的关注度[2],为了维护夫妻家庭的和睦,促进家庭和谐发展,营造温暖温馨的家庭环境,作为家庭中的非知识产品创造者,一定要对家庭起到一定程度上的支撑,则在家庭生活中更有不可磨灭的重要作用,非知识产品创造者对家庭的投入和付出不仅局限于经济上的投入和付出,更多的是家务劳动的付出,虽然没有参加头脑智力上知识产权的创作,并没有在知识产品上有所体现,但是不影响对婚内知识产权经济利益的分割。对婚姻存续期间内知识产权财产价值进行评价时,仅仅对知识产品创造者进行评价是很片面的,一定要考虑家庭成员每个人全方位的评价,一定要考虑配偶在家庭中的付出和为知识产品创作提供的帮助,对夫妻双方在知识产品创作中的贡献进行全方位的评价。

(2)知识产权期待利益分割——家务劳动补偿

理论界中知识产权期待利益现存的两大观点——"个人财产说"与"共同财产说",均在一定程度上存在某些缺陷。第一,在知识产权分割的范围内期待权并未得到体现,因为期待权是尚未实现的权利,只是存在知识产品但是暂未产生对应的经济效益,且经济效益在离婚后才能实现,尚未完全转化为经济效益时存在很大程度上的不确定性。在知识产权的内涵上,一部分作品的权利自完成之时就已经产生,如著作权;还有一部分权利是经过国家相关机构授权或者注册后才能产生,如商标权和专利权。知识产

---

[1] 张秀玲.论夫妻财产中知识产权及其收益的归属[J].甘肃理论学刊,2014(05):143-158.
[2] 张学军.论夫妻一方婚后所得财产性知识产权的归属[J].浙江工商大学学报,2013(03):33-45.

权权力的实现需要转化成知识产品，知识产品在创作完毕后是否临时转化成经济利益是由知识产品创造者自主决定的，这种权利在民法上有详细准确的规定，是可以在法律允许的范围内进行转让，这已经成为法学界的共识。知识产权的形成需要知识产品被授予权利，违背知识产权授予的知识产品不被赋予经济利益，同样不可将其作为民法上的权利进行转让。将要实现的经济效益是来源于知识产品本身的，或者是知识产品的财产权，不是新型的财产权。换句话说，就是知识产权的来源就是自动形成的或者是经过行政机关批准后形成的，知识产权的形成与何时获得经济利益是毫无关系的。由于知识产权本身具有的专属性，知识产权是无法成为"分割"的对象，将知识产权本身作为分割对象的理论是不成立的，这种观点是与知识产权本身具有的人身价值属性相违背的，存在明显的不合理性。若将知识产权权利本身进行分割的话，对于知识产品创造者的积极性存在很强程度的打击，极其不利于知识产品创造者的积极性，使创造者没有足够的动力去发明、创造，在创作、发明新型作品时没有积极的心态，如上所述，想要知识产权人拥有足够的动力来发明创造新型知识产品的话，则不能将知识产权权利本身进行分割，被分割的只能是婚内产生的知识产权经济价值。

　　知识产权期待利益的价值无法估计确定，由此不能武断地判定知识产权期待利益归属于个人或者归属于夫妻共同所有，知识产权的形成和知识产品的取得都需要极其复杂而漫长的过程，消耗的时间不能准确衡量，在被市场接纳的过程中也会遇到很多无法估量的难题。夫妻婚姻关系解除后，在婚姻关系存续期间知识产权期待利益没有实现经济利益的转化，没有明确转变成知识产权的可以明确转化的收益。我国立法中明确规定的就是对于夫妻婚姻存续期间已经实际取得的知识产权的经济利益该如何合理公平地进行分配。不能据此认为夫妻间共同财产不包括知识产权的期待利益。在夫妻解除婚姻关系时，对于尚未明确取得的知识产权期待利益该如何公平公正地进行分割呢？从"共同财产说"的理论依据出发，重点以夫妻婚姻关系存续期间的知识产权产生为标准来确定的，这一学说存在片面。例如商标权、专利权需要行政机关的授权才能得到确认，著作权的产生则以作品产生作为根据，不同权利的产生有不同的标准，不考量实际情况，统一用权利产生的时间标准来判断知识产权期待利益的归属有失公平。"个人财产说"中极度地保护了知识产品创作者的人身属性,从而忽视了对于夫妻双方的利益分配平衡。知识产权最后将会转化为财产性利益,因为其具有的财产价值使得很多人愿意投入精力和时间进行知识产品的创作,并且取得家人和配偶的支持。知识产权期待利益没有明确取得时,因为夫妻双方在该知识产权的取得和形成,在转化为经济价值之前都付出了大量的精力和时间,配偶方也为家庭付出了不可忽视的劳动,这是婚内夫妻共同所有制的基础。

因知识产权人身性这一专有属性,使知识产权只能归知识产权权利人所有,那么配偶方在此过程中付出的劳动就得不到回报,不利于夫妻双方的家庭分工,也会影响非知识产权权利人对知识产权生产创作的积极性,不利于知识产品的创造和发明,也和我国创新强国的理念相违背,这也不是立法者希望达到的目的。

"共同财产说"只是承认了知识产权期待利益属于夫妻共同所有,但对于具体的分割方法没有明确提出,均等分割是最简单直接的办法,日后知识产权利益取得后进行补偿则操作难度很大。知识产权独特的人身属性决定了知识产权很难是夫妻双方付出均等的努力所形成的,所以不论是哪种分割方式都很难做到合理公平的原则。

在知识产权期待利益归属于知识产品创作、发明者的基础上,与知识产权的人身专属性进行结合联系,应该充分考量非知识产权方对于家庭的付出,对非知识产权方进行合理的家事劳动补偿,这种补偿属于财产性利益。

《民法典》自2021年1月1日开始实行后,关于全职太太"离婚时可以向对方提出家务劳动补偿的主张"这一观点,很多人一直存在疑问。北京市房山区人民法院最近审结了一起离婚家务补偿案件。案情如下:2015年,陈某和王某结婚并育有一子,3年后两人开始产生矛盾并于2018年7月开始分居至今,自11月以后孩子一直跟随母亲王某生活。陈某在2019年向法院提起诉讼请求法院判决离婚后又自行撤诉,一年后,也就是2020年,陈某又向人民法院提起离婚诉讼,法院经审理后,判决结果为:驳回陈某的诉讼请求。10个月后,陈先生再次向北京市房山区人民法院提起离婚诉讼,第二次向法院请求判决与王某解除婚姻关系,并对夫妻婚姻关系存续期间共同财务和债务进行分割,请求法院将孩子的抚养权判给自己。妻子王某认为夫妻双方感情尚未完全破裂，还有转圜的余地，不希望与陈某解除婚姻关系，且王女士表明婚后一直是自己照顾孩子和双方老人，负担了家庭中大部分的家务，而陈先生在家庭中没有扮演任何角色，只是每天做好自己的工作，没有为家庭付出劳动和精力。王某在法院请求分割财产的同时要求陈某向王某赔偿精神和物质损失共16万元。经法院一审过后，判决王某和陈某解除婚姻关系，孩子的抚养权交给母亲王某，陈某按月支付2 000元的抚养费，夫妻间共同财产由夫妻二人平分，并由陈某给予王某5万元的家务补偿款。这一判决引起了社会舆论的广泛关注。这是中国司法历史上第一起适用家务补偿制度审理的案件。这一案件的审理对于夫妻离婚时的财产分割是里程碑一样的进步。

　　虽然此案暂不涉及无形财产的分割，但是在夫妻离婚时分割知识产权期待利益时也要充分考量知识产权非权利方通过对家事劳动的付出形成的对知识产品创作的支持。家务劳动形成的是无形的财产价值，此价值在有形财产中无法得到体现。家务劳动补偿制度并不是《民法典》颁布后突然形成的，而是在已经被废止的《婚姻法》中就有过规定，当夫妻其中一方主张离婚时提出家务劳动补偿时，夫妻双方一定要通过书面约定的方式，并且以在夫妻婚姻关系存续期间夫妻各自所拥有的财产为前提。但是在大多数婚姻家庭中，大部分中国家庭都不会在婚前去设定这样的一个协议，夫妻之间的财产并不会分割得那么清楚。在2021年1月1日开始施行的《民法典》婚姻家庭编中有明确的规定①，此规定就是家务劳动补偿制度的原则。那么对于补偿款的金额比例是如何计算的呢？此案的主审法官表示，因为每个家庭的情况都不一样，则很难有统一的标准。只能在《民法典》的大框架下，由审理案件的法官主要需要考量四个方面的因素：第一，夫妻双方的婚姻存续时间；第二，付出劳动方在家庭劳动中具体付出的情况；第三，另一方的经济收入情况；第四，夫妻双方生活当地的一般生活水平。法官考量实际情况后，通过积攒的相关经验，合情合理合法地行使自由裁量权。

---

① 夫妻一方因抚育子女、照料老年人、协助另一方工作等负担较多义务的，离婚时有权向另一方请求补偿，另一方应当给予补偿。具体办法由双方协议；协议不成的，由人民法院判决。

第七章 涉外知识产权保护案例分析

随着经济和通信的全球化发展，知识产权的跨国交流不断增加，知识产品的自由流通带来了更多的跨国争议。因为各国知识产权的发展程度、保护水平和利益诉求存在不同，各国有关知识产权的立法也存在差异，知识产权领域的法律冲突日渐凸显。目前，世界大部分国家均先后制定了知识产权冲突法规则，以解决跨国知识产权纠纷中的法律冲突问题。我国也于 2011 年实施了《中华人民共和国涉外民事关系法律适用法》，其中规定了涉外知识产权纠纷的法律适用规则。我国非常重视对知识产权的法律保护，但涉外知识产权纠纷仍然时有发生，其中涉外知识产权的侵权纠纷尤为多发。

本章选取涉外定牌加工中商标侵权案例、诉讼外自认商标侵权判定的案例和中国企业应对美国 337 调查的案例作为涉外知识产权保护的典型案例加以分析，为涉外知识产权侵权纠纷在法律适用上的问题研究，以促进我国涉外知识产权侵权纠纷法律适用立法与司法的进一步发展，提供实践参考。

一、涉外定牌加工中商标侵权案例分析

涉外定牌加工是全球经济一体化背景下，各国互联互通，实现商品、材料、资本交换的重要产物。涉外定牌加工中产生的纠纷类型较多，其中商标权侵权纠纷尤其突出，这主要是因为涉外定牌加工涉及多地域主体，而商标权的最大特点在于其地域性。

本部分以"HONDA 案"为例，通过对案情进行深入研究，结合原被告当事人的控辩理由，梳理出该案的争议焦点，并着重在我国《商标法》第

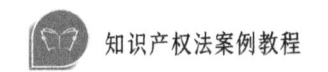

五十七条第一款和第二款内容的范围之内进行了关于"商标使用"和"商标侵权"的深入分析。

（一）案情简介及争议焦点

1. 案情简介

（1）案件背景

原告本田科研工业株式会社（以下简称"本田公司"）是一家从事摩托车汽车用具生产的大型跨国企业，于1998年5月取得我国国家商标局核准注册，获准注册"HONDA"商标，核定使用的类别为第12类，核定使用商品范围包括车辆、机动运载器、汽车摩托等。被告重庆恒胜集团有限公司（以下简称"恒胜集团公司"）于1998年9月登记注册，被告重庆恒胜鑫泰贸易有限公司（以下简"恒胜鑫泰公司"）于2001年6月登记注册，是恒胜集团公司的子公司。2016年6月30日，昆明海关告知本田公司，昆明海关下属的瑞丽海关查获了一批申报出口的摩托车整车散件220辆，商标为"HONDAKIT"，认为有存在侵犯本田公司知识产权的可能性，遂扣押该货物，并要求本田公司提交担保金额10万元，经查该批货物共申请报价118 360美元。最主要的是该批货物是由公司注册地、主要经营场所及销售市场在缅甸的美华公司授权委托恒胜鑫泰公司按其要求委托加工的，销售目的地是缅甸。且美华公司在其缅甸国内合法拥有"HONDAKIT"商标在摩托车等用品上的商标注册使用权，所以对于该批出口摩托车是否构成侵权，海关难以认定。2016年9月13日，本田公司遂以恒胜鑫泰公司、恒胜集团公司侵害其商标权为由，向云南省德宏傣族景颇族自治州中级人民法院提起诉讼。

（2）案件一审过程及结果

在一审中，原告向一审法院提出三个诉讼请求：一是请求两被告立即停止商标侵权行为；二是请求两被告承担连带责任赔偿经济损失300万元；三是请求被告承担全部诉讼费用。被告辩称，其行为属于完成加工承揽合同所必须之行为，是通过制作销售盈利而不是通过使用商标盈利，其经济所得并不是侵权所得，其公司的使用行为并不属于商标法意义上的使用，且所制作产品销售的产品所在地是缅甸，在缅甸对于商标注册只需要登记备案。缅甸委托方美华公司已经于2014年进行有关商标的登记备案，所以属于合法使用，而且涉案产品并不会流入我国市场，该批产品上的标识并不会在我国产生识别功能，故而，不属于商标侵权。

一审法院作出判决，但并没有对辩方观点进行符合法理的驳斥，在案件事实方面只是进行单纯认定，即认为被告确实存在侵权行为，即恒胜鑫泰公司与恒胜集团公司履行了加工承揽合同约定的义务，但是没有证据证明缅甸美华公司在其国内是商标"HONDAKIT"的合法使用者。同时，缅甸方要求将"HONDA"放大而缩小"KIT"三个字母，也不认为该行为是涉外定牌加工行为，根据我国商标法有关规定，此行为属于"在类似的商品上使用与其注册商标相同或者近似的商标，容易导致混淆"的情况。所以被告行为构成侵权，但请求赔偿300万元的数额过高，并不属于合理赔偿范围，故而判处被告赔偿原告30万元，且诉讼费用由被告一方承担。

（3）案件二审过程及结果

被告对一审法院判决结果表示不服，遂向云南省高级人民法院上诉，二审由云南省高级人民法院于2017年12月审理结束。

在二审中，上诉人认为一审适用法律和认定事实理由错误，提出以下几点。一是恒胜鑫泰公司的行为是涉外定牌加工行为。上诉人表示"HONDAKIT"的商标为缅甸公民吴德孟昂所有，其为缅甸美华公司董事，恒胜鑫泰公司是受美华公司委托和商标授权从事承揽加工行为，这属于涉外定牌加工的行为，遂对一审法院认为恒胜鑫泰公司的行为是"证据不足而不被认定不属于涉外定牌加工行为"的结果表示不服，提出上诉。二是主张上诉人的行为并不构成商标法意义上的商标使用，更不构成商标侵权。上诉人涉案的摩托车整车散件220辆是产品而非商品，由于中国方恒胜鑫泰公司所得盈利主要是其加工承揽费用，而不是使用商标的费用，且该定做是受缅甸公民吴德孟昂的委托完成，而且该批商品的销售目的地并不在中国，故而也不会产生在中国市场上的商标识别效能。由于不属于商标使用，根本不需要进一步判断是否属于商标侵权中的混淆认定，以此一审法院认为上诉人构成商标侵权中的混淆的适用法律错误。三是认为一审中被上诉人并没有提出是否构成被混淆的证据，就因为商标字母有部分重叠便认为构成混淆适用法律错误，是不合理的。四是认为判决赔偿的事实标准不正确，酌定侵权损失的赔偿数额没有法律依据。

经审理，二审法院认为上诉人实施的不是商品销售行为而是定牌加工行为，因为委托人美华公司的董事吴德孟昂已于2014年在缅甸国内进行了商标"HONDAKIT"的登记，且吴德孟昂为与恒胜鑫泰公司合同的签约负责人，所以属于涉外定牌加工行为。同时，二审法院也认为该行为并不属于商标法意义上的使用，因为该产品出口缅甸，并不会进入我国市场，国内相关公众并没有与该标识接触之机会，不会起到商标标识性的来源区分作用，不属于商标法意义上的使用。而且商标法具有地域性，由于该品销售目的地不在我国境内，我国相关公众不可能混淆，不能延伸去保证被上诉人本田公司在境外的相关利益，缅甸公司的行为销售是否构成混同并不属于我国法院管辖范围之内，且认为由于上诉人不存在侵权问题，当然也不存在损害赔偿问题，遂判决撤销本案一审判决，并驳回一审原告本田公司的相关诉讼请求。

（4）案件再审过程及结果

二审判决作出后，本田公司申请了再审，最高人民法院对该案进行了再审。法院认为，由于缅甸美华公司与恒胜鑫泰公司签订的加工承揽合同属于涉外定牌加工行为。美华公司董事吴德孟昂在缅甸取得相关商标登记许可程序，已向中方提交授权书，且其产品的销售地均在缅甸，故恒胜鑫泰公司的行为属于典型的涉外定牌加工行为，并不属于单纯的销售行为。再审法院认为恒胜鑫泰公司、恒胜集团公司所使用涉案公司争议图标的行为属于商标法意义上的使用。因为再审法院认为商标法意义上的使用是一种客观行为，并不能在各个环节单独割裂来看，应该对其做整体解释，即商标只要具备区分商品来源的可能性，即构成商标之使用。而且根据《最高人民法院关于审理商标民事纠纷案件适用法律若干问题的解释》第八条规定："商标法所称相关公众，是指与商标所标识的某类商品或者服务有关的消费者和与前述商品或者服务的营销有密切关系的其他经营者。"本案中相关公众除被诉侵权商品的消费者外，还应该包括与被诉侵权商品的营销密切相关的经营者。综合上述分析，再审法院认为二审法院适用的法律及认定事实有误，给予纠正，且认为被告的商标使用行为确实构成了商标侵权，提出商标侵权中的混淆性认定并不要求相关公众一定要接触到相关产品，也不一定要求其确实产生了混淆。被诉侵权的摩托车上使用

"HONDAKIT"，确实构成近似商标，具有使相关公众混淆和误认的可能性。由于商标具有地域性，中国境内的公民法人等所获得的所谓"商标使用授权"，并不属于我国商标法保护的商标合法权利，所以不能作为不抗辩理由，于是对二审法院认定事实予以纠正，遂撤销二审判决，维持一审判决结果。

2.案件争议焦点

由于本案一审与二审认定结果相去甚远，后来再审最高人民法院又维持一审判决，通过上文总结发现，本案中存在三个争议焦点：一是本案被告行为是否属于涉外定牌加工行为；二是本案被告行为是否构成商标法意义上的商标使用行为；三是本案被告行为是否构成商标侵权。

（二）本案争议焦点的分析

1.本案被告的行为是否属于涉外定牌加工

在本案中，一审法院认为被告的该行为是商品销售行为，而不是定牌加工行为。二审认定其为定牌加工行为，再审中最高人民法院认为本案被告行为是法律中典型的涉外定牌加工行为，并对二审中的认定理由予以肯定。

分析被告的行为，二审法院根据上诉人一审中提交的证据，可以发现恒胜鑫泰公司与美华公司在2016年4月签订了名为《销售合同》的合同，双方约定了订购的产品类型、件数、出口目的地等内容，根据合同约定的内容，人民法院发现合同双方主体并不构成单纯的"你卖我买"简单销售的买卖双方关系。此外，还有证据表明，缅甸公民吴德孟昂已于2014年6月在缅甸曼德勒市的合同文书登记处对涉案商标进行了注册登记，该商标所适用的商品类别范围是车辆产品上。所以依据提交的这份证据，可以证明委托方美华公司在缅甸取得了"HONDAKIT"商标的商标专用权。通过第三份证据——缅甸美华公司及该公司的董事吴德孟昂出具的《授权委托书》中我们可以知道恒胜集团公司获得了缅甸公民吴德孟昂的商标使用授权，允许其在发动机盖左右挡风玻璃上贴附名为"HONDAKIT"的注册商标，所以在二审中云南省高级人民法院对一审法院认定被告行为因缺乏证据证明而不属于涉外定牌加工这一认定结果进行了更正，认为一审法院认定事实不清、适用法律错误，所以根据以上理由被告行为确属涉外定牌加工，而不是单纯的销售行为。

通过对以上案件事实的梳理，发现被告的加工及运输行为完全是按照缅甸受托方之要求而为，双方有承揽加工合同作为判定依据。被告通过履行合同约定之要求来获得报酬，并不是为了直接向市场销售贴附了有可能损害商标专用权人之商标的摩托车产品来销售牟利。又由于受托一方为缅甸法人，销售目的地在域外，所以具有涉外因素。所以被告的行为既符合混合承揽合同之内容，又具有涉外因素。综上所述，笔者也赞同二审和再审法院意见，认为被告行为属于涉外定牌加工行为。

2. 本案被告行为是否属于商标法意义上的商标使用

在本案中，被告行为是典型的涉外定牌加工行为，对于被告一方的行为是否为商标使用行为，学理上和法律实务上都有着很大的争议，而且关于此类案件的讨论，往往涉及合同性质、出口的目的地及委托权利人是否有商标专用权等多种内容的讨论，所以要通过整体案情来确定其是否为商标法上的商标使用行为。

是否应将"商标使用"作为判断商标侵权问题的前提，在我国法学理论中尚有争议，有肯定说和否定说之分，二者皆有不同的认定角度和理论依据。由于本案的典型案情，本书主要讨论侵权是在我国《商标法》第五十七条第一、二款规定的情形。在此限定条件下，"商标使用不必然导致商标侵权，但是商标侵权必然是因为商标使用"，一个行为，如果连"商标使用"都不构成，是根本没必要进行侵权诉讼的。在商标侵权案件中，厘清商标性使用的有关内涵和边界，是十分重要的，所以在该案的争议焦点中，有"被告行为是否构成商标性使用"这一内容。以我国商标法中的内容来看，并没有明确地将商标使用行为分为类似于"申请使用""维权使用""侵权使用"等有关具体类型。该案主要讨论的是商标侵权问题，所以即使要考虑，也是要思考被告的涉外定牌加工行为是否构成"侵权使用"，而且被告恒胜鑫泰公司并不是商标"HONDAKIT"的商标申请人或者商标权人，所以也不用考虑"申请使用""维权使用"之内容。当然，"商标使用"在我国此类侵权纠纷中被讨论肯定是因为被告有"侵权使用"的可能性，故而才容易将商标性使用和商标侵权两者混在一起判断。虽然二者有部分重合之内容，但是本质上其二者是不一样的，是两个不同的概念。

美国的商标性使用强调的是商标的商业性用途，其中进口运输销售中的使用，都算是商业中的使用。欧盟早期提出综合考量多种因素，部分案例将零售终端市场作为唯一相关市场，但是2019年之后对于商标性使用范围界定更加清晰，逐渐回归于概念本源。我国台湾地区在认定商标使用时主要考虑消费者对商标的识别度。日本对商标使用的标准规范十分严格，认为只要发挥了识别作用即为使用，而我国国内更强调相关"消费者的识别"。

根据本案案情，就恒胜鑫泰公司是否构成商业行为中的使用，一些不认为其是商标使用的主体主要是认为被告享受的是商标性利益，并不是商标本身带给其的知识财产利益，是加工承揽中的劳动收益，所以不属于商业性使用。这种说法虽存在其合理性，但是笔者认为：首先，涉事企业确实实施了贴附商标的客观行为，符合将"商标用于商品、商品包装或者容器"上的行为；其次，虽然被告经济利益的产生是因为加工生产商品，贴附只是合同约定的附带行为，但根据合同约定，如果不贴附此种商标很可能无法达到委托方的合同要求，从而构成根本违约，以至于受托方无法通过此次加工行为获得相关商业利益。所以从这种角度来讲，在类似于本案的商标贴附行为中，受托方的贴附行为绝对算是在商业使用中的行为，而且这是被告获取商业对价的手段和途径，故而被告构成了商标的"商业性使用"。回看我国法院对于涉外定牌加工侵权纠纷的案件判决，"PRETUI案"[①]和"东风案"[②]没有认为被告行为是商标使用，法院不认为涉案商标产生了识别来源的主要原因是目标市场的受众并不会产生识别上的误认。但这样就会出现"因为销售目标相关接触者不会产生误认，所以被告侵权人没进行使用商标"这样的结果，显然这种结论确实是不合理的。不能在实施了一个客观行为之后，以其引发的事后效果来认定其是否具有作出该行为的标准，这样就会以结果来证明其原因，这在逻辑学上是不能自洽的。

就本案而言，二审法院认为由于涉案商标"HONDAKIT"在缅甸合法注册，我国国内相关公众接触不到有关产品内容，便不认定为其是具有商标识别功能的使用。但是商标的标识性并不只是体现在销售末端被消费者

---

① 最高人民法院（2014）民提字第38号民事判决书。
② 江苏省高级人民法院（2015）苏知民终字第00036号民事判决书。

知悉之时，所以笔者还是仍旧赞同张韬略学者①的意见，即识别功能和认知确立是两个独立的部分，不能因为不流入我国市场而否定商标法最显著的基本功能——商标的识别功能，商标的"使用行为是客观"的，正如最高人民法院在本案判决中所述，对使用行为应该全方面界定，涉事产品的合同签订、运输、销售、加工是一个整体过程，不能被割裂，不能因为目标消费者所在地区而否认其使用行为②，即只要该商标的贴附具备了区别商品来源之可能性，就属于商标法意义上的"商标使用"。"使用"的认定依据不是商业活动中获利的方式或者手段，考虑这个会使得案情认定复杂化。在涉外定牌加工案件中，判断是否构成"商标使用"，应该回归简单的事实认定办法，在排除合理使用范围以后，只要是在可以盈利的活动中使用商标权人的商标就构成"商业使用"。所以根据以上论述，笔者认为本案被告行为确实构成了商标使用行为。

3. 本案被告行为是否构成商标侵权

在探讨被告恒胜鑫泰公司行为是否构成商标侵权时，一审法院认为根据我国《商标法》第五十七条关于侵权构成的规定，"HONDA"和"HONDAKIT"两商标能够引起相关公众混淆，可以被认为构成商标相似，故而构成侵权；二审法院认为在本案中，由于销售地并非我国，而是缅甸，虽然还没有出关，但是可以预料到在产品出口到缅甸后不会使得我国公众产生误认后果，所以不构成混淆也不属于商标侵权；再审法院并不如此认为，再审法院直接根据我国《商标法》第五十七条第二款规定认为由于被告在其生产、销售的被诉侵权的摩托车上使用"HONDAKIT"文字及图形，突出增大"HONDA"的文字部分，缩小"KIT"的文字部分，同时"H"字母和周围翅膀图标显示标红，与本田公司在我国注册申请的三个商标形成近似。再审法院在驳回被告抗辩理由时认为，在商标侵权中导致"混淆"认定的时候，不能只看是否已经构成混淆，还应考虑未来导致混淆的可能性，只要符合法条规定，符合我国《商标法》第五十七条规定的商标侵权构成要件即构成侵权。

---

① 张韬略，阴晓璐. 我国涉外定牌加工商标侵权司法认定之演进及反思 [J]. 国际商务研究，2020（02）：65-77.
② 最高人民法院（2019）最高法民再第138号判决书。

如果根据《商标法》第五十七条第一款和第二款内容，只分析被告贴附受争议商标的行为，即不考虑缅甸方主体因素，恒胜鑫泰公司所贴附的商标"HONDAKIT"和"HONDA"这一在我国已经拥有注册商标专用权的商标确实十分相似。而且由于"HONDA"作为日本本田公司的商标，在我国有广泛受众群体，其生产的汽车摩托车都有着广阔的市场和良好的口碑。根据 2017 年的报道，本田汽车进入全球十大影响力汽车行列，全球市值估计达 122 亿美元[①]，品牌知名度高，所以对其的保护较之普通商标需要更为严格。在是否构成相关商品或服务的认定上，由于本田公司业务除了汽车领域业务，还有摩托车领域的业务，而印有"红色翅膀"的涉案商标为本田公司在摩托车产品所申请的图案。对于知名商标的侵权判定，只需构成商标淡化即可，更何况被告行为不仅构成简单的非同类商品或服务上的使用，还在同一生产领域使用，所以毋庸置疑，就被告此行为来看，完全符合我国《商标法》第五十七条有关规定，而本案的一审法院也是由此确定了被告侵权。

在本案的案件事实中，被告确实是贴附了与原告所拥有权利的商标外观及整体感知十分相似的图标，在上文讨论时由于没有加入"涉外定牌加工"此介入因素，则完全可以认定被告侵权。但是事实上，被告行为确属涉外定牌加工行为，被告基于缅甸的商标权利人要求贴附该商标，这个介入因素在案件事实中不能不考虑，如果不考虑，将改变最关键的案件事实，争议也就不复存在。

探究本案二审法院作出不侵权判决之理由，主要因为在此案之前，有关涉外定牌加工中的一些在实务界的典型案例，如作为公报案例的"PRETUL 案"就以"涉案产品不会在国内市场流通，不至于引起混淆"之理由判决被告不侵权，所以在本案二审中云南省高级人民法院仿照"PRETUL 案"之认定理由作出不侵权的判决结果，并非完全没有依据。对于最高人民法院再审判决书中对被告提出几点抗辩理由没有进行深入的法理上的分析，而是站在政策角度进行分析，是为了顺应国家在十四五规划中对于严格我国知识产权保护政策的浪潮，促进国际化大背景下的知识产权创新。本案

---

① 简书网.2017 汽车品牌价值榜发布，前十名竟无大众！[EB/OL].[2021-02-01].https：//www.sogou.com/link?url=hed Jja C291OV7d Vab-Qfv Htdr0qpe LU_jkm Bp OHb Svtqb Sc Jt-Zoyg.

再审时最高人民法院提出了依据《最高人民法院关于审理商标民事纠纷案件适用法律若干问题的解释》第八条规定，认为本案中的相关公众除被诉侵权商品的消费者外，还应该包括与被诉侵权商品的营销密切相关的经营者。对于这个经营者的范围将运输等环节的经营者纳入其中，笔者认为未免是扩大了解释，借此扩大"相关公众"范围。

认定"商标使用"的标准要比认定"混淆"的标准更低，在我国法律中主要强调"识别来源"，构成"商标使用"，未必一定构成"混淆"。在涉及类似于本案的第三方纠纷时，这就要求在判断被告行为属于"商标使用"之后，进一步判断该涉案商标是否构成"相关公众混淆"，而且要看涉外定牌加工中的我国受委托方是否尽到"合理注意义务"。对于被告是否构成商标使用，笔者在上文的分析中，认为其构成了商标使用，所以，在这里考虑是否构成"混淆"。笔者认为考虑混淆的认定主体是"相关公众"，本案再审中，法院将有关"相关公众"司法解释中的"经营者"扩大至了运输过程中可能接触的经营者。跨国运输中的经营者众多，笔者认为如此将"相关公众"的范围进行扩大实在不可取，既有违地域性原则，又加重我国受托方负担。所以，笔者并不认为在如此扩大相关公众范围的本案解释情况之下，被告行为造成了混淆，因为不能算被告恒胜鑫泰公司对本田公司的商标使用造成了混淆，所以笔者认为本案被告不应该承担侵权责任。

二、诉讼外自认商标侵权判定的案例分析

知识产权侵权案件中，知识产权本身的特性决定了知识产权案件中取证和举证难度较大。法官常难以确定权利人损失和侵权人获利的具体数额，通常在确定具体的赔偿数额时，只能参考多方面因素适用法定赔偿。行为人在诉讼外的自认往往是重要证据之一，对判赔金额产生较大影响。因缺乏明确的证据认定规则，实践中法官对诉讼外自认的证据能力和证明力的认定结果存在较大差异。因此，完善对诉讼外自认的证据认定规则，更好地发挥诉讼外自认的证据价值，有助于司法实践中法官进行事实认定和案件裁判。

本部分以芬兰美卓公司诉沈阳山泰公司商标侵权案为例，对案件的基

本情况进行简单梳理，对争议焦点进行深入分析，为提高诉讼外自认的证明力，更好地发挥其在知识产权损害赔偿中的实践价值，提供实践参考。

（一）"美卓商标侵权案"基本情况及主要争议焦点

1. 案件的基本情况

本案原告系芬兰美卓公司、美卓矿机（天津）国际贸易有限公司、美卓矿机（天津）国际贸易有限公司北京分公司、美卓矿机（天津）国际贸易有限公司上海分公司（以下统称"美卓公司"），美卓公司主营矿山机械生产、矿物处理设备、散装物料输送设备的批发、国际贸易，是本案中"美卓""Metso"等注册商标的权利人，此外,还有关联品牌"西蒙斯""Symons""诺德伯格""Nordberg""巴马克""Barmac"等。美卓公司注册商标见表7-1。

被告是沈阳山泰矿山机械设备制造有限公司（以下简称"山泰矿山公司"）、沈阳山泰破碎粉磨设备制造有限公司（以下简称"山泰破碎公司"），山泰矿山公司经营范围为矿山、采石场、冶炼、水泥、电站成套设备及相关机械设备配件、机械设备的设计制造，山泰破碎公司的经营范围为破碎粉磨设备及配件制造。[1]在案件审理过程中，法院查明，山泰矿山公司与山泰破碎公司在经营过程中使用相同的经营场所和工作人员，因此认定两公司对其侵权行为及后果共同承担责任（后文将两公司统称为"山泰公司"）。

表7-1 美卓注册商标详情表

商标名称	商标注册号	核定使用范围	商标
图形	G1223870	建筑修理	metso
美卓	1976218、1993319、1958727	机械设备、科学仪器、建筑修理	美卓
METSO	5560828、5560827、5560829、5560830、5560831、5560832、5560833	科学仪器、灯具空调、机械设备、金属材料、网站服务、建筑修理	METSO
图形	9059583、9059594	机械设备、科学仪器	

---

[1] 上海市浦东新区人民法院（2017）沪0115民初83474号民事判决书。

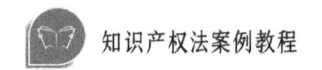

（1）案件一审过程及结果

美卓公司经客户反映得知，山泰公司未经许可，生产销售带有美卓公司注册商标的机械设备和备件，并通过宣传其产品技术与美卓公司之间的关系来推广和销售侵权产品。美卓公司授权并联合其在中国设立的分公司向上海浦东知识产权法院提起诉讼，请求法院制止山泰公司的侵权行为，删除相关网站上涉及虚假宣传和商标侵权的内容，并赔偿美卓公司在此次事件中的经济损失。

一审法院依法受理案件。审理过程中，美卓公司所举证的公证书中显示：山泰公司实施了商标侵权行为和不正当竞争行为，并主张山泰公司实施侵权行为的时间跨度较大、侵权范围广，获益丰厚。山泰公司对美卓公司所举证的微信公众号等内容表示确系其发布的宣传文章，但否认微信公众号中所宣扬内容的真实性。经双方当事人举证辩论，法官审查证据、认定事实后，判定山泰公司微信公众号、官网和展会上发布的内容属于山泰公司在诉讼外所做的关于其侵权行为的自认信息，且由山泰公司实施，发布的内容证明山泰公司在宣传和生产销售中使用了与美卓公司注册商标完全相同和近似的商标，构成对美卓公司注册商标专用权的侵害。据此，一审法院判决山泰公司立即停止对美卓公司注册商标使用权的侵害，并在其网站、微信公众号及指定报纸上刊登声明、消除影响，赔偿美卓公司经济损失及合理费用310万元。①

（2）案件二审过程及结果

一审判决作出后，山泰公司不服一审判决，遂向上海知识产权法院提起上诉，该案于2019年5月14日开庭审理。

在二审中，上诉人山泰公司提交新的证据，并表示：第一，法院关于山泰公司侵犯美卓公司注册商标专用权的认定有误，山泰公司在宣传其产品时一直使用的是山泰的品牌，而宣传中所使用的"美卓"名称，指的是美卓公司，而非"美卓"商标，提到美卓公司是为了表明山泰公司生产的产品具有与美卓公司产品相同的质量品质，并且价格低廉，不会给购买者造成误导；第二，法院的判赔金额过高，在适用中未考虑商标许可使用费

---

① 上海市浦东新区人民法院（2017）沪0115民初83474号民事判决书。

的情况下，直接适用最高赔偿额，有失公正；涉案微信公众号的阅读量极少，没有影响力，未造成严重的影响，且山泰公司知名度不高，销量不大，利润不高，据此确定的判赔金额过高。对此，美卓公司对山泰公司的举证和请求提交了公证书等材料，并进行了答辩，否认了山泰公司的上述观点。

二审法院综合山泰公司的上诉理由和美卓公司的答辩意见，结合双方所提交的证据与一审法院对相关事实的查证，法院首先对一审法院所查明的事实予以确认，并对二审中当事人的举证进行了确认，法院表示山泰公司提供的证据真实有效，但证据并不能证明山泰公司的主张：第一，山泰公司实施的行为构成商标侵权，涉案微信公众号中发布的侵权产品图片上标注有"Metso"字样，以及产品名称中使用的"美卓"或"Metso"，是基于识别商品来源的适用行为，目的是使公众对商品来源产生混淆；第二，法院在确定判赔金额时，所依据的信息是被告在诉讼外所做的自认信息，该自认信息所陈述的内容足以表明山泰公司在实施侵权行为时主观恶意较大，造成长时间、大范围的恶劣影响，由此可知，山泰公司盈利丰厚，美卓公司损失巨大。因此，二审法院判决被告山泰公司商标侵权行为成立，并维持一审法院所确定的赔偿数额。[①]

2. 本案主要争议焦点

在本案判决书中，法院在判决书中将本案争议焦点从主体适格、商标侵权、虚假宣传、法条适用、赔偿数额这五个方面进行论述。本文通过梳理整个案件的审理过程及判决书内容，提取案件审理过程中影响法官进行案件裁判的三个关键点，分别是诉讼外自认的证明力判定、商标侵权行为的认定及损害赔偿数额的确定。针对这一案例，本文将从这三个主要争议焦点进行分析，分析诉讼外自认对于本案中侵权认定和赔偿数额确定所发挥的作用，为后文进一步研究诉讼外自认的适用增加可行性。总结归纳，本案审理中引发争议的焦点主要围绕三个方面：一是微信公众号发布的诉讼外自认是否具有证明力；二是被告行为是否构成商标侵权；三是法院判赔金额是否合理。

---

① 上海知识产权法院（2019）沪73民终104号民事判决书。

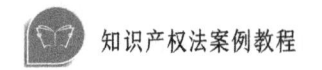

（二）本案中主要争议焦点的分析

1. 本案中诉讼外自认证明力的判定分析

（1）本案中诉讼外自认的表现形式

在本案中，诉讼外自认的表现形式更加多样化。首先，在被告山泰破碎公司的微信公众号中，以发布文章的形式向发表了大量关于被告山泰公司可提供与美卓公司完全相同的产品和原料；其次，还在微信公众号中发布了大量正在制造和已经制造完成的产品照片，这些产品照片中展现出来的产品的名称里，带有"美卓""Metso"等标识，或者直接以"Metso"命名；再次，本案被告在"BAUMA 中国 2016"博览会中，在公司简介的展板上以图表形式将美卓商标作为山泰品牌下面的三个商标之一；最后，在被告知侵权后，被告山泰矿山公司以道歉信的形式将侵权事宜解释并向原告美卓公司道歉。被告山泰公司通过这些形式所表达出来的意思表示均属于诉讼外的自认。[①]

（2）本案中诉讼外自认的认定过程

一审中，法官对山泰公司在微信公众号、网站等平台发布的信息进行了仔细的审查，并判定这些信息具有较高的证明力。法院判定过程主要从以下三个方面进行。

①对微信公众号等网络平台的主体信息和发布的内容进行初步审查。法院将山泰公司在微信公众号等发布的信息认定为诉讼外的自认，并对这一自认信息的可信度进行了初步审查，包括对发布自认的主体信息进行审查和对自认内容的初步审查这两个方面。其一，对于信息发布平台进行主体信息审查。在认定过程中，法院严格审查了微信公众号、网站等在信息平台上的备案信息，通过备案信息来确定微信公众号和网站的管理主体确是山泰矿山公司和山泰破碎公司；为了明确两个公司的责任分担，对两个公司的联系方式、工作人员组成等信息进行核验，得知两公司涉案微信公众号及涉案网站均登记在被告山泰破碎公司名下，但微信公众号的"联系我们"中提供了被告山泰矿山公司的联系方式。网站所介绍的内容也包含被告山泰矿山公司的相关情况。因此，法院认定网站及微信公众号系由两

---

① 上海知识产权法院（2019）沪 73 民终 104 号民事判决书。

被告共同经营。其他本院认定的网站及展会上发布的内容或由被告山泰矿山公司实施或由被告山泰破碎公司实施。两公司也确认使用相同的办公场所和员工,在经营过程中并无具体分工及区分,对外均简称为"山泰公司"。法院据此认定,山泰网站和微信公众号系两被告公司共同经营,相关法律责任由两公司共同承担。其二,对自认内容的初步审查。在这一案件中,被告山泰公司在微信公众号宣传文章及网站、展会展板、给客户的邮件中发布了有关侵权行为和侵权程度的自认信息,例如在微信公众号中发文称与原告美卓及关联品牌西蒙斯的产品交易量和交易金额非常大,产品远销世界各地等。这些自认信息所描述的内容是被告山泰公司对其生产的侵权产品销售数量、销售范围所进行的详细的阐述,属于其他人难以获取和知悉的事项,可信度较高。综上所述,鉴于自认信息发布主体确系两被告,且多个信息平台发布的自认信息在内容上属于于己不利的、难以为他人知悉的事实,因此法院初步认定这些诉讼外自认信息具有一定的可信度,可以作为证据使用,但需要原告美卓公司进一步提供相关证据来提高该诉讼外自认的证明力。[1]

②山泰公司在诉讼外的自认信息与美卓公司提交的其他证据之间能够相互印证,形成完整的证据链。确定了网站和公众号等经营主体信息真实无误及对信息内容有个初步的判断之后,法院进一步对网站、微信公众号、展会等发布的信息及其他证据予以整合,通过其他证据的佐证来加强诉讼外自认的真实性。本案中,被告在多个平台上发布的信息进行梳理,发现各个平台之间发布的信息在内容上具有同一性。原告美卓公司提供的山泰公司在各网站、微信公众号、展会上发布的侵权产品的产品图片和标注的产品型号、公司规模、产品信息、产品销量、产品图片及在其网页、公众号中发布的中文、英文、俄文版的文章等进行宣传,所表达的信息与被告的道歉信内容及其他证据相互印证,组成一个完整的证据链。据此,法院认定,被告方作出的诉讼外自认具有极高的真实性,如果被告山泰公司能够举证否认自认内容的真实性,则自认不具有证明力,反之,如果山泰公司不能举证否认,则自认信息具有证明力。

---

[1] 杜灵燕,俞丹.诉讼外自认在知识产权侵权损害赔偿中的适用[J].中华商标,2020(Z1):85-88.

③山泰公司未能对其在网络平台中发布的自认信息提出否定证据。法院在判决过程中认定被告山泰公司并不像其宣传的那样获得了美卓的授权许可。被告山泰公司在庭审中辩称与原告美卓公司之间存在授权关系，但不能证明其获得了原告美卓公司对其的授权和许可，也不能证明曾经与美卓公司有过许可关系，更没有证据证明其持有美卓公司的技术和设计图纸，且有产品图片证据证明被告抄袭原告公司产品的编号。对于网站、微信公众号及邮件、展板等宣传内容，被告山泰公司在庭审中强调是为了宣传，并不是山泰公司真实的销量和盈利，但无法提供证据否认其宣传内容的真实性。

经过以上三个步骤对证据的审查认定，法院最终确定了被告在诉讼外自认的可信度和证明力，采信了被告的自认内容，并通过上述自认信息所确认的事实，法院对被告山泰公司的行为进行了不正当竞争和商标侵权的法律定性，及判赔数额的确定。二审中，法院再次确认了一审法院事实认定过程，并表示一审事实认定正确。

2. 本案中商标侵权行为的认定

在本案中，法官在判断被告行为是否属于商标侵权时，首先是查明事实，查明的事实主要包括两个方面。一是企业、商标、产品情况。企业情况包括原被告双方企业的成立时间、经营范围；商标情况包括商标注册号、各个商标的注册权利人、注册商标的核定使用范围、商标许可协议的签订、协议的签订时间和有效时间、商标许可使用的对象等；产品情况包括原告公司产品的销量、销售范围、销售额、市场份额、公司对产品的投资。二是原告的公证和取证内容，包括对相关网站的公证取证和对微信公众号的公证取证。法院在判定山泰公司在诉讼外自认信息具有证明力后，通过这些已确认的证据进一步给山泰公司的行为进行定性。①

一审法院和二审法院均认定山泰公司行为构成对美卓公司注册商标专用权的侵害，对此，山泰公司表达了不同的观点，但最终经过对被控侵权商标使用情况和产生的影响，结合美卓公司的举证，法院在认定事实后，使用法律的相关规定，对行为予以商标侵权的定性。

---

① 上海知识产权法院（2019）沪 73 民终 104 号民事判决书。

本书支持本案中一审法院和二审法院的观点，结合前述对商标侵权相关理论的研究可知：根据我国商标法的规定，未经商标注册人的许可，在同种商品或类似商品上使用与注册商标相同或近似商标，造成相关公众混淆的，属侵犯商标权的行为。被告山泰公司在微信公众号中发布标注有"Metso"商标的破碎机图片，并将其生产的破碎机标注为"美卓"产品，均存在向公众表明其生产的属美卓公司产品的主观意图，属于对美卓注册商标的使用行为，构成商标专用权侵权。这一行为意在向相关公众表达图片中所展示的破碎机属于美卓品牌的破碎机，商品来源于美卓公司。这里的"Metso"与美卓公司商标"METSO"在字母的排列组合上完全相同，只有大小写的区别，因此，构成美卓商标的近似商标，在此处发挥的作用是商标的识别商品来源的标识作用，这一标识与商标所表示的产品与美卓商标所表示的产品具有相同的产品用途、消费渠道、消费对象，均属于矿山机械类产品，属于类似商品。该行为属于在类似商品上使用原告近似商标的行为，构成对原告注册商标专用权的侵害。被告山泰公司在对其破碎机等产品的文字描述中擅自使用与美卓商标完全相同的标识，因此被告所实施的行为构成对原告美卓公司商标权的侵害。[1]

3. 本案中知识产权损害赔偿数额的认定

本案中，原告请求法院判赔300万元，并提供多份公证书，证明被告的侵权行为。本案法官在受理该案件过程中，对案件进行了定性，确定被告行为构成商标侵权和不正当竞争，并依据商标权人的诉求对损害赔偿的数额进行认定。

按照法律的规定，原告在起诉时，可自行选择适用的赔偿计算方式，确定赔偿数额，向法院主张自己的权利，只有当原告未主张赔偿方式时，才由法院根据案件情况决定赔偿数额的计算方式。在本案中，原告在起诉书中表明，被告侵权行为实施时间长、侵权产品销往世界各地，据此推断侵权方获利丰厚，遂主张被告赔偿原告300万元及其他合理费用。

法院在了解原告的主张后，对本案中原告提供的各类证据进行审查核实后，先对被告侵权行为予以认定，确定侵权后讨论损害赔偿的数额。本

---

[1] 上海市浦东新区人民法院（2017）沪0115民初83474号民事判决书。

案中，原告提供的证据及被告的诉讼外自认表明，被告生产的产品销往多个国家和地区，宣传、生产和销售的行为持续二十余年，宣称得到被告公司的授权等，这一系列证据表明，被告的侵权范围广泛，持续时间久，主观恶意较大。同时，结合原告企业生产的产品的销售价格和销量等考量，认定被告获利丰厚。对此，被告虽否认自身获利丰厚，但却不能举证证明。根据《商标法》第六十三条第三款的规定[①]，法院支持了原告主张的300万元索赔的全部诉讼请求，此外，还包括原告为制止侵权行为所支付的合理开支，全部由被告方承担。[②]

这一案件判决后，对于本案中诉讼外自认是否具有证明力，以及依诉讼外自认所作出的300万赔偿额是否合理等问题，引发了社会各界热烈的讨论。知识产权顶格判赔的案例在司法实践中极少出现，典型的司法案例提供的实践经验值得深入研究和思考。

三、中国企业应对美国337调查的案例分析

在贸易战的大背景下，中美之间的贸易摩擦与知识产权争端近年来频频发生。美国频繁对华发起专利337调查，不断对我国涉外企业造成困扰，我国企业亟须采取措施积极应对。本部分通过对中国企业应诉337调查的经典案例——中国浩洋电子公司专利侵权案进行分析，探究企业如何应诉及成败原因，为探讨我国企业面对337调查的应诉的思路和策略，以帮助中国企业树立信心，在艰难的贸易战中赢取胜利，略尽绵薄之力。

（一）基本案情

1.美国企业向ITC（美国国际贸易委员会）提出调查申请，ITC调查立案

2018年3月6日，美国Fraen Corporation公司（以下简称"Fraen公司"）向ITC申请对广州浩洋电子有限公司在内的4家美国企业和6家中国企业进行337调查，Fraen公司控告浩洋电子进口或出售到美国的LED照明

---

① 《商标法》第六十三条第三款规定："权利人因被侵权所受到的实际损失、侵权人因侵权所获得的利益、注册商标许可使用费难以确定的，由人民法院根据侵权行为的情节判决给予五百万元以下的赔偿。"

② 上海知识产权法院（2019）沪73民终104号民事判决书。

设备和组件侵犯美国第9,411,083号专利和第9,772,499号专利违反337条款的规定,要求ITC发布禁止令,以禁止非法的LED照明设备和组件进入美国市场。ITC于2018年4月10日正式决定立案,案件号:337-TA-1107。根据ITC第337节的规定,禁止令是指美国直接禁止进口和销售相关产品。如果ITC宣布将其排除在外,则损失将阻止在该国生产该产品的其他公司的产品与其他公司一起进入美国市场。换句话说,生产10种相关产品及所有相关产品的中国公司被禁止进入美国。中国的LED照明设备和零件不在美国销售,失去了美国市场。

2.浩洋电子公司应诉

浩洋电子公司于2018年3月8日(美国时间)收到美国的一封司法书信,在公司决定对诉讼作出回应后,立即成立了由董事会主席主持的回应小组,由10名律师、专利专家、技术人员和贸易商组成。浩洋电子公司于2018年4月14日正式成立公司的外部法律响应团队,并与中国法律团队签署了法律服务协议。2018年5月10日,浩洋的电子响应团队向美国ITC提出了申请人专利(Fraen公司)的稳定性问题,并提供了100多份证据证明浩洋电子是自主研发的产品,一开始就使用,并非暴力。2018年6月5日,申请人向ITC提出终止对浩洋电子研究的动议。

3.ITC裁决

2018年7月12日,美国ITC行政法官初步批准了申请人(Fraen公司)的要求,以终止对被申请人(浩洋电子)的调查。2018年8月8日,ITC发布了最终裁决公告,以终止对浩洋电子的调查,中国浩洋电子赢得了诉讼。

(二)胜诉原因分析

1.事先评估是否应诉

对337调查的答复必须经过事先评估。第一,评估涉及所指控的违法行为的存在。第二,评估市场规模。有利于被告公司的,后者必须考虑市场损失的程度。第三,律师费的评估。对于浩洋电子来说,首先,该公司没有专有权;其次,鉴于美国的巨大商业潜力,该公司的发展不会失去美国市场。在律师费方面,浩洋电子使用"分期付款+额外保险费"支付系统,不仅可以降低成本,而且可以激励律师队伍,浩洋电子已决定使用法律武器,并确保按照法律来保障权利。

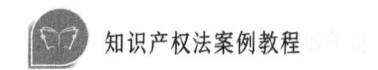

2.制定积极的应诉策略

在面对337调查时，如果被告在美国境外由于时间限制，则必须在收到投诉后作出回应。因此，我们必须迅速采取行动，选择一家专业律师事务所，研究要求，分析公司业务战略，并根据业务需求考虑行动计划。收到投诉后，浩洋电子立即成立了一个联合响应小组，包括法律、专利、技术和市场营销人员。公司内部知识产权团队分析了与同一类型产品相关的产品，并比较了浩洋专利和专利申请人的详细信息，同时，公司还聘请了外部知识产权专家与内部团队紧密合作。该公司对专利申请人进行各种分析并在重申专利申请需要在正确证据上找到断点的时间。

经过对相关专利和产品的深入分析，浩洋电子的律师团队创建了具体有效的分析报告。在法律辩护方面，我们已向ITC提出了数百项有关专利稳定性、独立研发、先前使用和专利侵权的问题。开发团队面临三个保护问题：第一，专利无效；第二，非侵权产品；第三，进口电子产品不会损害相关行业。此外，在本次诉讼中，浩洋电子选择了君合律师事务所来应诉，君合律师事务所在337调查中具有丰富经验。君合与一家美国律师事务所合作对337调查进行了应诉。而对于律师费，浩洋电子既做到了控制成本，又充分调动律师团队的积极性，得益于其采取的"分期付款＋额外奖金"的支付方式。

3.自主研发、自主创新

无论如何，最重要的是公司必须拥有足够的知识产权。没有知识产权，就没有话语权。在这种情况下，浩洋电子成功的关键在于公司自成立以来，独立研究和产品开发。自从浩洋电子成立以来，就高度重视知识产权，决定以发展和创新为竞争的核心，浩洋电子以广东研发中心，广东工程技术中心的资源为依托。它是一家国家高级知识产权企业，是中国专业照明行业最佳的知识产权持有人之一。浩洋电子的照明产品，拥有数据库专利，获得很多专利，并且公司拥有强大的研究团队和自主创新能力。只有当拥有优秀的技术并尊重知识产权时，中国企业才能避免被发起337调查。

4.政府与行业协会、同行的帮助

浩洋电子应诉过程中，中国商务部、广东省商务厅广州市商务局的作用不容小觑，其在政策、法律等方面对浩洋电子提供了指导。在美国启动

337调查之初、浩洋电子接到调查通知之前，中国商务部就已经通知包括浩洋电子在内的6家中国企业。随后，相关部门相继召开专门工作会议，对企业应诉作出指导工作。首先，向浩洋电子公司介绍337调查程序、内容、重点和过去的典型案例。其次，向浩洋电子公司推荐了优秀的专业法律和知识产权团队。最后，组织联系具有胜诉经验的企业，把成功的应诉经验分享给浩洋电子公司。

除了政府部门的帮助，浩洋电子公司还得到了中国机电产品进出口商会及中国演艺设备技术协会的有力支持，它们提供了资源对接给国家有关部门和各行业协会，以便浩洋电子公司可以在多个平台上获得强有力的支持和资源。中国演艺设备技术协会还呼吁行业内的同行企业共同应对诉讼战略。具有成功应诉经验的同行帮助浩洋电子分析了应诉的各种情况及答辩要点，分享了应诉过程中的注意事项和经验，并对应诉律师费和总费用提出了估算意见。同行的实践经验和意见对浩洋电子的成功是非常有益的。

（三）启示

在美国发起的337调查中，大部分是知识产权案件，其中90%是侵犯专利案件。如何成功处理337侵犯专利的调查？浩洋电子侵权案的胜诉，证明了其应对策略可行性。

1. 专利布局

企业要想改变以往在337调查中被动的状态，必须加强全球专利布局，拓展国际视野，这样才能提高知识产权实力从而提升市场竞争力，努力从被动应对转向主动应对。浩洋电子在国际知识产权诉讼中没有败诉，是因为其在相关领域拥有关键技术和核心专利。因此，企业应通过核心专利、外围专利和专利组合的布局，提高自主创新能力，在全球市场上形成合理的专利布局，构建知识产权防御体系。

2. 知识产权尽职调查

在进入美国市场之前，公司应进行专利尽职调查，以避免侵权的风险。生产创新高科技产品的公司尤其需要专利方面的预防措施。公司可以通过专利研究和分析来评估专利侵权的风险。如果存在潜在侵权，可以通过避免技术设计来规避。这些技术包括产品本身的技术和产品生产的技术。如果无法规避核心专利，则公司在与专利权人或进口商协商后，会获得另一

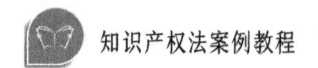

方的专利，并对进口商可能造成的侵权行为负责。

3. 积极应诉

如果企业遭遇美国 337 调查，则意味着不应诉就失去美国市场。所以一旦涉诉，企业应该积极应对。企业可以通过以下方式捍卫自己的权利，积极进行辩护：一是不侵权，或者有很小的可能性不侵权，这种情况需要聘请有丰富经验的专业律师进行分析；二是专利无效，可以说对方的专利没有新颖性或数据支持；三是从法律角度为专利滥用进行辩护；四是专利不执行；五是复审。

4. 寻求政府和行业帮助

根据以往 337 调查的应诉经验，公司单独应诉会发生缺乏持续的保障和精力。企业必须积极寻求政府、行业组织和银行的帮助。在这种情况下，中国商务部广东省商务厅，广州市商务局向浩洋电子提供了政策和法律方面的指导，此外还有行业协会凭借其强大的支持和诉讼经验，分析了处理积极应诉的利弊、在诉讼过程中可能面对的问题、成功经验和注意事项。政府和行业的指导和帮助对浩洋电子的成功非常有益。

参考文献

[1] 郑成思.版权法[M].北京：中国人民大学出版社，2009.

[2] [德]胡塞尔.逻辑研究[M].倪梁康，译.上海：上海译文出版社，2006.

[3] 韦之.著作权法原理[M].北京：北京大学出版社，1998.

[4] 程永顺.专利侵权判定实务[M].北京：法律出版社，2002.

[5] 王艳丽.论商标权的限制[J].当代法学，2002（02）.

[6] 高宣扬.后现代论[M].北京：中国人民大学出版社，2005.

[7] 程永顺.中国专利诉讼[M].北京：知识产权出版社，2005.

[8] 杨明.知识产权请求权研究：兼以反不正当竞争为考察对象[M].北京：北京大学出版社，2005.

[9] 崔国斌.专利法上的抽象思想与具体技术——计算机程序算法的客体属性分析[J].清华大学学报（哲学社会科学版），2005（03）.

[10] 崔国斌.知识产权法官造法批判[J].中国法学，2006（01）.

[11] 季卫东.网络化社会的戏仿与公平竞争——关于著作权制度设计的比较分析[J].中国法学，2006（03）.

[12] 苏力.戏仿的法律保护和限制——从《一个馒头引发的血案》切入[J].中国法学，2006（03）.

[13] 邓社民.数字环境下著作权合理使用与侵权的法律边界——由《一个馒头引发的血案》引起的思考[J].法学论坛，2006（06）.

[14] 杜颖.商标淡化理论及其应用[J].法学研究，2007（06）.

[15] 邓宏光.《商标法》亟需解决的实体问题：从"符号保护"至"防止混淆"[J].学术论坛，2007（11）.

[16] 邓旭明，王雪梅，张珂嘉.婚姻纠纷案例答疑[M].北京：中国法制出版社，2008.

[17] 胡云腾，于同志.案例指导制度若干重大疑难争议问题研究[J].法学研究，2008（06）.

[18] 卢海君.论角色的版权保护——以美国的角色保护为研究视角[J].知识产权，2008（06）.

[19] 郑国辉.数字图书馆中著作权"有限制"默认许可使用制度研究[J].图书馆建设，2008（06）.

[20] 董皞.中国判例解释构建之路[M].北京：中国政法大学出版社，2009.

[21] 李仕春.案例指导制度的另一条思路——司法能动主义在中国的有限适用[J].法学，2009（06）.

[22] 熊英，吕少罕.我国注册商标合理使用的立法完善[J].中华商标，2009（11）.

[23] 最高人民法院民事审判庭第三庭.知识产权审判指导（总第15辑）[M].北京：人民法院出版社，2010.

[24] 贺志军.我国著作权刑法保护问题研究[M].北京：中国人民公安大学出版社，2011.

[25] 黄晖.驰名商标与著名商标的法律保护[M].北京：法律出版社，2005.

[26] 周宪.重心迁移：从作者到读者——20世纪文学理论范式的转型[J].文艺研究，2010（01）.

[27] 肖少启.民间文学艺术著作权保护路径分析[J].河北法学，2010（04）.

[28] 徐春成."联系说"视野下的商标侵权例外辨析[J].西北农林科技大学学报（社会科学版），2010（05）.

[29] 董晓霞，吕廷杰.云计算研究综述及未来发展[J].北京邮电大学学报（社会科学版），2010（05）.

[30] 胡康生.中华人民共和国著作权法释义[M].北京：法律出版社，2002.

[31] 孟静，李潇湘.事实与经验——商标混淆可能性的要素分析[J].宁夏大学学报（人文社会科学版），2011（02）.

[32] 梁志文.云计算、技术中立与版权责任[J].法学，2011（03）.

[33] 王莲峰.商标合理使用规则的确立和完善——兼评《商标法（修改稿）》第六十四条[J].政治与法律，2011（07）.

[34] 衣庆云.权利限制与作品传播的限制——《著作权法》第十条适用问题

分析[J].知识产权,2011(10).

[35] 王琳琳.论私权及其体系化[D].长春:吉林大学,2012.

[36] 石必胜.专利创造性判断研究[M].北京:知识产权出版社,2012.

[37] 谢尔曼,本特利.现代知识产权法的演进:英国的历程(1760—1911)[M].金海军,译.北京:北京大学出版社,2006.

[38] 熊文聪.被误读的"思想/表达二分法"——以法律修辞学为视角的考察[J].现代法学,2012(06).

[39] 张玉敏.商标法上正当使用抗辩研究[J].法律适用,2012(10).

[40] 何天翔.音视频分享网站的版权在先许可研究——以美国YouTube的新版权商业模式为例[J].知识产权,2012(10).

[41] 张玉敏,凌宗亮.商标权效力范围的边界与限制[J].人民司法,2012(17).

[42] 严永和,黄钰.我国民间文学艺术知识产权保护客体研究的误区与思路[J].甘肃理论学刊,2013(03).

[43] 张学军.论夫妻一方婚后所得财产性知识产权的归属[J].浙江工商大学学报,2013(03).

[44] 熊文聪.商标合理使用:一个概念的检讨与澄清——以美国法的变迁为线索[J].法学家,2013(05).

[45] 邓玲.民间文学艺术作品司法保护路径探索——以云南《蟒蛇记》著作权纠纷案为例[J].法律适用,2013(06).

[46] 林秀芹,曾斯平.论民间文学艺术衍生作品独创性的认定——以赵梦林京剧脸谱系列案为例[J].湖南社会科学,2013(06).

[47] 张林.标示来源功能与商标显著性——兼与彭学龙老师商榷[J].甘肃政法学院学报,2013(05).

[48] 左萌,李琰.浅析发明创造性审查中的争议点[J].电视技术,2013,37(S2).

[49] 卢海君.版权客体论[M].北京:知识产权出版社,2011.

[50] 李明德.美国知识产权法[M].北京:法律出版社,2003.

[51] 郭威.版权默示许可制度研究[M].北京:中国法制出版社,2014.

[52] 张秀玲.论夫妻财产中知识产权及其收益的归属[J].甘肃理论学刊,2014

（05）.

[53] 王太平.商标法[M].北京：北京大学出版社，2015.

[54] 王迁.著作权法[M].北京：中国人民大学出版社，2015.

[55] 苏力法治及其本土资源[M].北京：中国政法大学出版社，1996.

[56] 梁慧星.民法解释学[M].北京：法律出版社，2009.

[57] 韩续峰.商标侵权之混淆理论再思考[J].长安大学学报（社会科学版），2015（03）.

[58] 丛立先.体育赛事直播节目的版权问题析论[J].中国版权，2015（04）.

[59] 李春芳，邱翠.产品系列名称中商标符号的正当性使用[J].知识产权，2015（09）.

[60] 崔国斌.专利法[M].北京：北京大学出版社，2012.

[61] 罗国杰.思想道德修养与法律基础[M].北京：高等教育出版社，2016.

[62] 曹新明.我国知识产权判例的规范性探讨[J].知识产权，2016（01）.

[63] 王迁.论体育赛事现场直播画面的著作权保护——兼评"凤凰网赛事转播案"[J].法律科学（西北政法大学学报），2016（01）.

[64] 王迁.论广播组织转播权的扩张——兼评《著作权法修订草案（送审稿）》第42条[J].法商研究，2016（01）.

[65] 黄心蕊.商标侵权中"商标使用"的不同含义解读[J].中华商标，2016（10）.

[66] 罗静，熊丽娜.云服务供应商著作权侵权责任探讨[J].广州大学学报（社会科学版），2016（11）.

[67] 涂文琴.从谷阿莫走红看"碎片化"时代的视频传播.东南传播[J]，2016（12）.

[68] 颜峰.商标描述性合理使用与混淆可能性的关系[J].人民司法（应用），2016（34）.

[69] 小冰.阳光失了玻璃窗[M].北京：北京联合出版公司，2017.

[70] 刘海虹.普通法仿冒之诉研究[M].北京：法律出版社，2017.

[71] 尹腊梅.商标通用名称正当使用抗辩实证考察——一则网络游戏名称侵权引发的思考[J].上海交通大学学报（哲学社会科学版），2017（03）.

[72] 谢琳.论著作权合理使用的扩展适用——回归以市场为中心的判定路径

[J].中山大学学报（社会科学版），2017（04）.

[73] 吴汉东.人工智能时代的制度安排与法律规制[J].法律科学（西北政法大学学报），2017（05）.

[74] 王太平.论商标使用在商标侵权构成中的地位[J].法学，2017（08）.

[75] 韩娜.关于民间文学艺术衍生作品的独创性探析[J].文化学刊，2017（09）.

[76] 李来东."鬼畜视频"著作权权利冲突问题初探[J].法制与社会，2017（S5）.

[77] 闫文锋、王福涛.新科技革命对我国三种专利保护客体模式的挑战[J].知识产权，2017（12）.

[78] 江南，刘远山."接触加实质性相似"原则在著作权侵权判定中的运用——以"琼瑶诉于正案"为主样本[J].吉首大学学报（社会科学版），2017（S2）.

[79] 万迪.侵害商标权纠纷案件中商标性使用与正当使用的界定——从"草莓音乐节案"说起[J].法律适用（司法案例），2017（24）.

[80] 施展.枢纽：3000年的中国[M].桂林：广西师范大学出版社，2018.

[81] 刘维.论商标使用在商标侵权判定中的独立地位[J].上海财经大学学报，2018（01）.

[82] 孙光宁.法律解释方法在指导性案例中的运用及其完善[J].中国法学，2018（01）.

[83] 冯晓青，付继存.实用艺术作品在著作权法上之独立性[J].法学研究，2018（02）.

[84] 徐珉川.商标权利构造的理论困境与规范出路[J].法学评论，2018（03）.

[85] 欧阳本祺.论网络环境下著作权侵权的刑事归责——以网络服务提供者的刑事责任为中心[J].法学家，2018（03）.

[86] 洪婧，祝芳.商标描述性正当使用及混淆可能性的合理判断[J].中华商标，2018（04）.

[87] 陶乾.论著作权法对人工智能生成成果的保护——作为邻接权的数据处理者权之证立[J].法学，2018（04）.

[88] 姚鹤徽.论显著性在商标侵权判定中的作用——基于消费者心理认知的

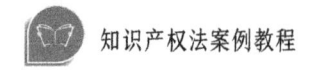

考察[J].兰州学刊，2018（07）.

[89] 郑骅.刍议《民间文学艺术作品著作权保护条例（征求意见稿）》——以两个典型案例为切入[J].法制博览，2018（10）.

[90] 刘小鹏.使用他人注册商标中的描述性信息属于正当使用[J].人民司法（案例），2018（23）.

[91] 刘春玉.浅议民间文学艺术衍生作品的著作权保护——以洪某、邓某诉贵州某食品有限公司、贵州某文化研发有限公司著作权纠纷案为例[J].法制博览，2018（24）.

[92] 王迁.知识产权法教程：3版[M].北京：中国人民大学出版社，2009.

[93] 张今，卢结华.商标法中地域性名称的司法认定：商标、地理标志、特有名称与通用名称之辨析[J].法学杂志，2019（02）.

[94] 任海英，邵文，李欣.基于专利内容新颖性和常规性的突破性发明影响因素和研发策略分析[J].情报杂志，2019（02）.

[95] 张德芬、张迩瀚.人工智能创作物著作权法保护模式反思[J].青海师范大学学报（哲学社会科学版），2019（02）.

[96] 王太平，周兰.商标指示性正当使用与商标权用尽的区分[J].中华商标，2019（03）.

[97] 亓蕾.侵权要件和侵权抗辩：商标性使用和描述性使用——评析项目管理协会有限公司诉京经信（北京）信息技术研究院、经济日报出版社等侵害商标权及不正当竞争纠纷案[J].中华商标，2019（05）.

[98] 姚鹤徽.商标侵权构成中"商标使用"地位之反思与重构[J].华东政法大学学报，2019（05）.

[99] 刘艳红.人工智能法学研究的反智化批判[J].东方法学，2019（05）.

[100] 李琛.论人工智能的法学分析方法——以著作权为例[J].知识产权，2019（07）.

[101] 飞竹玲，侯炳萍.浅谈专利审查中基于发明构思的创造性评判[J].中国发明与专利，2019（08）.

[102] 黄国群，熊玲潇.专利创造性中辅助判断因素的价值分析及我国相关实践[J].电子知识产权，2019（09）.

[103] 杜灵燕，俞丹.诉讼外自认在知识产权侵权损害赔偿中的适用[J].中华

商标，2020（Z1）.

[104] 李扬，陈曦程.信息网络传播权侵害中的通知与必要措施规则[J].政法论丛，2020（02）.

[105] 张韬略、阴晓璐.我国涉外定牌加工商标侵权司法认定之演进及反思[J].国际商务研究，2020（02）.